George Best
con Roy Collins

The best

TRADUZIONE DI
Fabio Paracchini

BCD*e*

Traduzione dall'inglese di Fabio Paracchini

www.bcdeditore.it

Titolo originale: «Blessed. The Autobiography»

ISBN 978-88-6762-177-4

Ai ragazzi del '68, che mi hanno aiutato a realizzare uno dei miei sogni e a mia moglie Alex, che continua ad alimentare gli altri miei sogni

Indice

Ringraziamenti

A mio padre e alla mia famiglia, ad Alex, al professor Williams, ad Akeel Alisa, al dottor Graham Lucas, al Belfast City Hospital, a David Goff, ad Andrew Gouck, a Gordon Dadds, a Natalie Jerome, a Jake Lingwood e a tutta la Ebury Press, a Roy Collins, a Phil Hughes, a Paul Collier, a tutto lo staff del sito GeorgeBestofficial.com e a tutti coloro che mi hanno sostenuto in questi anni. Grazie per averlo fatto.

Prologo

L'«altra donna»

Ero in uno stato tale che se qualcuno mi avesse offerto una pillola per farla finita non ci avrei pensato sopra due volte.

La morte avrebbe almeno fatto smettere quel dolore terribile, continuo. Non avevo mai provato niente del genere, era come se qualcuno mi rigirasse un coltello nello stomaco. Ma dopo settimane di questo dolore, settimane a vomitare e sputare sangue (il segno più spaventoso del fatto che stai veramente male), rifiutavo di accettare l'idea che avessi bisogno di un ricovero urgente.

Mia moglie Alex, come potete immaginare, era sempre più insistente nel pregarmi di farmi ricoverare: a volte cercava di blandirmi, altre volte minacciava di lasciarmi a soffrire da solo. Proprio come si fa con un bambino. E poi, senza dirmi niente, aveva iniziato a sbriciolare delle pillole di vitamine e a metterle in quel po' di cibo che riuscivo a mangiare, anche se era raro che riuscissi a tenermi dentro qualcosa a lungo. Alle vitamine aggiungeva anche delle pasticche di cardo mariano, che aiutano a ripulire il fegato.

Data la quantità di bumba che mi ero ingollato, era come cercare di diluire un'autobotte di scotch con un ditale d'acqua, ma era comprensibile che lei ci provasse in ogni caso. Aveva letto anche tutti i libri di medicina che era riuscita a trovare e sapeva che non c'erano dubbi: soffrivo di cirrosi. Non è che voglia essere poco carino nei suoi confronti, ma l'avrebbe capito anche un cieco.

Lo sapevo anch'io, ma c'era sempre qualcosa dentro di me, una specie di vocina che diceva che non importava se era colpa del bere o di qualsiasi altra cosa. Se dovevo morire, mi dicevo (e in effetti pensavo fosse molto probabile), doveva pur essere per qualcosa, no? E allora perché dare la colpa alla bumba? Tutti davano sempre la colpa al bere. In ogni caso iniziai a considerare, in modo lento ma costante, l'idea che avrei potuto farmi ricoverare, fare qualcosa per far passare quel dolore. Il che voleva dire tra l'altro smettere di bere. Naturalmente era questa la parte che non avevo intenzione di accettare, per cui continuavo a fingere.

Nel caso avessi avuto qualche dubbio sulla mia situazione, mi sarebbe bastato dare un'occhiata allo specchio del bagno per farlo svanire. Mi ero accorto che la mia pelle stava assumendo una sfumatura giallastra: le prime tracce di itterizia da cirrosi. Avevo la faccia tirata ed ero dimagrito tanto che i miei vestiti sembrava li avesse comprati qualcuno che portasse due taglie più di me.

Avevo iniziato a stare male dopo la festa per il sessantesimo compleanno di Jimmy Tarbuck, nel febbraio del 2000. Il biglietto d'invito diceva:

> *Uomini – Smoking. Donne – Roba elegante. Cibo – Fish and chips di qualità.*

E fu proprio questo che al golf club di Tarby venne servito a celebrità come Cilla Black, Ronnie Corbett, Russ Abbott, Robert Powell, Michael Parkinson e Adam Faith. Fu una serata fantastica ma io era un po' che non mi sentivo molto in forma così decisi di prenotare una settimana all'*health club* di Forest Mere, nell'Hampshire.

Per anni questa era stata la mia patetica risposta a una vita di bevute colossali: andare in un *health club* quattro o cinque volte l'anno e pensare così di andare in pari con la bumba, anche se quando andavo in quei posti spesso mi prendevo delle belle storte di vino. A volte uscivo peggio di com'ero entrato, ma mi convincevo comunque di avere fatto qualcosa di buono per me, di avere risolto il problema. Sfortunatamente non c'è alcuna soluzione all'alcol.

Non puoi farlo sparire.

A Forest Mere ebbi un altro segno del fatto che le cose stessero volgendo al peggio. Un giorno stavo per mettermi sotto la doccia quando notai una specie di foruncolo su una gamba, quel tipo di cose che vengono a tutti. Senza pensarci mi misi a grattarlo e iniziò a sanguinare. E a sanguinare. E a sanguinare. È una cosa che prima o poi hanno fatto tutti, ma era incredibile che quel foruncolo potesse sanguinare tanto. Prima che me ne potessi rendere conto il pavimento era coperto di sangue e io ero circondato da carta igienica e fazzolettini insanguinati. Alla fine Alex riuscì a metterci sopra un cerotto, ma per un paio di giorni il sangue continuò a uscire. Era un segno. Ma io non avevo alcuna intenzione di notarlo.

Per quanto riguarda il bere, non è che avessi davvero intenzione di smettere. In effetti era più o meno il contrario. Invece che cercare la soluzione ai miei problemi di stomaco in una confezione di medicinali, la inseguivo in una bottiglia di brandy. Non avrei dovuto bere quella roba nemmeno in circostanze normali, perché mi faceva male alla pressione, ma qualche cameriere del mio pub preferito di Chelsea, il Phene Arms, era sempre disposto a darmene un bicchierino.

Ora avevo iniziato a berne sempre di più. A volte cominciavo appena sveglio, oltre naturalmente all'autobotte di vino che mi ingollavo ogni giorno. E naturalmente più bevevo meno sentivo il dolore. Così, con la tipica logica da alcolista, non avevo dubbi: più alcol = meno dolore. Ed era vero, ma dato che i dolori erano causati dal mio fegato che implorava pietà, la mia situazione si faceva sempre più cronica.

Io non volevo andare in ospedale perché sapevo come sarebbe stato il «trattamento». Un taglio alla mia medicina personale.

Alex e Phil Hughes, mio amico e agente, che mi avevano entrambi visto passare dei brutti momenti, capirono molto prima di me che la cosa era decisamente seria. O perlomeno accettarono l'idea prima di me. Ora mi pregavano di andare in ospedale, almeno per un *day hospital*, ma io continuavo con la mia dieta a base di brandy e ogni giorno sgattaiolavo al Phene. Ormai mi ci sentivo a casa, come fossi nel mio salotto.

Poi, un pomeriggio che me ne stavo seduto al mio solito posto all'angolo, accadde qualcosa di eccezionale. La porta del pub si aprì lentamente, io alzai lo sguardo e vidi uno dei vecchi clienti abituali che non si faceva vedere da un po'. All'inizio stentai a riconoscerlo, per quanto era magro. Quando capii chi fosse, restai scioccato. La sua pelle e i suoi occhi erano completamente gialli e aveva le guance scavate. Nemmeno a dirlo: gli avevano appena diagnosticato una cirrosi.

Anche la mia pelle aveva iniziato a ingiallire, ma era ben diversa da quella di quel tizio. Lui aveva un aspetto dieci volte peggiore del mio e non saprei proprio dire come potesse tirare avanti. Il mio colorito mi diceva che le cose non stavano andando troppo bene, ma l'uomo che mi trovavo di fronte rappresentava lo stadio successivo della mia decadenza. Avevo di fronte me stesso, solo tra qualche giorno o tra qualche settimana al massimo. La cosa mi terrorizzò e il fatto che quel tizio fosse entrato nel pub proprio in quel momento me lo fece sembrare come un avvertimento. Senza dubbio contribuì a farmi prendere la decisione finale: dovevo andare in ospedale.

Ciò che mi permetteva di continuare a recitare la mia commedia era che mi sentivo ancora abbastanza in forma, anche se non avrei potuto decisamente descrivermi come una persona atletica. Ma all'improvviso, quasi dalla sera alla mattina, mi ritrovai senza più energie. Ero completamente prosciugato e non potevo farci niente. Alex mi doveva vestire, imboccare, mi doveva addirittura togliere le calze. E soffrivo sempre di questi tremendi dolori allo stomaco, roba da piegarmi letteralmente in due. La mia resistenza si stava sbriciolando e Alex approfittava della situazione.

Alla fine, un giorno in cui ero raggomitolato a letto come un neonato, mi disse che avrebbe chiamato l'ambulanza.

E quella volta non feci resistenza.

Andammo al Chelsea and Westminster, che era proprio dietro casa, e dovettero praticamente portarmi dentro di peso. Ma nonostante il dolore che provavo e il ginocchio destro che non era mai tornato del tutto a posto dai tempi in cui giocavo, non lasciai che mi mettessero su una sedia a rotelle. Non volevo correre il rischio di vedere una fotografia di me ridotto così su tutti i quotidiani il mattino dopo.

I medici mi fecero un sacco di esami e un'iniezione che fece sparire il dolore. Non fu una grande idea, perché io a quel punto pensai che fosse tutto a posto e rifiutai di farmi ricoverare. Alex era arrabbiatissima, visti tutti gli sforzi che aveva fatto per portarmi lì. Ma io pensavo che a casa avrei potuto smettere di bere per un po', come se a quel punto la cosa potesse fare qualche differenza.

E quando dico che avrei potuto smettere di bere per un po', avrebbe potuto essere un mese, una settimana, un giorno o anche soltanto un paio d'ore.

Evidentemente in quella fase non potevo accettare che la mia lunga – e spesso ben nascosta – carriera di bevitore potesse essere finita. Ma se dovevo restare a secco per un po', volevo soffrire gli orrori dell'astinenza nella privacy della mia casa e non in un letto d'ospedale davanti a ogni genere di sconosciuti.

Chiunque beva anche solo di tanto in tanto ha sofferto prima o poi dei tipici sintomi di un doposbronza: la testa che pulsa, la nausea, la gola di cartavetrata. Ma solo un alcolista conosce la vera sofferenza che arriva alla fine del doposbronza, quando l'astinenza inizia a farsi sentire: i sudori, le palpitazioni, il panico. I tossici la chiamano la scimmia, ma una definizione vale l'altra: resta il fatto che stai lì a tremare anche sotto una pila di coperte o accanto a un caminetto acceso.

Non ho mai avuto un vero e proprio delirium tremens, non ho mai avuto allucinazioni di topi che correvano su per le tende, quelle cose che si vedono in film come *Giorni perduti*. Ma ci sono stati dei momenti in cui ho smesso di bere e per qualche giorno mi sono sentito di merda, perseguitato da sudori caldi e freddi. Mi sono ritrovato a tremare tanto che non riuscivo a tenere in mano nulla. E l'alcol è una droga maledetta: sai che se ti fai un bicchierino i tremori finiranno, così ti trovi a combattere la tentazione anche quando sei alle prese con l'astinenza.

Quando ero al Vesper Hospital in California, durante uno dei miei tentativi falliti di smettere di bere all'inizio degli anni Ottanta, ho visto gente con crisi d'astinenza tremende: stavano cercando di smettere con le droghe pesanti. Erano persone di ogni tipo, dai ragazzini di 14 anni alle nonnine settantenni. Stavano così male che noi – per quanto non fossimo proprio in forma – facevamo dei turni per andare nelle loro stanze a cercare di aiutarli. Uno spettacolo terribile a vedersi.

Questa volta andrà meglio, anche se passai tutta la settimana nel nostro appartamento di Chelsea e mi sentivo come se fossi già morto. Quando non stava con me Alex passava il tempo a parlare con i medici dell'ospedale: le dissero che l'uomo che dovevo vedere era il professor Roger Williams del Cromwell Hospital, un luminare nel trattamento della cirrosi. Lei e Phil si occuparono di tutto e l'8 marzo del 2000 andai a farmi visitare dal professor Williams.

Mi sentivo come se stessi andando a costituirmi alla polizia (cosa che peraltro avevo fatto, in passato) e non è esagerato dire che non c'era un minuto da perdere. Non ero lì per un ricovero, avrebbe dovuto essere solo una visita preliminare, dopodiché il professore mi avrebbe detto quando entrare in ospedale. Ma non mi dovette nemmeno visitare.

Guardò i miei occhi, che ormai erano gialli come quelli del tizio che avevo visto al pub, e mi disse: «Lei resta qui».

Ero entrato nel suo studio alle quattro del pomeriggio e quindici minuti dopo ero in un letto del reparto malattie epatiche, attaccato a una flebo di soluzione salina.

Mi sentivo enormemente sollevato.

Una settimana prima ero stato felice di lasciare il Chelsea and Westminster per tornare a casa a soffrire, ma nel frattempo avevo in qualche modo accettato il fatto che dovevo seguire una terapia a qualsiasi costo. Ed ero già stato abbastanza male a casa. Più che abbastanza, per dirla tutta. La cosa che non avevo accettato però era il fatto che non avrei mai più potuto bere. Solo un alcolista può vedere il lato positivo di una situazione del genere, e io ci riuscii. Dentro di me sapevo che per un bel po' di tempo non sarei andato da nessuna parte, ma mi dicevo che sarei rimasto in ospedale per qualche giorno, una settimana al massimo, e poi sarei stato così bene da ricominciare a vivere normalmente e – se ne avessi avuto voglia – farmi un bicchierino.

Essendo stato ricoverato tanto in fretta non avevo fatto le valigie, così il giorno dopo Alex uscì a comprarmi tre pigiami, tutti identici. Le infermiere probabilmente pensarono che non mi fossi mai cambiato. Mi comprò anche i quotidiani, che erano pieni di miei necrologi. Evidentemente la notizia era arrivata loro verso la fine della giornata e non sapendo se fossi sopravvissuto o meno avevano deciso di coprirsi le spalle.

È buffo leggere i propri necrologi. Ma la maggior parte dei giornalisti erano stati gentili e gli articoli sulla mia morte mi regalarono ore e ore di spasso.

Vorrei poter dire lo stesso dei risultati dei miei esami del sangue, che non erano certo una lettura altrettanto divertente. Il livello del Gamma GT, un enzima del fegato che dà l'indicazione più chiara dei danni che questo ha subito, diventa critico quando supera l'80. Il mio si aggirava intorno a 900 e anche il test della bilirubina, il pigmento giallo associato all'itterizia, era completamente fuori dai parametri.

C'è una scala con un sistema a tre numeri per i problemi al fegato come quelli di cui soffrivo io: se ti danno un uno, vuol dire che ti puoi aspettare un recupero completo se stai lontano dall'alcol per un po'; il due indica un recupero normale (per quel che vuol dire); il tre significa una cirrosi avanzata. Quando fui ricoverato, io ero a cavallo tra il due e il tre, il che almeno mi lasciava qualche speranza.

Non che il professor Williams fosse dell'umore di incoraggiare le mie fantasie di tornare a bere. Fu brutalmente sincero, mi disse esattamente cosa non andava e cosa dovevo fare. La mise in termini molto semplici: il mio fegato aveva alzato bandiera bianca e avrebbe potuto bastare anche solo un altro bicchiere per uccidermi. Nel giro di poco tempo feci amicizia con lui e con il suo assistente, il dottor Akeel Alisa, e – dato che io ero il peggior nemico di me stesso – erano esattamente il tipo di amici di cui avevo bisogno.

A volte nel mezzo della notte, quando ero solo, l'oscurità scendeva su di me e una vocina dentro mi diceva che era tutta una perdita di tempo e che avrei dovuto farmi dimettere. Fosse successo un paio d'anni prima, l'avrei sicuramente ascoltata. Mi sarei alzato, mi sarei strappato la flebo, mi sarei vestito, sarei uscito dall'ospedale, sarei saltato su un aereo e mi sarei lasciato tutto alle spalle.

Ma non lo feci. C'era qualcos'altro che mi diceva di non arrendermi. Avevo deciso che volevo restare ancora in circolazione per un po' e se avessi fatto del male a me stesso sarei stato incredibilmente egoista e avrei fatto del male ad Alex, al mio amico Phil, a mio padre, a mio figlio Calum, al resto della famiglia e a tutta la gente che mi mandava bigliettini d'auguri. E poi sarei uscito abbastanza presto e, per quanto ne sapevo, avrei potuto tornare alla mia vecchia vita. Il professor Williams aveva detto chiaro e tondo che non avrei potuto più bere ma io mi dicevo che i dottori la mettono giù sempre più dura di quanto non sia in realtà.

L'alcol era l'unico avversario che non ero riuscito a battere, anche se avevo provato con gli Alcolisti Anonimi, con l'astinenza e un paio di volte addirittura mi ero fatto cucire delle capsule di Antabuse nello stomaco: durano tre mesi e ti fanno stare malissimo se provi anche solo ad assaggiare un sorso di bumba. Nemmeno così ero riuscito a smettere.

Prima delle capsule avevo provato le pasticche di Antabuse negli Stati Uniti. Si assumono per via orale e io dovevo metterle a prova. Ovvio, no? Me n'ero andato per il weekend a giocare d'azzardo sul lago Tahoe e la seconda sera, prima di cena, pensai che avrei provato un cocktail, tanto per vedere se riuscivo a berlo senza stare male.

Entrai in un casinò e ordinai una vodka doppia ma prima che fossi arrivato a metà bicchiere la faccia mi si riempì di chiazze rosse e sentii il cuore che partiva a 200 all'ora.

In un'altra occasione restai quasi per un anno senza bere e poi, con una logica che solo un alcolista può comprendere, uscii a festeggiare e ci ripiombai dentro.

Quando sei un alcolizzato, il bere è tutta la tua vita. Non conta nient'altro, come avrei dimostrato quando nel 1981 nacque Calum e io, pur vergognandomene, non riuscii a smettere nemmeno per lui. Ha ragione Alex quando dice che prima che entrassi in ospedale o stavo bevendo o stavo pensando al bere. Ma io non pensavo di avere un problema perché conducevo una vita apparentemente normale e i soldi non mi mancavano.

Non era come ai bei vecchi tempi quando ne stavo fuori per giorni e giorni di seguito. Anche quando calciatori come Tony Adams e Paul Merson ammisero di avere dei problemi e cercarono un aiuto professionale, io non collegai la mia situazione alla loro. Pensavo di non avere problemi con l'alcol perché tenevo un sacco di discorsi pubblici e altre cose del genere senza fare delle figuracce.

Be', perlomeno non sempre, ecco…

A volte capitava che qualcuno seduto accanto a me a una cena mi facesse notare quanto poco bevessi. Sembravano quasi delusi e ricordo di avere detto a un tizio: «Senta, se dovessimo fare una gara, lei arriverebbe secondo. Ho soltanto deciso di non bere troppo stasera».

Era un mix del vecchio ego che si rigirava dentro di me e del più classico degli autoinganni: mi dicevo che potevo scegliere se bere o meno. Un dottore mi disse addirittura che il bere è come un rubinetto che puoi aprire o chiudere. Come potrete immaginare fui davvero felice di sentirlo dire da un dottore, anche se ora so che io, una volta aperto il rubinetto, non sono più capace di chiuderlo.

Anche le conseguenze del mio alcolismo – e alcune sono state abbastanza catastrofiche – non avevano alcun effetto sul mio desiderio di bere. La bumba iniziò a distruggere la mia carriera di calciatore quando ancora non era quasi iniziata.

Avevo 22 anni quando nel 1968 vinsi la Coppa dei Campioni con il Manchester United e fui nominato Calciatore Europeo dell'Anno. Avrebbe dovuto essere il fischio d'inizio di una sfolgorante carriera, e invece fu solo l'inizio della fine. L'alcol era «l'altra donna» che causò la fine del mio primo matrimonio con Angela MacDonald James e che, a volte, a messo a rischio anche quello con Alex.

È stato l'alcol che nel 1984 mi ha portato alla prigione di Pentonville per guida in stato d'ebbrezza (reato che sicuramente non mi avrebbe fatto finire in gattabuia se poi non avessi preso a testate un poliziotto).

Ma soprattutto, tre mesi dopo l'inizio del nuovo millennio, l'alcol mi ha quasi rubato la vita. Eppure, quando finalmente una settimana dopo Pasqua mi lasciarono uscire dal Cromwell dopo sessanta lunghi giorni di degenza, non potevo ancora dire che non avrei mai più bevuto un bicchiere. Naturalmente in pubblico lo dicevo, ma per un alcolizzato le menzogne sono all'ordine del giorno. E poi era facile dirlo in quel momento, perché con quello che avevo passato non avevo alcuna voglia di bere.

Ma a mano a mano che iniziavo a rientrare barcollando nel mondo reale, con l'aspetto e la forma fisica di un vecchio di cent'anni, non riuscivo ad ammettere a me stesso che la mia carriera di bevitore potesse essere finita.

E a dodici mesi di distanza non ci riesco ancora.

Come è cominciata

Quando mia madre morì alcolizzata nel 1978, mi infastidì molto il fatto che numerosi giornalisti iniziarono a ficcare il naso nella storia della nostra famiglia, nel tentativo di scoprire perché lei e io avessimo iniziato a bere.

Un alcolizzato non ha bisogno di una ragione per bere, anche se naturalmente erano molti i fattori in gioco nel rapporto mio e di mia madre con il bere. E per quanto alcuni di essi possano essere dolorosi, in questo libro ne parlerò con la massima sincerità, anche se non mi è mai piaciuto parlare in pubblico delle mie faccende private. Sicuramente non apprezzai il fatto che i tabloid cercassero di insinuare ogni genere di cose su mia madre in un momento in cui stavo cercando di accettare la sua morte.

Sì, aveva i suoi problemi, come molte madri che cercavano di tirare su sei figli nella Gran Bretagna del dopoguerra. Ma i suoi problemi con l'alcol iniziarono molto più tardi, molto dopo che io me ne ero andato di casa. Per i miei fratelli e le mie sorelle è stata più dura, ma per quanto riguarda la mia infanzia io di lei ho solo ricordi felici.

Era una mamma fantastica e crescere era magnifico, per davvero. Non avevamo mai molti soldi, ma al Cregagh Estate di Belfast nessuno ne aveva. Ci eravamo trasferiti lì quando io avevo tre anni e mio padre, Dickie, vive ancora nella nostra vecchia casa di famiglia in Burren Way. Io sono nato il 22 maggio del 1946, quando tutti cercavano di rimettersi in piedi dopo la fine della guerra e anche gli alimenti di base erano razionati.

Come la maggior parte dei ragazzini di allora, passavo un sacco di tempo con i nonni perché i miei genitori lavoravano per guadagnare la pagnotta. Mio padre faceva i turni al tornio al cantiere navale Harland and Wolff, così non si poteva mai dire quando sarebbe stato a casa. Mamma lavorò per un po' alla manifattura tabacchi Gallagher's, dove lavoravano anche molte delle mamme dei miei amici. Poi passò a una fabbrica di gelati, il che contribuì a sviluppare la mia passione per loro, e in realtà ne ho mangiati così tanti che mi sarei dovuto togliere la voglia per tutta la vita: ogni volta che mi andava entravo in fabbrica e prendevo un gelato dalla catena di produzione. Nel gergo di Belfast si parlava di *punte* e *mattonelle*, ma chiunque altro li avrebbe chiamati *coni* e *cialde*. Per quanto riguardava il cibo la mia famiglia era una vera cuccagna: una delle mie zie lavorava in un negozio di *fish and chips* e un'altra in una pasticceria.

Appena imparai a camminare mi ritrovai subito con il pallone al piede. In una delle mie prime fotografie ho più o meno 13 mesi e sono davanti alla casa dei nonni Withers, con una palla di plastica tra i piedi. Non importava che tipo di palla fosse: di plastica, da tennis, bastava che potessi prenderla a calci. A volte me la portavo anche a letto, la palla.

Quando iniziai a frequentare la Nettlefield Primary School, che si trovava vicina alla casa dei nonni Withers, a mezzogiorno schizzavo a casa a farmi una fetta di pane tostato e una tazza di tè, e cinque minuti dopo ero già tornato nel cortile della scuola a prendere a calci il pallone. E dopo la scuola era lo stesso. Il pane i miei lo tostavano da un lato solo perché usavano un fornelletto elettrico e appena un lato era pronto lo spegnevano per risparmiare sulla corrente.

Anni dopo la signora Fullaway, che mi ospitava in casa sua quando stavo al Manchester United, un giorno mi rivolse uno sguardo preoccupato.

«Il burro te lo spalmo sul lato giusto, vero?» mi chiese. «Quello tostato.»

Dato che sia mamma sia papà lavoravano, non li vedevo fino a sera. Spesso invitavano degli amici a giocare a carte. Una volta, prima della televisione, era così che la gente trascorreva il tempo. Io me ne stavo seduto a guardarli. Non capivo niente del gioco ma ero affascinato dalle carte, dal loro colore e da quelle figure un po' inquietanti. Li guardavo per delle ore, finché non mi addormentavo e mia madre si scusava con i compagni di gioco e mi portava a letto.

Mi svegliavo sempre mentre mi portava su per le scale e dopo averla pregata lei mi lasciava stare con loro per altri venti minuti. Era una bella donna, mia mamma, ma era anche la dura di famiglia. Mio padre era un tale bonaccione che non si sarebbe mai neppure sognato di mettermi le mani addosso. Anche mia mamma era molto tranquilla, ma se ne combinavo una troppo grossa mi dava quella che lei chiamava «una bella sgambata», ovvero una sculacciata sul retro delle gambe.

Io ero tutto ossa, tanto che quando mi sculacciava si faceva più male lei. E poi prima doveva acchiapparmi, perché quando sapevo che mi sarebbe toccata una sgambata correvo al piano di sopra, mi infilavo sotto il letto e mi arrotolavo come una palla in modo che non mi potesse prendere.

Mia sorella Carol nacque solo un anno dopo di me, e dopo cinque anni arrivò anche Barbara. Io sono sempre stato molto vicino a Carol, perché tra noi c'è soltanto una differenza di 17 mesi. A lei il calcio non piaceva, all'epoca non era una cosa da ragazze. Però in casa facevamo sempre gli scemi insieme, facevamo finta di darcele, ci prendevamo a spinte e a spallate, le solite cose tra fratello e sorella.

Un giorno però io esagerai e lei mi colpì dritto alla bocca dello stomaco con un pugno che avrebbe fatto invidia a Lennox Lewis. Per un minuto o due non riuscii a respirare. Lei era terrorizzata, era convinta di avermi ucciso. È una storia che racconta ancora oggi.

Carol ha raccolto il testimone di nonno Withers: è la più religiosa della famiglia ed è anche quella che tiene in piedi tutto quanto, per così dire. Quando è morta nostra madre, è stata lei ad assumersi l'impegno di occuparsi di nostro padre, di pulire la casa e di cucinare per lui. E se in famiglia qualcuno ha un problema, chiama Carol. Lei ha una specie di aura spirituale, una pace interiore, non la senti mai parlare male degli altri. Oggi vive a due passi da me e così ci vediamo spesso, in casa o fuori, e probabilmente siamo più vicini di quanto non siamo mai stati.

L'altro mio nonno, James «Scottie» Best, viveva accanto allo stadio del Glentoran, l'Oval. A quei tempi anche il tifo calcistico era questione di appartenenza sociale. In effetti credo lo sia ancora oggi. Se eri protestante, tenevi automaticamente per il Linfield, mentre se eri cattolico tenevi per il Glentoran, o meglio – come dicevamo noi – per i Glen. La nostra famiglia era protestante – presbiteriana, per essere precisi – ma dato che nonno Best viveva accanto allo stadio dei Glen, io tenevo per loro.

Quasi tutte le settimane andavo con mio padre, mio nonno o qualche amico vicino all'entrata dell'Oval. È così che si faceva allora: restavi accanto a un tornello e aspettavi che arrivasse un adulto a fartici passare sopra. C'era un sacco di gente che andava allo stadio perché durante la guerra a tutti era mancato molto lo sport, e gli adulti prendevano noi ragazzini e ci facevano passare sopra le loro teste, come una specie di catena umana, finché non arrivavamo in prima fila. La religione non era un problema, perché nessuno portava le sciarpe e alla moda delle maglie delle squadre mancavano ancora una quarantina d'anni. Il massimo che si indossava era una coccarda della tua squadra.

Mia mamma e mio papà non sono mai stati religiosi, ma nonno Withers invece sì e allora in segno di rispetto verso di lui la domenica andavamo tutti in chiesa. Gli adulti andavano alla messa del mattino e noi ragazzi al catechismo della domenica pomeriggio. Mi piaceva cantare e leggere la Bibbia e ancora oggi ogni tanto prego. Nei primi tempi al Manchester United la sera mi inginocchiavo accanto al letto e pregavo. Dopo la chiesa c'era il tè della domenica con tutta la famiglia: insalate, patate e torte fatte in casa da nonna Withers.

Dopo le patate, le torte erano alla base dell'alimentazione della nostra famiglia. La specialità di mia madre erano le crostate di mele, e a Halloween faceva delle fantastiche mele candite. Quando tornai in Irlanda chiesi a Carol di dare la ricetta ad Alex, ma non l'ha ancora fatto. Mia madre non si fermava mai, doveva fare tutti i lavori domestici nel tempo lasciato libero dal lavoro. A volte non tornava a casa fino alle dieci di sera: noi naturalmente eravamo già tutti a letto, ma la sentivamo pulire le finestre. Avevamo delle enormi maniglie di ottone all'esterno dei serramenti e lei per pulirle, alle dieci di sera, si sporgeva fuori dalla finestra con uno straccio e del lucido.

Se capitava un'estate calda e alla fabbrica del gelato c'era più lavoro del solito, lei doveva lavorare anche di domenica, il che a nonno Withers non andava proprio giù. In quei giorni mio padre le faceva un pasticcio di pollo, uno dei piatti preferiti della mamma; poi lo riscaldava, lo avvolgeva per bene in modo che non si raffreddasse, prendeva la bicicletta e andava in fabbrica a portarle il pranzo. Quella bicicletta ne ha fatta di strada. Quando i loro turni non combaciavano mamma andava al lavoro in bici di giorno e quando tornava a casa papà la usava per andare a fare il turno di notte al cantiere.

Durante le vacanze scolastiche andavamo alla casa estiva di nonna Withers, a Crossgar, che si trova dall'altra parte dello Strangford Lough, vicino a dove viviamo adesso io e Alex. Ci veniva anche mio zio George Withers, che aveva un anno meno di me: io, lui e mio cugino Louis – il figlio della sorella di mia mamma – eravamo inseparabili. C'era un vecchio fienile dietro la casa dei nonni: noi ci nascondevamo lì e ce le davamo di santa ragione. Noi li chiamavamo incontri di boxe, ma in realtà erano semplicemente delle risse belle e buone. C'era una discesa molto ripida che portava dalla casa alla strada principale e a me piaceva un sacco farmela di corsa, a tutta velocità. Affrontavo di corsa anche la risalita, anche se più piano.

Non c'erano né corrente elettrica né lampade a petrolio: le luci erano tutte a gas e avevamo una grossa stufa per tenere calda la casa. Era bellissimo. Ci alzavamo prima del sorgere del sole, mungivamo le vacche e raccoglievamo le uova fresche: un lusso dopo le privazioni di Belfast. Aiutavamo anche a raccogliere il fieno. Eravamo dei perfetti piccoli contadini. Il fattore teneva un asino in un campo e noi gli saltavamo in groppa e ci facevamo scarrozzare in giro. Alla fine della giornata eravamo stanchissimi e affamati.

La nostra cena consisteva in un piatto di patate, e come contorno ci ingozzavamo con il pane e le torte fatte in casa dalla nonna. Era così l'Irlanda di quegli anni: patate, patate, patate. La gente non poteva permettersi altro. Ma almeno lì ce n'era un bel po' e noi facevamo a gara per vedere chi riusciva a mangiarne di più. Credo che il record sia ancora mio: 23 patate in una volta sola.

Non ricordo di avere mai preso una paghetta ufficiale, ma avevo i miei metodi per procurarmi qualche soldo sottobanco. Mia mamma raccoglieva le monete da mezzo scellino in una vecchia bottiglia del latte sotto il lavandino. Le monete erano troppo grosse per entrarci e allora lei aveva limato il collo della bottiglia per allargarlo un po'. Non so come pensasse di tirarle fuori di lì, forse aveva intenzione di rompere la bottiglia, ma con un po' di pratica io avevo trovato un modo per farle sgusciare fuori. Ne prendevo solo una alla volta, nel caso che la mamma tenesse il conto. E comunque mezzo scellino all'epoca ti bastava per parecchio tempo.

Ero un piccolo criminale, anche se allora sembrava tutto abbastanza innocente. Però mi è sempre piaciuto ordire dei piani. Nel negozio all'angolo tenevano i biscotti in grossi vasi di vetro e la sera, prima di chiudere, regalavano i biscotti rotti, che non potevano vendere, in piccoli sacchetti di carta. E allora io e i miei amici entravamo nel negozio cinque minuti prima della chiusura, facevamo finta di dare un'occhiata in giro e rompevamo apposta un po' di biscotti. Poi, tornando a casa, passavamo davanti a una grande villa con un enorme melo che si protendeva oltre il muro di recinzione, coglievamo un paio di mele e ce le mangiavamo insieme ai biscotti. Oppure la sera facevamo un salto dal *fish and chips* del quartiere, Eddie Spencer (che tra l'altro è ancora aperto), e lui ci dava gli avanzi della frittura.

A quell'epoca iniziai a fare la raccolta di francobolli e se non avevo soldi li andavo a rubare da Woolworths. Anche lì mettevo in atto uno dei miei piani: prendevo dal bancone cinque o sei pacchetti, facevo finta di guardarli e poi li facevo cadere apposta per terra.

Il commesso faceva per avvicinarsi e io gli dicevo: «Non si preoccupi, li raccolgo io». Solo che rimettevo al loro posto solo quattro o cinque pacchetti. Naturalmente non esistevano ancora le telecamere a circuito chiuso, per cui non c'era bisogno di essere un genio del crimine per cavarsela con qualche furtarello.

Mi guadagnavo qualche altro spicciolo dando una mano a un tizio che girava con un furgone a vendere la frutta e la verdura. Il venerdì sera poi passavo a raccogliere i soldi dalla gente a cui veniva consegnato il giornale a casa. Era un'attività abbastanza redditizia, perché spesso i clienti mi davano un pezzo da 15 pence per pagare un conto da 14. Io facevo finta di cercarmi il resto in tasca e poi dicevo qualcosa del tipo: «Mi dispiace, non ho il resto. Ve lo darò la settimana prossima».

Ovviamente poi non lo facevo, e nel 99 per cento dei casi la gente se ne dimenticava. Se riuscivo a farlo con venti clienti a fine serata mi ritrovavo con 20 pence, che erano poco più di tre mezzi scellini. E se qualcuno non mi chiedeva la ricevuta, mi potevo intascare 20 pence in una botta sola. Non so proprio com'è che non mi beccarono mai.

D'estate spendevo i miei guadagni illeciti al luna park. Era uno dei grandi eventi dell'anno, quando i carrozzoni arrivavano in città e si accampavano vicino a Cregagh Road, in un posto molto carino che si chiamava Dallywinkers Lane. Naturalmente i soldi di un ragazzino non durano mai molto in un luna park, così quando le nostre finanze si esaurivano (il che accadeva nel giro di qualche minuto) avevamo un'altra truffa bella e pronta. A me piaceva giocare al lancio degli anelli perché si poteva vincere un premio, così avevamo deciso di prenderci un piccolo vantaggio e portarci dietro un lungo bastone con un gancio a un'estremità. Ci dividevamo in due gruppi: uno creava un diversivo, mentre l'altro cercava di approfittarne per agganciare qualche premio.

Fu grazie alla magia della televisione che mi innamorai di un'altra squadra di calcio. I Wolverhampton Wanderers.

Dopo che nel 1954 vinsero il campionato, nello stadio dei Wolves, il Molineux, si tennero delle partite in notturna tra i padroni di casa e alcune delle migliori squadre del mondo. Non c'erano coppe europee ufficiali allora, per cui quelle partite erano tutte delle amichevoli. Era l'Inghilterra contro il resto del mondo, e tutti prendevano la cosa tanto seriamente che le partite vennero trasmesse in diretta televisiva, una cosa mai successa se non per i grandi incontri internazionali. E la cosa ancora più inaudita era che si trattava di partite giocate nel mezzo della settimana e di sera. Anche se le partite in notturna si giocarono per la prima volta già nel 1878, la loro versione moderna è nata nella stagione 1951-52 ed era una rarità quando iniziai a seguire i Wolves, la prima squadra non nordirlandese che vidi in diretta alla tivù. Fu amore a prima vista.

In famiglia non avevamo un televisore, per cui quando sapevo che c'era una partita iniziavo a prendere a pallonate il muro della casa del vicino una decina di minuti prima del fischio d'inizio. Il vicino era un tizio che si chiamava Harrison e naturalmente non poteva fare a meno di sentire le mie pallonate e sapeva anche che ero un patito di calcio. Mi lasciava col fiato sospeso fino a poco prima dell'inizio dell'incontro, poi apriva la porta e mi diceva tranquillamente, come se l'idea fosse stata sua: «Ti andrebbe di venire dentro a vedere la partita con me?»

Io schizzavo in casa sua come una pallina da flipper, e alla partita successiva dei Wolves rimettevamo in scena la stessa commedia.

Il signor Harrison aveva un televisorino in bianco e nero e probabilmente all'epoca le troupe televisive usavano una sola telecamera, invece delle centinaia che mettono in campo oggi. Ma quando i Wolves giocavano contro squadre come lo Spartak Mosca o la Dynamo Mosca, era come se stessero affrontando degli alieni. Per quanto ne sapevamo noi, i russi erano dei babau, creature arrivate da un altro pianeta. E noi li guardavamo giocare contro i Wolves alla televisione.

Quelle partite mi ipnotizzavano. Giocavano in modo incredibile e ogni volta c'erano 55.000 tifosi chiusi dentro il Molineux. Ma era l'illuminazione che le rendeva magiche, che trasformava il calcio in teatro. Avevo già iniziato un album sul Glentoran, dove incollavo tutte le cronache delle partite che ritagliavo dal «Belfast Telegraph». Girai l'album dall'altro lato e iniziai a incollarvi anche gli articoli sui Wolves.

Sognavo di portare la loro famosa maglia color oro, anche se l'aspetto reale di quelle maglie noi lo potevamo solo immaginare. Sulla televisione in bianco e nero del signor Harrison avrebbero potuto essere azzurre, verdine, o anche semplicemente bianche.

A parte il fatto di non poter vedere le partite di calcio in qualsiasi momento, non è che la televisione mi mancasse troppo, perché avevamo il nostro cinema di quartiere e la proiezione del sabato pomeriggio era sempre affollatissima. Fortunatamente c'era penuria di vetro, così se ti presentavi con un vasetto di marmellata vuoto ti facevano entrare gratis. E se io e i miei amici non riuscivamo a procurarci abbastanza vasetti, uno di noi entrava e faceva sgattaiolare dentro gli altri dall'uscita di sicurezza.

I film che proiettavano erano bellissimi, tipo *Hopalong Cassidy* e *L'astronave degli esseri perduti*. Anche i film western andavano di gran moda e il primo lungometraggio che vidi fu *Il cavaliere della valle solitaria* con Alan Ladd. Poi vidi *La tunica*, un film storico con Victor Mature, e *Spartacus*, con Kirk Douglas. Ricordo di avere letto che quel film era costato 12 milioni di dollari e che ci avevano lavorato più di 10.000 persone, il che all'epoca sembrava una cosa pazzesca. Anche Zorro andava molto e quando uscivamo dal cinema ci legavamo l'impermeabile intorno al collo e correvamo fino a casa facendo finta di essere lui. Sul palco si tenevano anche delle gare di yo-yo.

A volte di sabato guardavo mia mamma giocare a hockey e durante la partita giocavo con una pallina da tennis lungo una delle linee di bordocampo. Non sono mai andato a vedere mio padre giocare a calcio, ma so che era un terzino e mi hanno detto che non era un granché ma giocava bello duro. Non aveva paura di niente, dicono.

Nei cantieri di Belfast lavoravano un sacco di tipi tosti e d'estate si teneva un campionato di calcio in un posto chiamato «il pollaio». Ci giocavano così tante partite che non c'era più un filo d'erba e tutti i giocatori avevano dei soprannomi. Ricordo che c'era un giocatore con un braccio solo, ma credo che fortunatamente non giocasse in porta. E ricordo un tizio chiamato Sticky Sloan: era uno degli eroi del posto. Giocava abbastanza bene, ma soprattutto era un vero duro, come quasi tutti i suoi compagni. Se non ti prendevi quattro o cinque ceffoni in una partita voleva dire che eri una mammoletta.

All'epoca non esistevano le partite della domenica mattina: era un giorno dedicato alla religione e anche quando nonno Withers comprò un televisore non ci venne permesso di guardare i programmi in quel giorno. Naturalmente appena saliva al piano di sopra per farsi una pennichella noi ragazzi accendevamo la tivù a volume basso e facevamo la guardia a turno in fondo alle scale nel caso il nonno si svegliasse. Pensavamo di essere dei furbacchioni, ma sono sicuro che lui sapesse cosa succedeva perché quando si alzava si avvicinava al televisore e lo toccava per controllare se era caldo.

La mia vita allora sembrava idilliaca, ma con l'avvicinarsi del mio undicesimo compleanno tutto sarebbe cambiato.

Ero nel bel mezzo degli esami del primo ciclo scolastico. Un pomeriggio feci un salto in un negozio del quartiere per comprare un righello per l'esame di matematica e la commessa mi disse una cosa molto strana. Mi chiese quando ci sarebbe stato il temporale di mio nonno.

Io la guardai come se fosse andata fuori di testa, ma poi pensai che forse ero distratto e non avevo capito bene quello che aveva detto. Fu solo quando arrivai a casa e vidi in faccia mamma e papà che capii che la commessa non aveva detto «temporale» ma «funerale». Fu un'esperienza devastante perché volevo molto bene a nonno George, da cui avevo preso anche il nome, e sapevo di essere sempre stato il suo preferito.

Non pensi mai che i tuoi genitori o i tuoi nonni possano morire, non a quell'età. Li hai sempre avuti attorno, e pensi che ci resteranno per sempre. Non riuscivo a farmene una ragione e, come avrei sempre fatto in futuro, scappai facendo finta che non fosse successo nulla. Camminai per le strade ore e ore con le lacrime che mi rigavano il volto, finché non fui troppo stanco per continuare e dovetti sedermi. I miei genitori, preoccupatissimi, mi trovarono all'una del mattino seduto sotto un lampione, fradicio di pioggia.

Nell'Irlanda del Nord, quando muore qualcuno, tutta la famiglia si riunisce e la bara viene lasciata aperta perché tutti possano dare l'ultimo saluto alla salma. Ma il giorno del funerale solo gli uomini vanno al cimitero e poi al pub, mentre le donne restano a casa a preparare da mangiare. Io non guardai la bara di mio nonno, non volevo vedere il suo cadavere. Volevo ricordarmi di lui come di un uomo adorabile. Non riuscii a guardare nemmeno mia madre, quando morì. Non ho mai visto un cadavere e non credo lo farò mai nemmeno in futuro.

Nonostante la tristezza per la morte di mio nonno, riuscii a superare gli esami scolastici e i miei genitori ne furono molto contenti. Nella mia classe fui il solo a passarli. Per mamma e papà il fatto che l'esame fosse andato bene era una gran cosa, anche se per loro avrebbe significato dover spendere altri soldi per comprare l'uniforme e le scarpe della scuola. Le scarpe per me erano una bella spesa: giocavo a calcio ogni volta che ne avevo la possibilità e ne distruggevo praticamente un paio al giorno. Come tutti i genitori, mi avevano detto di non giocare a calcio con le scarpe «buone», ma come tutti i ragazzini io continuavo a farlo.

Mentre tutti i miei amici andavano alla scuola vicina, la Lisnasharragh Secondary School, io dovevo andare da solo fino alla Grosvenor High Protestant School, cambiando due volte autobus.

Le cose lì iniziarono ad andare male sin dall'inizio. Non che non riuscissi a stare dietro agli altri, ero un ragazzino sveglio e andavo particolarmente bene in matematica e inglese. Ma non mi piaceva il tragitto fino a scuola, non mi piacevano gli altri studenti e non cercai nemmeno di farmi degli amici, perché tutti i miei amici vivevano ancora al Cregagh Estate e io finita la scuola correvo a casa per giocare con loro.

Il problema della Grosvenor High era che lo sport della scuola era il rugby e io non avevo alternative: dovevo giocare. Ero abbastanza bravo e dato il mio fisico e la mia velocità diventai una discreta mezz'ala. Ma il rugby non ha mai scatenato in me la passione che provavo guardando i Wolves contro i russi.

L'assenza del calcio fu solo uno dei motivi per cui non mi ambientai in quella scuola, e non mi ci volle molto prima che iniziassi a marinarla o, come dicevamo noi, a «fare sega». A volte non prendevo nemmeno l'autobus e usavo i soldi del biglietto per comprarmi dei dolci, ma perlopiù mi nascondevo nei gabinetti della scuola mentre gli altri tornavano in classe dopo pranzo, dopodiché mi arrampicavo sul tetto e scappavo a casa. Mia zia Margaret lavorava tutto il giorno, così io mettevo la mia cartella dietro il suo bidone dell'immondizia e passavo il resto del pomeriggio a zonzo per Woolworths o per altri negozi.

Se mi rompevo di andarmene in giro e avevo voglia di tornare a casa, compravo dei dolcetti che, se li succhiavi per un po' di tempo, ti facevano venire la gola rossa.

«Cosa è successo? Cosa ci fai a casa a quest'ora?» chiedeva mamma quando bussavo alla porta.

«Mi hanno mandato a casa perché mi faceva male la gola», rispondevo io.

«Fammi dare un'occhiata.»

Io aprivo la bocca.

«In effetti non hai un bell'aspetto. Dovremo portarti da un dottore», constatava la mamma.

Il giorno dopo dicevo che stavo meglio, però alla fine questo trucco si ritorse contro di me perché mamma e papà, stanchi di vedermi sempre con la gola arrossata, mi fecero operare alle tonsille e io non potei protestare perché altrimenti avrei rivelato loro il mio segreto.

Marinare la scuola era soltanto un modo per scappare dai miei problemi, e l'ho sempre fatto da solo. Io sono sempre stato così e anche anni dopo, quando la fama mi opprimeva, andavo all'aeroporto di Manchester e salivo sul primo aereo in partenza, senza nemmeno guardare dove andava. Lo facevo d'istinto; mi prendevo in giro dicendomi che quando sarei tornato il problema sarebbe scomparso, perché sapevo che nove volte su dieci sarebbe solo peggiorato.

Naturalmente non avrei potuto continuare a non andare a scuola senza che non venissero presi dei provvedimenti. E sapevo che questi provvedimenti avrebbero agitato mamma e papà, che infatti furono sconvolti quando il preside li convocò. Non avevano idea di cosa fosse successo, ed erano il genere di persone che una convocazione simile metteva terribilmente in imbarazzo.

La scuola mi diede due possibilità: retrocedere di una classe o andarmene. Ero all'ultimo anno e la retrocessione di una classe sarebbe stata umiliante, ma non volevo dare una delusione a mamma e papà lasciando la scuola, così dissi che sarei rimasto. Ma era una scelta che non avevo fatto con il cuore e un mesetto dopo dissi al preside che me ne volevo andare e raggiunsi i miei amici alla Lisnasharragh.

Quando arrivai alla mia nuova scuola i ragazzi stavano scegliendo i giocatori per una squadra di calcio e mi chiesero se volevo giocare.

Mi sentii immediatamente a casa.

L'altra ragione per cui ero stato tanto infelice era che la Grosvenor High School era nel bel mezzo di una zona cattolica e i ragazzi delle altre scuole, tipo la Sacred Heart e posti del genere, capivano che ero protestante dalla mia uniforme. Mi aspettavano e mi chiamavano protestante di merda e cercavano di rubarmi la sciarpa o il berretto, così io finii per aspettare l'autobus in disparte e poi correre alla fermata in modo da prenderlo al volo. Era un po' come passare sotto le forche caudine. Non era granché divertente, ma si rivelò un ottimo allenamento per gli scatti sul campo di calcio. E poi per i miei genitori, sapendo quello che mi succedeva per strada, fu più facile accettare l'idea che volessi cambiare scuola.

La religione non mi è mai interessata e la mia non è decisamente una famiglia di bigotti. Ma se eri protestante era naturale entrare nell'Orange Order. E sia mio padre sia mio nonno erano stati presidenti della loggia di zona.

Il 12 luglio, l'anniversario della battaglia di Boyne, era un giorno importante in casa nostra e tutta la famiglia partecipava alla parata. Il punto di ritrovo per molti partecipanti era la casa del presidente della loggia e ricordo quanto eravamo tutti emozionati quando mio padre era presidente e tutta quella gente si ritrovava davanti a casa nostra.

Tutti indossavano sciarpe di seta arancione e abiti della festa mentre suonatori di cornamusa e di tamburo facevano le ultime prove. Allora la questione irlandese non aveva ancora avuto la svolta violenta di oggi e per noi era solo un giorno di divertimento. Era come una specie di carnevale. Dopo che tutti si erano raccolti a casa di mio padre, camminavamo fino in centro per incontrare le altre logge, migliaia di persone che arrivavano da tutto il mondo, dall'Australia, dalla Nuova Zelanda, dall'America. E tutti avevano la propria banda. Era come il Martedì Grasso di New Orleans.

Era una giornata unica e lo spettacolo era affascinante. Da ragazzino il primo compito d'onore che ti veniva assegnato era quello di tenere le corde dei grandi striscioni il 12 luglio. Così mentre gli uomini li portavano giù per Cregagh Road noi ragazzini ce ne stavamo appesi alle corde, e nei giorni di vento avresti potuto farti trascinare fino a Finaghy, a undici chilometri di distanza, dove si riunivano tutte le logge.

C'erano degli scambi di improperi con i cattolici: loro ci chiamavano protestanti di merda, noi li chiamavamo feniani. Ma ai miei tempi finiva tutto lì, con qualche insulto. Era un po' come far parte del Rotary o della Massoneria. Fu solo più tardi che entrambi gli schieramenti iniziarono a uccidersi a vicenda e le parate finirono per essere considerate delle provocazioni, cosa che in effetti sono.

È buffo che, nonostante il mio successo, io non sia mai stato avvicinato da alcun gruppo politico protestante. Probabilmente sapevano che avrebbero sprecato il proprio tempo perché io non mi sarei mai fatto coinvolgere. L'unica volta che la questione irlandese mi ha toccato personalmente è stata quando ero in prigione alla Ford e una banda di pazzi mi scrisse per dirmi che mi avrebbero fatto evadere. Non è che la cosa fosse poi tanto difficile, perché la Ford era come una specie di campeggio estivo e se avessi voluto veramente scappare mi sarebbe bastato attraversare il cancello aperto.

Ma non avrei mai messo la mia famiglia nei guai unendomi a un qualche gruppo paramilitare o roba del genere. La fede e il colore per me non sono mai stati un problema. Credo che ognuno si possa tenere il suo, a meno che questo non voglia dire fare del male a qualcun altro, una cosa inaccettabile a prescindere dalla religione o dalle idee politiche in cui credi.

A livello personale i problemi che avevo avuto con i ragazzi cattolici finirono quando passai alla Lisnasharragh School. E fu lì che, intorno ai 13 o 14 anni, iniziai anche a interessarmi alle ragazze. Ma considerando il titolo di sciupafemmine che mi sarei guadagnato negli anni a venire, la mia carriera non iniziò nel migliore dei modi. Ero abbastanza timido quando c'erano in giro delle donne, ma ce n'era una che era ritenuta una specie di nave scuola per cui pensai che fosse lei quella con cui provarci. Ma nonostante la sua reputazione pareva io fossi l'unico che non riuscisse a farsela e, credetemi, non certo per mancanza di determinazione.

Così alla fine iniziai a uscire con un'altra ragazza di nome Liz, che era molto più carina ma non te la faceva vedere nemmeno da lontano. E anche questa volta non certo perché io non ci provassi. Forse fu proprio da lì che iniziai a desiderare tutto ciò che non potevo avere. Io e Liz comunque restammo insieme per un po' e ci dedicammo con grande entusiasmo a pomiciate e pratiche affini nelle ultime file del cinema o nascosti dietro le rastrelliere per le biciclette dell'oratorio.

Non avevo particolari problemi con gli insegnanti a Lisnasharragh, a parte uno: un professore di musica di nome Tommy Steele. Ci potete credere? Aveva i capelli rosso fuoco e mi strisciava sempre alle spalle e se facevo qualcosa di sbagliato mi colpiva le nocche delle dita con un righello. Da ragazzino odiavo le lezioni di musica e neanche Tommy Steele avrebbe potuto farmi cambiare idea. Teoricamente dovevo imparare a suonare il pianoforte. Ti davano degli spartiti con note bianche e nere da portare a casa per aiutarti a imparare, ma appena uscivo da scuola io non riuscivo a pensare ad altro che al calcio. Nessuno dei miei amici suonava il piano.

Sul fronte calcistico le cose andavano avanti a passi da gigante, ora che potevo giocare a scuola. E più o meno nello stesso periodo in cui cercavo di farmi la nave scuola del quartiere iniziai anche a giocare con il Cregagh Boys Club diretto da Bud McFarlane, l'allenatore in seconda del Glentoran.

Fino ad allora avevo sempre giocato con le scarpe da ginnastica. Le scarpe da calcio erano troppo care, anche se a ogni Natale ricevevo maglia, pantaloncini e calzettoni. Ma il Natale dopo essere stato ingaggiato dal Grenagh scartai il regalo che mi avevano fatto i miei genitori e mi ritrovai davanti un paio di scarpette di cuoio nuove di zecca con i tacchetti d'acciaio. Erano alte fin sopra la caviglia, come usava allora. Mi sembrarono assolutamente meravigliose. Se oggi qualcuno ti entrasse in tackle con ai piedi un paio di scarpe del genere, resteresti infortunato in tribuna per il resto della stagione. Ma erano il regalo più bello che avessi mai ricevuto e passavo un sacco di tempo a pulirle e a ingrassarle.

Quelle scarpe erano indistruttibili, e la dimostrazione è che le ho ancora oggi. All'epoca probabilmente non costarono più di un paio di sterline, ma adesso ne varranno almeno 50.000, non solo perché sono state le mie prime scarpe da calcio ma anche perché presi l'abitudine, dopo le partite, di usare un gessetto per scrivere sul loro fianco il nome degli avversari e il numero di goal che avevo segnato.

Bud McFarlane fu il primo che mi incoraggiò e mi disse che sarei potuto arrivare a giocare da professionista. Mio padre, anche se allora non me ne rendevo conto, stava molto attento a non spingermi troppo, temeva che potesse avere degli effetti negativi, e per lo stesso motivo veniva raramente alle mie partite. Anche se stavo iniziando a dimostrare parecchio talento, molti vecchi professionisti dicevano che ero troppo magro e basso per farcela.

Fu proprio in questo che Bud mi fu di grande aiuto: lui pensava – come Sir Matt Busby – che se eri abbastanza bravo eri anche abbastanza grande e abbastanza maturo. La mia prima occasione giunse quando giocai con i Cregagh Boys contro i candidati della nazionale studentesca dell'Irlanda del Nord. Giocai molto bene e vincemmo 2 a 1. Fui chiamato nella squadra dei candidati, e anche lì feci bella figura. Alla fine, con mia somma gioia, venni selezionato tra i 16 finalisti per il termine della stagione internazionale studentesca. Purtroppo decisero di prendere solo 15 giocatori e io venni lasciato fuori.

Ero a pezzi.

Mi avvicinavo al mio quindicesimo compleanno e alla fine della mia vita scolastica, non sapevo ancora se avrei sfondato come calciatore e l'esperienza con la squadra studentesca mi aveva affossato il morale. Forse ero *davvero* troppo basso. Ma Bud non mollava. Andò a parlare con Bob Bishop, che gestiva il Boyland Youth Club, la più grande squadra giovanile di calcio. Erano sempre i migliori ed erano già diventati una specie di vivaio per il Manchester United. Avevano avuto talmente successo che – per mia fortuna – Bishop aveva appena ricevuto l'incarico di scopritore di talenti per il Manchester nell'Irlanda del Nord.

Per un paio di weekend mi portò ai ritiri del Boyland; poi organizzò una partita tra il Boyland e la Under 15 del Cregagh e per la sua squadra mise in campo una serie di ragazzi di 17 e 18 anni, che rispetto a noi erano dei veri e propri adulti. Fu un'idea decisamente intelligente, perché voleva vedere come avrei gestito il confronto fisico, se sarei riuscito a cavarmela contro giocatori più grossi e con più esperienza. Se ce l'avessi fatta, avrebbe saputo che il mio fisico non sarebbe stato un handicap. Io non sapevo che la partita era stata organizzata apposta per me, quindi entrai in campo e giocai normalmente. Alla fine segnai altri due goal sulle mie scarpette: avevamo vinto 4 a 2.

Fino ad allora non avevo ancora incontrato formalmente Bob Bishop. Ero stato semplicemente uno dei tanti, in quei weekend di ritiro.

Qualche giorno dopo si presentò a casa nostra. Io stavo prendendo a calci un pallone in un campo con i miei amici, papà venne a chiamarmi e mi presentò Bob. Lui, con tutta la calma possibile, mi chiese se volevo andare al Manchester United per un provino con un altro tizio di nome Eric McMordie.

Non ci potevo credere.

Corsi di nuovo dai miei amici e urlai: «Vado a giocare con il Manchester United».

Loro mi presero in giro: «Certo... come no, George... adesso però finiamo questa partita, eh...»

Naturalmente ero pazzo di gioia, e così anche mio padre. Ma il mio buon vecchio papà, anche se aveva sempre creduto nel mio talento, sapeva che le cose non vanno sempre come ci si aspetta che vadano e – con la sua classica previdenza – aveva deciso di tenermi una porta aperta alle spalle.

Così all'ultimo anno di scuola mi fece seguire un corso di tipografia. Io andavo bene in matematica e inglese e lui pensò che la tipografia sarebbe stata una buona professione per mettere a frutto queste capacità. E poi pensava che la gente non avrebbe mai smesso di leggere libri e giornali. Avevo appena passato l'esame finale di tipografia quando venni chiamato da Bob Bishop. E mio padre mi aveva già trovato un lavoro.

Naturalmente, davanti alla scelta tra la tipografia e il Manchester United, non c'era storia. Ma questa storia della tipografia oggi suona abbastanza ironica, se pensate alla quantità di tipografi che ho contribuito a mantenere in tutti questi anni!

Coraggio al doppio malto

Come potrete immaginare, non vedevo l'ora di arrivare al Manchester United. Certo, io tifavo per i Wolves e avevo sognato di giocare con loro, ma il Manchester era una squadra famosa e il disastro aereo di Monaco del 6 febbraio 1958, dove erano morti otto dei loro migliori giocatori, aveva portato alla squadra affetto e simpatia da parte della gente.

L'incidente era avvenuto nel primo pomeriggio e ricordo di averne sentito parlare sull'autobus mentre rientravo da scuola. Quando arrivai a casa accesi la radio e sentii tutti i particolari. Era una storia quasi irreale perché per la maggior parte delle persone all'epoca volare era una fantasia già in sé e il Manchester United era la prima squadra inglese a giocare nella Coppa dei Campioni. I giocatori del Manchester stavano tornando a casa dopo avere pareggiato 3 a 3 con lo Stella Rossa di Belgrado. Il loro aereo si fermò a Monaco per fare rifornimento. Nevicava e dopo avere fallito due decolli non riuscì ad alzarsi dalla pista nemmeno al terzo tentativo, andando a sbattere contro la recinzione dell'aeroporto e prendendo fuoco.

La cosa che rendeva quella tragedia ancora più terribile era il fatto che molti giocatori erano giovanissimi. Quando il Manchester aveva vinto il campionato nel 1955-56 i suoi giocatori erano tanto giovani che erano stati soprannominati «Busby Babes», dal nome del loro allenatore Matt Busby. Tra coloro che morirono in quell'incidente vi furono il mediano Eddie Colman, 21 anni, un ragazzo del posto capace di incredibili finte di corpo, e Liam Whelan, 22 anni, che giocava in attacco come Bobby Charlton e che a Belgrado non era nemmeno sceso in campo.

Ma il grande asso era Duncan Edwards, che sapeva giocare in quasi tutti i ruoli. Aveva fisico, velocità e potenza, e avrebbe dovuto diventare il più grande giocatore inglese di tutti i tempi. Aveva debuttato con il Manchester a soli 16 anni e dopo avere giocato nelle giovanili nell'Inghilterra, nella seconda squadra e nella Under 23, era entrato a pieno titolo nelle competizioni internazionali ad appena 18 anni.

Walter Winterbottom, l'allenatore dell'Inghilterra, ha dichiarato: «Nel carattere e nello spirito di Duncan Edwards io vedevo la vera rinascita del calcio inglese». Aveva solo 21 anni quando morì, aveva giocato già 15 partite con la maglia della nazionale e dopo l'incidente sbalordì anche i medici dell'ospedale di Monaco lottando contro la morte per quindici giorni. Se fosse sopravvissuto e avesse continuato a giocare sarebbe sicuramente stato alla testa della nazionale inglese nei Mondiali del 1966 al posto di Bobby Moore.

Mi sembrava incredibile pensare che ora mi sarei allenato insieme a leggende come Bobby Charlton e Harry Gregg, entrambi sopravvissuti all'incidente aereo. Harry si era comportato da vero eroe in quell'occasione: era risalito sull'aereo e aveva trascinato fuori i sopravvissuti finché le fiamme glielo avevano permesso. Provavo una vera e propria venerazione per quegli uomini, i loro nomi erano di casa da noi, e non mi aspettavo certo che avrei mai giocato al loro fianco.

Nonostante tutti gli incoraggiamenti ricevuti da Bud McFarlane, ero ancora un ragazzino timido e insicuro, e anche se in seguito dovetti imparare a essere più sciolto, non credo di essere mai cambiato veramente. Non credevo di potercela fare tra quei pezzi grossi, e non ci credeva nemmeno Eric McMordie. Sapevo di giocare abbastanza bene e anche di essere decisamente meglio di alcuni dei miei rivali a Belfast. Ma c'era un abisso tra scartare qualche compagno di giochi adolescente e affrontare alcuni dei migliori calciatori del mondo.

Il Manchester ci aveva offerto due settimane di prova per valutarci e noi pensavamo che scaduto quel termine ci avrebbero rispediti a casa. Non credevamo di essere all'inizio di una carriera sfolgorante, quando salimmo a bordo della nave. Eravamo semplicemente decisi a goderci quel colpo di fortuna che ci aveva già procurato l'invidia di tutti i nostri amici.

Nessuno di noi due era mai uscito dall'Irlanda del Nord prima d'allora. A dire la verità non ci eravamo allontanati più di tanto nemmeno da Belfast. Così salire su una nave per l'Inghilterra ci sembrava una grande avventura e mia mamma, forse per darmi un po' meno l'aria del ragazzino scappato di casa, mise insieme i soldi per comprarmi il mio primo paio di pantaloni lunghi da mettere durante il viaggio. Forse aveva rotto la bottiglia con i mezzi scellini. Era il luglio del 1961.

Non avevo mai incontrato Eric fino al giorno in cui, come d'accordo, venne a casa nostra con i suoi genitori e ci avviamo tutti insieme verso il porto. Mia mamma pianse quando ci imbarcammo e mi fece tutte le classiche raccomandazioni materne su come avrei dovuto comportarmi e sul fatto che avrei dovuto telefonare appena arrivato per farle sapere che era andato tutto bene.

Mi stupisce che mamma mi abbia lasciato salire su quella nave dopo che lei e papà ricevettero le istruzioni inviate dal Manchester United. Sarebbe stato sensato aspettarsi che mandassero qualcuno a prenderci al porto di Liverpool, e invece ci dissero semplicemente di prendere un taxi per la stazione di Lime Street e di salire su un treno per Manchester. Non sapevamo nemmeno per certo se ci sarebbe stato qualcuno ad aspettarci alla stazione di Manchester, così quando arrivammo e non vedemmo nessuno, salimmo su un taxi per farci portare allo stadio.

Col procedere della giornata ci eravamo fatti un po' di coraggio e quando salimmo in quel taxi alla stazione di Manchester e gli dicemmo di portarci all'Old Trafford ci sentivamo due pezzi da novanta. Ma l'autista ci smontò immediatamente chiedendoci: «Quale Old Trafford?»

Da ragazzini di Belfast quali eravamo quasi non sapevamo cosa fosse il cricket ma di certo non sapevamo che esisteva un campo da cricket con lo stesso nome dello stadio del Manchester United. La nave era arrivata in porto di prima mattina così quando arrivammo all'Old Trafford giusto i giocatori avevano già iniziato ad allenarsi. L'osservatore della squadra, Joe Armstrong, ci portò a Urmston: era lì che la squadra si allenava prima di trasferirsi al Cliff e infine – un paio d'anni fa – al loro nuovo fantastico centro.

Dopo Belfast, ciò che vedevamo a Liverpool e Manchester ci sembrava gigantesco. Tutto sembrava più grande e, come scoprimmo quando arrivammo al campo di allenamento, la cosa valeva anche per le persone. Joe era un uomo adorabile e assennato, abituato a trattare con ragazzini impressionabili e intimiditi. Pensò che ci saremmo rilassati se ci avesse presentato ai giocatori irlandesi come Gregg, Jimmy Nicholson e Ronnie Briggs, un altro portiere. Purtroppo ebbe l'effetto opposto: la grandiosità di quegli uomini spaventò a morte sia me sia Eric, soprattutto nel caso di Harry Gregg. Era alto quasi un metro e novanta, che all'epoca non era poco, e solido come una roccia: sembrava un armadio.

E come se questo non fosse stato abbastanza, Joe ci presentò anche i giocatori più giovani. Io speravo che almeno questi fossero più o meno come noi, mentre invece avevano un paio d'anni più di noi, tutti passati ad allenarsi e farsi il fisico. Anche loro sembravano enormi. Mi avevano massacrato con tutte quelle storie sul fatto che ero troppo piccolo per farcela. Adesso ero lì, di fronte all'evidenza: all'improvviso ebbi una paura tremenda e sentii la mancanza di casa

Ero cresciuto sognando di venire in Inghilterra e di giocare con una grossa squadra. Ma quando ero a Belfast questa era solo una fantasia comune a un sacco d'altri ragazzi. Ora ero nel bel mezzo della realtà e – come spesso accade – era ben diversa dai sogni. Quando sei un ragazzino e usi la tua immaginazione, ti vedi fare goal a Wembley con 100.000 tifosi che urlano il tuo nome. Non pensi a tutto ciò che ti toccherà prima di quel momento, tipo startene in un campo d'allenamento gelato con le ginocchia che tremano con davanti questi giganti che fino a poco prima conoscevi solo per nome.

Facemmo anche la conoscenza di Matt Busby, di cui probabilmente non avrei nemmeno saputo dire che era l'allenatore del Manchester United se non fosse stato per tutti gli articoli sul disastro di Monaco. Nell'incidente, Busby si era fracassato il torace e non si credeva potesse sopravvivere. Gli diedero due volte l'estrema unzione e rimase in condizioni critiche per giorni. Quando miracolosamente guarì pochi pensavano che avrebbe continuato a fare l'allenatore, ma quell'anno partecipò alla finale della FA Cup,* perdendo contro il Bolton. Dopo quei fatti Busby era diventato una figura leggendaria, per cui vi potrete immaginare come mi sentissi io, un quindicenne di Belfast lì per un periodo di prova, quando gli strinsi la mano. Era come se mi stessero presentando Dio. Aveva un'aria estremamente dignitosa, una specie di eleganza militaresca, anche se si vedeva che desiderava farti sentire a tuo agio. Mi disse qualcosa del tipo: «Ho sentito molto parlare di te. Buona fortuna, figliolo».

Dopo l'allenamento ci portarono alla nostra abitazione, presso la signora Fullaway, a Chorlton. Fu un altro shock. La nostra stanza era

---

* In Italia viene anche chiamata Coppa d'Inghilterra per analogia con la Coppa Italia.

confortevole, ma non era casa nostra e probabilmente un altro cambiamento in una sola giornata era davvero troppo per noi. In ventiquattr'ore ci eravamo imbarcati su una nave, poi eravamo saliti per la prima volta su un treno inglese e poi avevamo incontrato tutti quei calciatori famosi. Ora eravamo seduti a cena con una sconosciuta in una città che per noi era un mistero. Inoltre non avevamo dormito granché da quando avevamo lasciato Belfast perché eravamo talmente emozionati all'idea di essere su una nave che non avevamo chiuso occhio tutta la notte.

Così dopo avere bevuto il tè andammo nella nostra stanza e ci chiudemmo dentro. Non so perché chiudemmo a chiave la porta, ma la cosa ci faceva sentire più al sicuro dopo quella giornata di sorprese. Non c'erano né la televisione né la radio, per cui ce ne restammo seduti sui nostri letti. Ci conoscevamo poco, per cui non parlammo molto. Credo che stessimo tutti e due ripensando agli eventi di quella giornata.

Se fossimo stati buoni amici sono certo che avremmo iniziato a scherzare su tutto quello che era successo e a incoraggiarci a vicenda, a dirci che tutto sarebbe andato bene. Invece scambiammo giusto qualche parola.

«Cosa ne dici?» chiesi a Eric dopo un po', forse solo per avere una reazione. «Pensi che ti piacerà qui?»

«Non lo so. E a te?»

Se avesse detto qualcosa di positivo avremmo potuto tirarci su tutti e due, ma eravamo troppo stravolti. Era successo tutto in così poco tempo.

«Vorresti tornare a casa, allora?» dissi, più per spavalderia che per altro.

«Sì, andiamo via domani mattina», rispose lui.

Probabilmente mi aspettavo che dicesse di no, e se lo avesse fatto avremmo potuto riderci sopra. Ma il fatto che anche noi due fossimo degli estranei rendeva il tutto ancora più tragico.

La situazione era questa. Eravamo due persone diverse che cercavano di accettare tutti quei cambiamenti come meglio potevano e non ci aiutavamo granché tra di noi. Come me, anche Eric non era mai stato oltre Bangor, per le vacanze con la famiglia. Così invece di convincerci l'un l'altro a non tornare a casa, come avrebbero fatto due veri amici, ci scoraggiavamo a vicenda.

Dopo una notte insonne in una stanza sconosciuta a Manchester, una città che per noi era estranea e spaventosa, eravamo assolutamente certi della nostra decisione.

Questa certezza ci diede un po' di coraggio, perché non fu facile dire a Joe Armstrong che avevamo deciso di tornare in Irlanda. Non pensammo neppure di chiamare i nostri genitori per dirglielo e sulla nave che ci riportava a Belfast io iniziai a sentirmi terribilmente in colpa. Avevo iniziato quell'avventura deciso ad arrivare almeno alla fine delle prime due settimane e sentivo di avere deluso mamma e papà. Li avevo spinti a farsi delle speranze e loro erano così fieri di me quando dicevano a tutti i vicini che il loro ragazzo era andato al Manchester United. Ed ecco che dopo un paio di giorni ero già di ritorno.

A me e a Eric erano rimasti pochi spiccioli quando arrivammo al porto, giusto quelli che bastavano per prendere un autobus che ci riportasse a casa. Era mattina presto quando bussai alla porta di Burren Way e mamma venne ad aprire. Restò a bocca aperta, probabilmente pensava che ci fosse stato un attentato o qualcosa del genere, e ricordo che papà arrivò di corsa e chiese: «Cosa ci fai qui? Cosa è successo? Cosa hai fatto?»

Ora che ero tornato mi sentivo stupido come quando ero arrivato a Manchester e non me la sentivo proprio di parlare.

«Niente, papà», dissi. «Non ci piaceva stare lì.»

«Come sarebbe a dire "Non ci piaceva?"» disse lui. «Ci siete stati un giorno solo. Cosa è successo?»

«Lascialo in pace», gli disse la mamma, più preoccupata di lui dalla mia aria afflitta. Poi si rivolse a me e aggiunse: «Vieni, ti preparo qualcosa da mangiare».

Prendemmo un tè con del pane tostato. A quel punto era abbastanza tardi perché allo United avessero già iniziato gli allenamenti e così mio padre andò alla cabina telefonica e chiamò la squadra a carico del destinatario, come loro gli avevano detto di fare.

Gli passarono subito Joe Armstrong. Joe era la massima autorità per quanto riguardava i giovani giocatori e aveva così tanta esperienza che quanto era successo non lo aveva per niente sorpreso.

«Non sono i primi a scappare e non saranno nemmeno gli ultimi», disse a papà. «È normale che i ragazzi sentano la mancanza di casa. Andarsene da casa è una cosa che può fare paura, anche se di solito ci mettono più di ventiquattr'ore a decidere di scappare. Ma suo figlio può tornare quando vuole, signor Best. Mi faccia sapere quando sarà pronto.»

Per papà fu un sollievo scoprire che non avevo commesso un crimine tremendo. Mi lasciò nel mio brodo per un po'. Non era tipo da darmi degli ordini, e mamma certo non mi avrebbe detto di tornarmene a Manchester. Era una decisione che preferiva lasciare a me e a papà.

«Guarda che nessuno pensa che tu abbia fatto qualcosa di male», mi disse papà dopo avermi lasciato un paio di giorni per pensarci sopra. «Sentivi la mancanza di casa tua. Ma cosa ne diresti di riprovarci?»

Quando dissi che l'avrei fatto, mi disse che la squadra parlava di farmi tornare per Natale.

«No, papà, voglio andarci subito», dissi.

Continuavo a pensare che sarebbe stata una cosa da un paio di settimane, ma ero deciso a provarci, sia per i miei sia per me stesso. Mi sentivo tremendamente stupido e mi chiedevo di cosa diavolo avessi avuto paura. Ci volevo riprovare.

Papà ebbe l'ok dallo United e due settimane dopo lui e mamma mi riaccompagnarono alla nave. Questa volta avrei viaggiato da solo.

Le cose non mi sembrarono più così spaventose la seconda volta che arrivai a Manchester e non correvo il pericolo di essere portato all'Old Trafford sbagliato. Gli junior della squadra non mi sembravano più dei giganti, ma dei ragazzi normali come me. Ci misi poco a fare amicizia con John Fitzpatrick, Jimmy Ryan e Peter McBride. Eravamo tutti sulla stessa barca, per così dire, tutti pivellini del calcio con la C maiuscola, pivellini in una grande città come Manchester, non eravamo sicuri di cosa avremmo dovuto aspettarci e avevamo tutti un po' di nostalgia di casa.

Ma anche così mi chiesi se avevo fatto bene a ritornare quando scoprii che – contrariamente a quanto avevo immaginato – non mi sarei allenato ogni giorno come tutti gli altri. Le associazioni calcistiche di Scozia e Irlanda si erano lamentate per anni del fatto che le squadre inglesi rubassero i loro migliori giovani giocatori, così per scoraggiare questa pratica avevano messo sotto pressione l'associazione calcistica inglese che aveva decretato che nessun giocatore proveniente da questi Paesi potesse firmare un contratto di apprendistato per una squadra di lega.

Così io dovevo trovarmi un lavoro e allenarmi con i dilettanti la sera del martedì e del giovedì.

Non ci potevo credere. Ero arrivato in Inghilterra per essere un calciatore professionista e avrei avuto meno possibilità di colpire una palla di quante ne avrei avute se fossi rimasto a casa.

A casa mi sarei divertito anche molto di più, dato che il primo lavoro che la squadra mi trovò fu al Manchester Ship Canal, dove facevo il garzone e correvo su e giù a fare commissioni per chiunque. Lo detestavo, ma non sarebbe stato tanto male se la squadra mi avesse detto qualcosa sul mio futuro con loro. Il periodo di prova di due settimane finì e io continuai ad allenarmi, senza che nessuno mi dicesse se sarei rimasto ancora per un mese, per due mesi o cosa. Ero molto confuso, non sapevo se la squadra mi voleva come giocatore o se mi vedevano solo come un garzone a buon mercato per le aziende del posto.

Era tutto diversissimo da Belfast, il ritmo della vita sembrava molto più veloce e io non sapevo cosa pensare. Ma dopo qualche settimana conclusi che sarebbe stato meglio tornare a casa che continuare a quel modo, così dissi alla squadra che ne avevo abbastanza della mia carriera da garzone.

Non sapevo se mi avrebbero rispedito dritto a casa, ma a quel punto non mi interessava. Ero a pezzi e non riuscivo a capire perché mi costringevano a fare quel genere di lavoro se mi avevano portato lì dall'Irlanda per fare il calciatore. Dopo le mie lamentele il Manchester Ship Canal mi trasferì in un altro ufficio, ma di fatto il lavoro era sempre lo stesso. Stavo perdendo il mio tempo, così mi lamentai ancora. La squadra allora mi disse di andare in una falegnameria dove, invece di sbrigare commissioni, mi misero a impilare legna tutto il giorno. O almeno fino all'ora di pranzo del mio primo giorno di lavoro, quando presentai le dimissioni al capo.

Dissi alla squadra che volevo solo allenarmi con gli altri giocatori e quando dopo qualche mese mio papà venne a trovarmi per vedere come andavano le cose, mi lamentai anche con lui.

«Voglio giocare a calcio, papà, e loro invece mi fanno fare tutti quei lavori del cavolo. Farei meglio a tornarmene a Belfast.»

Non so se fu lui a mettere sotto pressione lo United, ma arrivammo a un accordo che avrebbe soddisfatto tutti, con la non secondaria eccezione dell'Ufficio di collocamento, dato che la mia posizione era totalmente illegale. Uno dei tifosi benestanti della squadra aveva un'azienda vicino al Cliff, dove ora si svolgevano gli allenamenti, e accettò di prendere me e John Fitzpatrick come «elettricisti». In realtà tutto quello che facevamo era timbrare il cartellino la mattina, uscire dalla porta sul retro, andare agli allenamenti, tornare poco prima delle cinque e timbrare ancora il cartellino alla fine della nostra estenuante giornata di lavoro.

Che fosse ufficiale o meno, ora ero un giocatore a tempo pieno per la principesca somma di 4 sterline, 1 scellino e 9 centesimi. Tre sterline le mandavo a casa ai miei. Non è granché quando senti di giocatori che oggi chiedono 100.000 sterline la settimana, ma a quell'epoca io mi sentivo ricco. E quantomeno stavo facendo ciò per cui ero venuto a Manchester: giocare a calcio tutto il giorno.

Be', non proprio tutto il giorno. Mi allenavo la mattina e poi tornavo all'Old Trafford con i ragazzi del vivaio: ci toccava fare dei lavoretti che facevano sembrare rose e fiori la mia occupazione precedente. Il più importante di questi consisteva nel pulire le scarpe dei giocatori professionisti. Io mi occupavo di quelle di Harry Gregg e di quelle di un centravanti di sfondamento di nome Alex Dawson, per cui dovevo darci dentro di brutto.

Lucidare le scarpe di calciatori famosi potrebbe anche sembrare un'occupazione straordinaria, ma lo stanzino delle scarpe era una specie di buco senza finestre. Quelle di allora erano scarpe grosse, all'antica, e la prima cosa che dovevamo fare era prendere una vecchia spazzola e togliere tutte le schifezze di cui erano incrostate. A quel punto dovevamo ingrassarle e strofinarle con un panno finché non ci vedevamo le nostre facce riflesse. Il grasso tende a rendere meno lucide le scarpe, ma io scoprii che uno strato di vaselina le faceva tornare uno splendore. L'odore di tutta quella roba – le schifezze, il grasso, la vaselina – ci penetrava nel naso e si impadroniva delle nostre narici.

Quando avevamo finito i nostri compiti quotidiani, ci mettevano in mano una scopa e ci mandavano a spazzare le gradinate. Ma almeno eravamo all'aria aperta e spazzare le gradinate aveva i suoi lati positivi. Trovavamo un sacco di monetine cadute di tasca alla gente e anche delle bottiglie di birra vuote, che noi riportavamo al negozio dall'altro lato di Stretford End per farci un po' di soldi. Se me le fossi portate a Belfast mi sarebbero bastate per pagarmici una serata al cinema.

Pulire le scarpe dei calciatori famosi era il massimo del contatto che avevamo con loro. I giocatori della prima squadra erano una categoria a parte. Se ne andavano in giro tra loro e noi ragazzi eravamo come i vicini sfigati del piano di sotto, il gradino più basso della scala evolutiva. Naturalmente capitava ogni tanto che incrociassi il signor Busby sul campo d'allenamento e lui mi salutava. Ma lui e i giocatori della prima squadra vivevano in un mondo diverso dal nostro.

Non sono mai riuscito a superare veramente la mia timidezza, ma a quell'epoca era quasi una malattia cronica. Con il mio pesante accento di Belfast e la mia scarsa loquacità mi sentivo ancora un estraneo e – anche se andavo d'accordo con i ragazzi – in soggezione davanti alla maggior parte degli adulti e in particolare davanti a Busby. Anche lui viveva a Chorlton, vicino alla signora Fullaway, in una casa un po' più grande ed elegante della nostra. A volte, mentre la mattina aspettavo l'autobus, vedevo la sua Jaguar arrivare e cercavo di nascondermi perché non volevo affrontare l'imbarazzo di un viaggio in auto con lui.

Una volta mi vide e mi diede un passaggio. Io me ne restai immobile accanto a lui e borbottai solo qualche monosillabo. Non sapevo cosa dirgli e dopo quell'esperienza tenni sempre gli occhi ben aperti per vedere in anticipo la sua auto. Mi imbarazzava anche parlare con il conducente dell'autobus perché tutti facevano fatica a capire il mio accento e mi chiedevano sempre di ripetere quello che avevo detto. Così cercavo di avere sempre i soldi del biglietto contati, tre centesimi o quello che era, in modo da non dover dire al conducente la mia destinazione.

La signora Fullaway faceva del suo meglio per farmi sentire a casa, ma aveva un'irritante abitudine della quale, se non fossi stato tanto timido, le avrei sicuramente parlato. La mattina entrava nella mia stanza e se non ero sveglio mi pizzicava il naso per farmi alzare. Era un modo orribile di iniziare la giornata e più di una volta feci un salto per lo spavento, ma lei non smise mai di farlo.

All'ora dei pasti mi rimpinzava parecchio, ma io rimasi comunque abbastanza minuto e il primo anno non riuscii a passare dalla squadra B alla squadra giovanile. Se allora fossero già stati in uso gli allenamenti ai pesi che vengono utilizzati oggi in qualsiasi squadra di calcio, probabilmente nel giro di dodici mesi sarei diventato una specie di Arnold Schwarzenegger. Ma allora i pesi non li usava nessuno. Non si lavorava mai sulla parte superiore del corpo, solo sulle gambe. Le mie gambe erano abbastanza forti e io le rinforzavo ancora di più con le corse campestri, che mi piacevano molto.

Io e Fitzy eravamo dei buoni corridori e ci piaceva gareggiare l'uno contro l'altro. Alcuni ragazzi non amavano la corsa come noi, per cui quando uscivamo dal campo e giravamo a destra, loro giravano a sinistra e si nascondevano dietro dei cespugli finché non tornavamo. Qualcuno nell'attesa si fumava una sigaretta e poi prima di uscire dai cespugli immergeva la faccia nel torrentello che passava lì accanto, in modo da sembrare sudato.

Non credo che riuscissero davvero a ingannare gli allenatori e la cosa non giocò certo a loro favore. Nessuno di quei ragazzi ce la fece e per me fu una lezione: si raccoglie quello che si semina. A me in ogni caso gli allenamenti piacevano. Ero forte per uno con il mio fisico e avevo un buon equilibrio, per cui capitava raramente che mi facessi male. Nella corsa ero bravo: facevo delle gare di scatto con i miei compagni e li battevo anche correndo all'indietro.

Ma non mi sentivo ancora a mio agio. Manchester era una grande città, era diversissima da Belfast, ma io non sarei tornato un'altra volta strisciando da mamma e papà e decisi che avrei affrontato tutto ciò che mi fosse capitato. Non mi aspettavo che la cosa durasse troppo a lungo: in realtà pensavo che mi avrebbero rispedito in Irlanda da un momento all'altro. È solo che non volevo che mamma e papà pensassero che li avevo delusi un'altra volta. Mi fu d'aiuto essere diventato molto amico di Fitzy, di David Sadler (che arrivò al Manchester qualche mese dopo di me), di Jimmy Ryan e di Peter McBride. Iniziammo a uscire insieme, anche se all'epoca la nostra idea di notte brava non andava al di là della sala biliardi di Chorlton o – quando cominciammo a interessarci di più alle ragazze – del bowling. Che ci crediate o meno, era quello il posto in cui si andava per rimorchiare! I favolosi anni Sessanta non erano ancora esplosi e il Twisted Wheel, che divenne un altro dei nostri locali fissi, serviva solo analcolici. L'alcol era severamente vietato.

Divenni amico anche del figlio della signora Fullaway, Steve, e la nostra amicizia sopravvisse anche al fatto che mi feci la sua ragazza. Si chiamava Maria ed era molto carina. Mi piaceva, ma ero troppo timido per chiederle di uscire così decisi di darle un bigliettino, pensando che se non avesse risposto almeno mi sarei risparmiato l'imbarazzo di un due di picche.

Trovai il coraggio di farglielo scivolare in tasca una sera in cui ce ne stavamo andando tutti e tre insieme al *fish and chips*. Le avevo scritto che mi sarebbe piaciuto vederla la sera successiva, ma appena le passai il biglietto avrei voluto potermelo riprendere indietro. Lei però disse di sì e iniziammo a uscire insieme. La nostra relazione tra l'altro aveva dei vantaggi collaterali: i suoi zii avevano una pasticceria, io ci andavo quando lei faceva la baby-sitter per loro e mi godevo il doppio piacere di una buona torta e una pomiciata. Quando si dice una dolce serata...

Anche se la mia amicizia con Steve sopravvisse a Maria, ci fu un momento di tensione una sera in cui, tanto per cambiare, eravamo al *fish and chips*. Io ero all'ultimo boccone di pesce e proprio mentre stavo per prenderlo lui lo agguantò e se lo ficcò in bocca. Io gli mollai un destro, lui rispose con un sinistro e ci ritrovammo tutti e due con il sangue che ci usciva dal naso. Indossavamo entrambi delle camicie bianche che si sporcarono tutte: raccontammo alla signora Fullaway che eravamo andati a sbattere contro un lampione.

Fortunatamente non la feci mai arrabbiare veramente, o nel corso degli anni i miei exploit notturni avrebbero potuto risultarne seriamente compromessi. Le affittacamere del Manchester United avevano il compito di far rispettare un rigoroso coprifuoco ai preziosi giovani che erano stati loro affidati. All'epoca l'ora del coprifuoco serale si aggirava intorno alle dieci, dieci e mezza. Ma lei non protestava più di tanto se arrivavo più tardi e io – sapendo che probabilmente sarei rientrato dopo l'ora stabilita – presi l'abitudine di lasciare aperta la finestra della mia camera. Il tizio che abitava lì accanto era uno che di lavoro puliva le finestre e lasciava le sue scale nel vialetto: probabilmente col tempo avrà capito perché spesso al mattino le ritrovava appoggiate contro il muro di casa nostra.

Alla fine la signora Fullaway si stufò di sentirmi atterrare sul pavimento della mia camera e si decise a darmi un mazzo di chiavi di casa.

Mi divertivo in modo innocente e agli allenamenti lavoravo più di chiunque altro. Il pomeriggio tornavo ad allenarmi per conto mio, provavo il sinistro oppure mi piazzavo al limite dell'area di rigore e provavo a colpire a ripetizione la traversa. Tutti quegli allenamenti mi tornarono utili perché al secondo anno entrai nella squadra giovanile del Manchester, un bel passo avanti rispetto alla squadra B. Fu il mio primo assaggio del calcio professionista, se volete. Con la reputazione che si erano creati i Busby Babes, lo United teneva molto – allora come oggi – ad allevare dei giovani talenti, così tutto lo staff tecnico della squadra veniva a vedere le partite delle giovanili. Alle partite veniva un pubblico abbastanza numeroso, noi viaggiavamo con lo stesso pullman della prima squadra e pranzavamo in alberghi a cinque stelle prima delle partite. Stavamo iniziando a contare qualcosa. E poi per me era fantastico giocare con tutti i miei amici.

In quel periodo ero una seconda punta, un ruolo che oggi si potrebbe avvicinare a quello di un regista di centrocampo. Giocavo interno sinistro e Fitzy giocava interno destro, oppure viceversa. Per noi non faceva differenza. Giocavamo tutte le settimane, vincevamo quasi sempre e io facevo un sacco di goal. Provavo giochetti di tutti i tipi, come segnare direttamente dall'angolo.

Un giorno riuscii a segnare su passaggio dal calcio d'inizio. Credo giocassimo al Cliff contro il Blackburn. Era una giornata gelida e il campo era a malapena agibile.

«Chiudiamo questa partita», disse Fitzy mentre entravamo in campo per il secondo tempo. «Io ti passo la palla al calcio d'inizio, tu attraversi la loro metà campo e segni.» Mi servì e io feci esattamente come aveva detto. Scartai due o tre difensori e infilai la palla in rete.

Fosse sempre stato così facile...

Pare che a Busby arrivassero delle buone relazioni sui miei progressi e la voce dovette arrivare fino a casa perché ricevetti una chiamata dalla squadra giovanile dell'Irlanda del Nord. Mio padre, che si era arrabbiato tantissimo per l'umiliazione di quella squadra di scolaretti, ne fu particolarmente felice.

Il fatto di giocare nella squadra giovanile mi portò anche per la prima volta all'estero. Lo United mandò una squadra a partecipare a un torneo annuale in Svizzera, un ottimo modo per vedere come si comportava la sua giovanile contro quelle di altre squadre europee. La cosa, con tutto il suo contorno di voli internazionali e alberghi di lusso, ci fece sentire alle stelle. All'epoca ero ancora un tipo da Coca-Cola, ma ora che ero diventato un calciatore internazionale – per quanto a livello Under 16 – quando qualche giocatore proponeva di andare in un bar non potevo certo tirarmi indietro.

L'errore mio e di Fitzy fu di uscire con due tizi grandi e grossi nati a Manchester che si chiamavano Eddie Harrop e David Farrar e che probabilmente avevano iniziato a bere intorno agli otto anni. Se ne andarono dritti al bancone e attaccarono a bere pinte di birra scura come se fosse stato l'ultimo giorno della loro vita... e quando io me ne fui scolate tre iniziai a pensare che fosse così anche per me.

A parte tutto, la prima volta che bevi della birra ti sembra che abbia un sapore orribile, ma io e Fitzy non volevamo passare per una coppia di mammolette così ce la ingollammo volenti o nolenti. Non mi sentivo troppo in me e quando uscimmo all'aria aperta per tornare in albergo facevo fatica a stare in piedi. Mentre barcollavo verso la porta in vetro dell'hotel, gli altri ragazzi videro Busby seduto in un piccolo caffè dall'altra parte della strada, insieme ai suoi assistenti tecnici Jack Crompton, Joe Armstrong e John Aston senior. Farsi beccare in quelle condizioni significava guai seri, così i ragazzi mi presero sottobraccio e mi aiutarono a entrare, anche se probabilmente Fitzy non era messo molto meglio di me.

Mi portarono in camera mia e io cercai di mettermi a dormire, ma stavo troppo male e ogni volta che aprivo gli occhi la stanza iniziava a girarmi attorno. Fu la prima e ultima volta in cui ebbi un'esperienza del genere e forse è per questo che non sono mai stato un tipo da birra. Dopo quella volta iniziai a bere più regolarmente, ma solo *shandy* ovvero birra con la gazzosa, dopo le partite della domenica. Lo facevo soprattutto per trovare un po' di coraggio al doppio malto: per me era molto difficile avvicinarmi a una ragazza e provarci. Preferivo starmene lì a sperare che fossero loro a notarmi, ma dopo una paio di *shandy* prendevo il coraggio a due mani e mi mettevo a parlare con qualcuna, soprattutto se entrambi eravamo con i nostri amici. L'unione fa la forza, o almeno così si dice. Certamente non bevevo prima delle partite e mi facevano ridere le storie di tizi come Malcolm Allison che diceva di scolarsi qualche bottiglia di champagne il venerdì sera per poi il giorno dopo scendere in campo e segnare un paio di goal. Non sarei mai uscito la sera prima di una partita. E solo di rado il giovedì.

Scrivevo regolarmente a casa, a papà. Cose normali, tipo come andavano le partite e come procedevano le cose. Della mia avventura in Svizzera naturalmente gli raccontai solo gli aspetti calcistici. Tutti e due eravamo ancora completamente all'oscuro sulle possibilità di un mio futuro nel Manchester United. Nessuno mi aveva detto nulla. Forse avevano semplicemente dato per scontato che alla fine dei due anni, quando avrei avuto diciassette anni, avrei firmato un contratto da professionista. E non è che si potesse andare da Busby a chiedergli se aveva intenzione di farti firmare un contratto o meno.

Giocavo bene e Paddy Crerand, che arrivò dal Celtic nel febbraio del 1963, mi disse anni dopo che mi aveva guardato in una partita delle giovanili ed era rimasto affascinato dal mio talento. Ma in quei due anni io avevo visto un sacco di ragazzi di talento arrivare e poi andarsene. In ogni caso sembrava che fosse David Sadler il predestinato a fare carriera tra noi, e nella nostra squadra c'erano parecchi altri candidati. Barry Fry aveva una tecnica eccezionale e anche Eamonn Dunphy era bravo. Poi c'erano Albert Kinsey, Jimmy Ryan e Ian Moir. Molti ragazzi volevano giocare nel mio ruolo, perché era uno di quelli in cui ti mettevi più in mostra. Tra la squadra A e la B, la squadra giovanile e le riserve, c'erano probabilmente una trentina di attaccanti interni.

Per cui non importava quanto fossi bravo, quel che era certo era che non potevi dare per scontato il fatto che il giorno del tuo diciassettesimo compleanno avresti ricevuto la fatidica telefonata dalla dirigenza e che ti offrissero l'ambito pezzo di carta: il contratto da professionista. Non avevo idea di cosa sarebbe stato di me.

La seconda metà della stagione 1962-63 fu abbastanza eccitante per tutti all'Old Trafford. La squadra era arrivata in finale nella FA Cup sia nel 1957 sia nel 1958, ma aveva perso entrambe le volte. Ora si presentava una nuova occasione a Wembley, nonostante la posizione del Manchester in campionato non fosse granché. Eravamo al diciannovesimo posto della prima divisione, ma riuscimmo a conquistare un'altra finale di coppa contro il Leicester. Fu una fantastica notizia per tutti perché la tradizione del Manchester voleva che tutto lo staff andasse a Wembley con la squadra titolare.

La finale fu giocata tardi quell'anno, il 25 maggio, anziché il solito primo sabato di maggio. Così io avevo compiuto diciassette anni da tre giorni, la magica età in cui una squadra poteva farti firmare un contratto da professionista.

Naturalmente nella maggior parte dei casi ti danno una pacca sulla spalla e ti dicono: «Ci dispiace, figliolo, puoi considerarti libero». Lo avevo visto succedere a un sacco di ragazzi di talento, così ero molto nervoso quando venni chiamato nell'ufficio del Mister. Ma quando entrai lui era tutto sorrisi.

«Congratulazioni, figliolo», disse. «Ti offriamo un contratto da professionista.»

Non guardai nemmeno la cifra dell'ingaggio, che poi risultò essere di 17 sterline la settimana e che in ogni caso per me era una fortuna. Fu tutto finito nel giro di pochi minuti e appena uscii dall'ufficio di Matt scrissi un biglietto a mio padre, la lettera più breve che io abbia mai spedito. Volevo che gli arrivasse il prima possibile.

«Tuo figlio è un professionista. Ho firmato!»

Lui la ricevette la mattina dopo e anche se la notizia gli fece molto piacere, fu infastidito dal fatto che la squadra non lo avesse invitato a Manchester quando io avevo firmato e discusso i termini dell'ingaggio. Non che pensasse che avessero cercato di fregarmi, era solo che mio padre ha sempre creduto che ci sia un modo giusto per fare le cose e credo che quando venne per la finale, quel fine settimana, ne parlò con Matt. Tra l'altro aveva anche temuto il peggio quando non aveva avuto mio notizie il giorno del mio compleanno e stava cercando di tenermi a disposizione un posto di lavoro in una tipografia.

Oltretutto mamma e papà in quel periodo avevano parecchie cose a cui pensare: due mesi più tardi sarebbero nate le mie due sorelle gemelle, Julia e Grace.

Lo so che suona buffo, ma io Wembley l'avevo sempre e solo vista in bianco e nero alla televisione e quando entrai nello stadio, tutto un'esplosione di colori per la finale di coppa, la differenza fu sconvolgente. Forse è una cosa che risale ai giorni delle parate dell'Orange Lodge, ma in ogni caso amo molto le tradizioni e le cerimonie e quando il presentatore vestito di bianco attaccò il classico inno della finale di coppa, *Abide With Me*, tutti iniziarono a cantare all'unisono. Fu un'esperienza indimenticabile e il rumore fu assolutamente assordante quando i giocatori uscirono dagli spogliatoi. Non riuscivo nemmeno a immaginare cosa si dovesse provare a entrare in campo in quel modo, anche se speravo che un giorno l'avrei scoperto. Il momento migliore arrivò dopo la partita, quando il nostro capitano, Noel Cantwell, salì quei famosi scalini che portano al Palco Reale per prendere la coppa decorata con i nastri rossi e bianchi.

Lo United aveva iniziato la partita in sordina, ma David Herd segnò due volte e vincemmo 3 a 1 grazie anche a un goal di Denis Law, che in seguito sarebbe diventato un mio grande amico. Il giorno dopo vissi un altro momento indimenticabile. La squadra venne ricevuta come al solito dal sindaco, ma prima attraversò Manchester in parata su un autobus aperto. Non c'era spazio per tutti noi, così a me e a Fitzy venne assegnato un balcone del palazzo del comune. Quando arrivò l'autobus e Noel scese con la coppa, la folla impazzì e io e Fitzy ce ne stavamo lì a salutare tutti come se l'avessimo vinta *noi*, quella coppa. Ci sentivamo dei re.

«Oggi entri, figliolo»

Nel 1963 passai una bellissima vacanza estiva a Belfast. Dopo la falsa partenza di due anni prima con Eric McMordie, ero tornato a casa da calciatore professionista e con la nascita delle mie due sorelle gemelle Julia e Grace la nostra casa era tutto un pullulare di buone notizie. Le vidi per poco tempo perché gli allenamenti preparatori iniziavano a luglio, il mese in cui nacquero, ma era fantastico stare ancora con la mia famiglia, rivedere tutti i miei compagni di scuola e farmi raccontare tutte le novità. Uno dei miei migliori amici era Tommy Irwin, che viveva vicino a noi e frequentava la Lisnasharragh con me e l'altro mio grande amico, Robin McCabe. Quando seppero che ero tornato si precipitarono subito a casa mia.

Non potevano credere che fossi stato alla finale di coppa e volevano che raccontassi loro tutto quanto. «Ma l'hai toccata, la coppa?» mi chiedevano, e «Hai conosciuto la regina?» E poi naturalmente volevano sapere quanto mi pagavano e com'erano Bobby Charlton, Denis Law e gli altri giocatori, di cui loro potevano leggere solo sui giornali.

Era bello vederli tanto emozionati e felici per me, perché dopo due anni di lontananza non sapevo come avrebbero reagito. Quando pigliavamo a calci una palla per le strade di Cregagh io ero solo un sognatore, come loro. Certamente non pensavo di avere un dono speciale, o di essere diverso da loro. Anche se giocavo meglio della maggior parte di loro, non avevamo mai creduto che uno di noi potesse diventare davvero un calciatore professionista, e sicuramente non con il Manchester United. Lì, insieme ai miei amici, la mia carriera calcistica mi sembrava un sogno. Era come ai vecchi tempi e facemmo un giro di tutti i posti che frequentavamo, il cinema, il *fish and chips* di Eddie Spencer, le giostre di Dallywinkers Lane.

Non so se Tommy e Robin fossero invidiosi quando io dovetti tornare a Manchester, ma finché rimasi con loro mi sembravano sinceramente felici per me. Probabilmente a loro piaceva anche l'idea di brillare di luce riflessa. Dopo avere firmato il contratto io non mi sentivo affatto diverso. Un pezzo di carta non faceva molta differenza per me, e non credo che Carol o mia madre la pensassero differentemente. Per me voleva solo dire che sarei stato un altro po' con il Manchester United e forse fu così anche per loro, per cui non la facevo più grande di quel che era.

Il passaggio al professionismo significava un aumento di stipendio, e per festeggiarlo mi regalai la mia prima auto: una Austin 1100. Non era certo una Ferrari come quelle dei giocatori del Manchester di oggi, ma la pagai 400 sterline in contanti, una somma enorme per chiunque a quei tempi e a maggior ragione per un adolescente. Fui bocciato due volte all'esame per la patente a Manchester, e non fu certo d'aiuto il fatto che la prima volta mi presentai all'esame senza le P di Principiante attaccate alla macchina: le avevo legate con dello spago e nel tragitto tra casa e la scuola guida dovevano essere volate via.

Così, avendone avuto abbastanza degli esaminatori inglesi, andai a una scuola guida di Belfast. L'esaminatore fece una specie di salto mortale quando mi vide e quando entrammo in macchina sembrava più nervoso di me. Non ero esattamente una celebrità, ma uno che dal Cregagh passava al Manchester United dalle nostre parti faceva notizia. Quel tizio mi fece fare il giro dell'isolato e quando dopo cinque minuti ci ritrovammo di nuovo alla scuola guida mi disse: «Congratulazioni, lei ha passato l'esame». Che uomo simpatico!

Non pensavo che sarebbe stato così facile entrare nella prima squadra dello United. In effetti pensavo ci sarebbe voluto più tempo per arrivarci. Nonostante le scarse prestazioni nel campionato dell'anno precedente, la squadra aveva giocato alla grande per vincere la coppa e con attaccanti come Denis Law e Bobby Charlton non vedevo molti spazi per me nel breve periodo. E nemmeno in quello medio, se è per questo.

In ogni caso, come ho già detto, era David Sadler il giocatore della giovanile che sembrava destinato a prendere il primo posto libero nella prima squadra. Era grande e grosso, era alto un metro e ottanta e sapeva giocare in tutti i ruoli. Era anche già stato in una squadra della Isthmian League, il Maidstone United, così si era fatto un nome prima di arrivare al Manchester e aveva molta più fiducia in se stesso di quanta non ne avessimo noi, era molto più tranquillo. Detto questo, quando venne esposta la formazione per la prima partita della stagione 1963-64 contro lo Sheffield Wednesday anche lui restò a bocca aperta vedendo il proprio nome come centravanti.

Io ero felicissimo per lui, ma anche verde di invidia. Tutti sapevano che Johnny Giles, che aveva giocato nella finale di coppa della stagione precedente, era sul punto di andarsene, dopo che aveva avuto da ridire con Matt perché prima della finale lo aveva lasciato fuori per qualche settimana. Non era quindi una sorpresa che non fosse stato messo in campo. Ma Matt lasciò fuori anche Albert Quixall e David Herd, che era una leggenda dell'Old Trafford. Sostituì questi tre giocatori con Sadler e altri due ragazzi usciti dal vivaio del Manchester, Ian Moir e Phil Chisnall, che da un paio d'anni facevano dentro e fuori dalla panchina. Sembrava che Matt fosse già a buon punto con la creazione di una nuova generazione dei suoi Babes.

Io giocavo ancora nella giovanile, nelle squadre A o B e ogni tanto nella squadra di riserva, così il 14 settembre fui decisamente sorpreso quando venni chiamato a giocare nella prima squadra per la partita in casa contro il West Brom. Per quanto fossi emozionato per quella chiamata, non mi aspettavo di giocare: mi avevano detto che sarei stato il dodicesimo uomo, che a quei tempi non si doveva nemmeno mettere le scarpe da calcio perché le sostituzioni praticamente non esistevano ancora.

Io non lo sapevo, ma Ian Moir si era fatto male e Matt aveva deciso di farmi giocare prima ancora del solito pranzo pre-partita al golf club locale. Non disse nulla, forse perché pensava che mi avrebbe fatto passare l'appetito, ma Paddy Crerand me lo disse prima che salissimo sull'autobus. Non era capace di tenere un segreto, Paddy. Io però non ero ancora convinto, finché sulla strada per andare allo stadio Matt non mi si avvicinò.

«Oggi entri, figliolo», mi disse senza troppa enfasi.

Matt non mi diede istruzioni, non era da lui. Non avrebbe mai messo sotto pressione un giocatore novellino. Negli spogliatoi non mi sentivo particolarmente nervoso. Me ne andai a bere una tazza di tè con i ragazzi in un bar lì vicino e tornai quando mancavano solo quindici minuti al calcio d'inizio. Ogni giocatore ha dei comportamenti tipici nei momenti che precedono una partita, a seconda delle abitudini e degli stati d'animo. Alan Gowling camminava avanti e indietro per la stanza con la faccia sempre più bianca, poi scompariva nei bagni e lo si sentiva vomitare. Nel corso degli anni avrei incontrato un sacco di giocatori del genere: una volta usciti in campo e toccata la palla, stavano benissimo.

Nobby Stiles mostrava il proprio nervosismo in modo diverso. Dopo essersi messo le lenti a contatto continuava a controllarsi la divisa, come se qualcuno l'avesse potuta toccare dopo l'ultima volta che lui aveva controllato che fosse tutto a posto. Anche Bobby Charlton era sempre sorprendentemente nervoso e prima di entrare in campo si faceva un goccio di scotch.

L'abitudine di farsi un bicchierino era abbastanza comune negli spogliatoi allora, soprattutto nelle giornate più fredde, ma il fatto che lo facesse anche Bobby è buffo se si pensa che in seguito io sarei stato sempre associato all'alcol e lui sarebbe stato identificato come la quintessenza della morigeratezza. Tenevamo sempre una bottiglia di scotch nascosta e anche Jimmy Murphy, il braccio destro di Matt, si faceva un goccio prima delle partite. Credo che anche il Mister si ingollasse uno scotch nel suo ufficio prima di scendere. Per quanto mi riguarda, io avevo sempre una mezza tavoletta di cioccolato in tasca e me la mangiavo prima di entrare in campo. A parte questo l'unico rituale che seguivo consisteva nell'infilarmi la divisa, sedermi al mio posto nello spogliatoio e leggere il programma della partita.

La cosa più incredibile del mio debutto nella prima squadra fu camminare lungo il tunnel e sentire il rumore di più di 50.000 tifosi che continuava a diventare sempre più forte a mano a mano che ci avvicinavamo al campo. Il tunnel allora era posizionato a metà campo e mi si rizzarono letteralmente i capelli in testa. A marcarmi avevano messo Graham Williams, un giocatore della nazionale gallese che aveva fama di duro. È curioso: dodici mesi prima avevo debuttato con la squadra di riserva nella Central League contro di lui, e anche il mio esordio internazionale avvenne contro di lui a Swansea.

Era lo Stuart Pearce di quell'epoca e per darmi il benvenuto in prima divisione mi tirò una botta mostruosa poco dopo l'inizio della partita, come spesso facevano i professionisti con i nuovi arrivati.

Mi ripresi e iniziai a farlo correre. Ero una specie di trottola! Quando sei un esordiente in una squadra in cui gioca un calciatore della statura di Bobby Charlton, ci si aspetta che ogni tanto gli passi la palla. Ma io, una volta che l'avevo conquistata, non volevo passarla a nessuno: nella squadra giovanile ero abituato a considerarla quasi una mia proprietà esclusiva. Così mentre i miei compagni di squadra urlavano per chiedermi la palla io cercavo di scartare tre o quattro avversari e di fare tutti quei trucchetti in cui mi esibivo con i miei compagni della squadra B. Prima della fine del primo tempo i miei compagni di squadra si erano già stufati di me, ma ancora di più si era stufato Williams, che per tenermi in riga mi diede un'altra manica di botte.

Nell'intervallo Matt mi disse di spostarmi sull'altra ala, il che probabilmente mi salvò dalla decapitazione. A dire la verità non penso di avere giocato bene, quel giorno. Quella fu una delle prime e pochissime volte in cui su un campo da calcio mi sentissi intimorito. Non era una questione di nervi, era solo che non ero ancora psicologicamente pronto e passai la maggior parte dei 90 minuti a cercare di farmene una ragione. I giornali del giorno dopo mi trattarono bene e dissero che avevo mostrato dei guizzi di talento e roba del genere.

Il titolo del «Manchester Evening News» era IL GIOVANE BEST SCHIZZA NELL'ATTACCO DELLO UNITED, e non saprei proprio dire se fosse un complimento o meno.

Dalle reazioni degli altri giocatori però capii di non essere stato un granché. Dopo la partita, negli spogliatoi, vennero tutti a farmi i complimenti, come facevano sempre con un ragazzo che aveva appena esordito in squadra. Il Mister si avvicinò e mi disse: «Non male, figliolo». Ma sentivo che gli altri giocatori stavano solo cercando di essere gentili, non sembravano affatto sinceri e non potevano mica venire a dirmi: «Hai fatto schifo, ragazzo». La cosa più bella fu che vincemmo 1 a 0 e che quel goal lo segnò il mio amico David Sadler.

In ogni caso il mio nome non comparve nella formazione per la partita successiva, così tornai alla squadra A e alla giovanile. Non ero troppo deluso perché non ero certo di essere abbastanza bravo. Così continuai a lavorare duro sulla mia tecnica di gioco, deciso a fare una figura migliore se ne avessi avuto l'occasione. Mi consolavo con l'idea che ero riuscito a giocare con la prima squadra molto prima di quanto non avessi pensato. All'inizio di quella stagione, dato che nessuno mi aveva detto che avrei potuto entrare nella prima squadra, mi ero posto l'obiettivo di guadagnarmi un posto di titolare nelle riserve per un anno o due. L'unico aspetto negativo di quella chiamata inaspettata fu che non ebbi il tempo di dirlo a mio padre, che fu dispiaciutissimo di perdersi il mio debutto. E per delle circostanze ancora più insolite si sarebbe perso anche la mia seconda partita.

Avevo preso l'abitudine di tornare a casa quasi sempre nel fine settimana a trovare la mia famiglia e le nuove arrivate. Mamma era particolarmente felice di vedermi. Mi chiedeva le cose tipiche che chiede una madre, tipo: «Mangi regolarmente?» e «Ti comporti bene?»

Manchester per lei era un mistero come lo era stato per me quando ci ero arrivato per la prima volta e con quattro ragazze a cui badare lei non aveva proprio tempo di venirmi a trovare e di vedere con i propri occhi come me la cavavo.

Carol, che aveva 16 anni, aveva iniziato a interpretare il proprio ruolo di vice-mamma per le due gemelle, il che dava alla mamma la possibilità di riposarsi. Carol era felice che io me la cavassi bene, ma non era un'appassionata di calcio e credo che tutta quella storia le sembrasse un po' strana. Dato che non giocavo in prima squadra, ebbi il permesso di tornare a casa per Natale e progettai di passare qualche giorno a bighellonare da quelle parti. Ma la mattina dopo Santo Stefano, quando il postino scese lungo Burren Way, davanti a casa mia si creò una gran confusione.

Il telegramma che era appena arrivato veniva dall'Old Trafford e diceva che avrei dovuto contattare immediatamente la squadra. Il giorno prima lo United aveva perso per 6 a 1 a Burnley e Matt aveva evidentemente deciso di cambiare ancora la formazione per la partita di ritorno del 28 dicembre a Manchester. Prima che si iniziasse a fare casino con i calendari sportivi, tutte le squadre sotto Natale giocavano dei derby locali per limitare al massimo gli spostamenti. Quando telefonai alla squadra, mi dissero di saltare sul primo aereo ma io non pensavo che mi avrebbero fatto giocare, credevo che mi volessero solo come riserva.

«Sentite, se vengo», dissi, «dovreste rispedirmi a casa in aereo subito dopo la partita.»

Quando accettarono cominciai a credere a mio padre, che diceva: «Se hanno tanta fretta di farti tornare è perché hanno intenzione di farti giocare». Per quanto fosse fiero di me, c'era della tristezza nella sua voce, perché sapeva che era troppo tardi perché potesse prendersi delle ferie e venire a vedermi giocare.

Quando arrivai all'Old Trafford scoprii che non solo avrei giocato sull'ala destra, ma che anche Willie Anderson, ancora sedicenne, avrebbe giocato sull'altra fascia. Anche lui era un'ala veloce e per tutti e due il fatto di giocare così giovani già in prima squadra voleva dire che Matt stava ricostruendo la squadra più velocemente di quanto avessimo immaginato. Non ricordo come abbia giocato Willie, ma io fui più che soddisfatto della mia prestazione e del mio primo goal da professionista, un tiro di destro dal limite dell'area che andò a insaccarsi all'incrocio dei pali. A marcarmi c'era Alex Elder, all'epoca un affermato giocatore della nazionale nordirlandese dove avrebbe giocato per 40 volte. Alla fine vincemmo 5 a 1.

Camminavo a tre metri da terra e per tornare a casa ebbi a stento bisogno dell'aereo. Il mattino dopo mi svegliai presto per leggere il «Belfast Telegraph» e vedere cosa diceva della mia prestazione. Fui sbalordito: avevano pubblicato una fotografia del mio goal in ultima pagina. Né io né i miei amici ci potevamo credere. Quando prendevamo a calci un pallone per strada avevamo tutti fatto finta di giocare in una grande squadra inglese, e ora io avevo segnato per il Manchester United e c'era una fotografia sul «Belfast Telegraph» a dimostrarlo! C'era come un senso di incredulità fra Tommy, Robin e gli altri, e anch'io facevo fatica a metabolizzare quell'idea.

Quando ero con i miei compagni di squadra a Manchester era tutto un altro mondo, uno in cui segnare goal era normale, era una questione di lavoro. Ma a Belfast io ero ancora Georgie di Cregagh Estate e quando tornavo lì mi sembrava che gli articoli sui giornali parlassero di qualcun altro. Quella copia del «Belfast Telegraph» dovette passare per qualche centinaio di mani e nel quartiere non si parlava d'altro che del mio goal. Era commovente, era come se avessi segnato anche per loro.

Questa volta, quando tornai all'Old Trafford, mi aspettavo di avere ancora il mio posto in squadra e – con grande sorpresa di parecchie persone – anche Anderson rimase in campo per la partita seguente, un terzo turno della FA Cup a Southampton, che vincemmo per 3 a 2. Non sapevo quanto sarebbe durata, ma continuai a migliorare per tredici partite di campionato in cui segnai sei goal. Ebbi anche il mio primo assaggio di calcio europeo nella Coppa delle Coppe e imparai ad amare quelle grandi serate europee. L'atmosfera sembrava diversissima rispetto alle partite di campionato, come giocatore sapevi che quelle partite erano eventi speciali. E naturalmente erano tutte giocate in notturna, con le luci che creavano lo stesso senso di teatralità della partita fra i Wolves e quegli alieni russi che avevo visto nel salotto del signor Harrison a Belfast.

Anche quando pareggiammo con la squadra che deteneva il titolo, il Tottenham, al secondo turno, la sensazione non fu quella di una normale partita in casa e dopo averli visti uscire e avere battuto lo Sporting Lisbona per 4 a 1 in casa nell'andata del turno successivo iniziammo a sperare di arrivare fino in fondo. Ma ci facemmo fermare in modo incredibile nella partita di ritorno, in cui perdemmo 5 a 0. Giocammo in modo tremendo, fu la nostra peggiore prestazione di tutti i tempi su un campo europeo. Matt, che di solito dopo le partite era di poche parole, qualsiasi fosse stato il risultato, quella sera era furente e ci strapazzò tutti quanti. Le partite europee per lui erano sempre degli eventi speciali e dopo avere visto tanti suoi giocatori morire a Monaco per la gloria europea non riusciva proprio a mandare giù il gioco smidollato che noi avevamo esibito.

Il Liverpool – in dirittura d'arrivo per il campionato – ci sconfisse per 3 a 0, ma noi speravamo di poter ancora conquistare la FA Cup. Al terzo turno pareggiammo con il Sunderland e sembravamo ormai fuori quando arrivammo sul 3 a 1 a cinque minuti dalla fine. Riuscimmo però a riprenderci e io segnai il goal del pareggio all'ultimissimo momento. Nella partita di ritorno a Roker Park, Bobby Charlton segnò con uno dei suoi tiri da lontano e pareggiammo per 2 a 2, mentre il terzo incontro fu una partita a senso unico: vincemmo per 5 a 1 e Denis Law segnò di testa. Ma la nostra fortuna parve esaurirsi quando incontrammo il West Ham in semifinale. Loro avevano in campo Bobby Moore, Geoff Hurst e Martin Peters, che sarebbero diventati gli eroi dell'Inghilterra ai Mondiali del 1966: ci sconfissero per 3 a 1.

Dopo avere assaporato l'emozione di andare a Wembley per la finale della FA Cup dell'anno precedente, mi sarebbe piaciuto moltissimo provare la stessa esperienza come giocatore. E facendolo avrei potuto stabilire un record. Il Preston batté lo Swansea nell'altra semifinale, e la stampa parlò molto del fatto che Howard Kendall, allora diciassettenne, sarebbe stato il giocatore più giovane mai sceso in campo in una finale. Be', era nato il mio stesso giorno, così se anche lo United fosse arrivato in finale avremmo dovuto consultare i nostri certificati di nascita per decidere chi di noi due fosse nato prima. Non arrivare in finale fu una delusione, ma non ne feci un dramma. Ero arrivato in semifinale nella mia prima stagione da calciatore professionista. Era una gran cosa, e sapevo che ci sarebbero state molte altre finali in futuro.

Dato che ormai giocavo regolarmente, mio padre poteva organizzare in anticipo i suoi viaggi per venire a vedermi, e quando riusciva veniva anche mia madre. Volare non le andava granché, ma le piaceva mettere il vestito della domenica e indossare i colori del Manchester. A quell'epoca i tifosi si vestivano in modo più elegante e mia mamma voleva sempre farsi bella per l'occasione. Purtroppo non riuscivo mai a parlare più di tanto con loro né prima né dopo le partite, perché partivano da Belfast la sera del venerdì, dopo che papà aveva finito di lavorare, e ripartivano subito dopo il termine della partita.

Nonostante fossi entrato in prima squadra, giocavo ancora anche per la giovanile, come pure David Sadler, una cosa che oggi non potrebbe mai accadere. Ma per la classe del 1963-64 la FA Youth Cup era diventata una specie di Sacro Graal, dato che lo United non arrivava in finale da sei anni e che i Busby Babes avevano vinto quella competizione per cinque anni di seguito. Così ogni generazione di nuovi giocatori che arrivava alla ribalta veniva messa a confronto con loro. Non ci si aspettava davvero che vincessimo quell'anno, ma noi ce la mettemmo tutta e giocammo alla grande. Facevamo un gran gioco di squadra e avevamo uno spirito eccezionale.

Allora il Chelsea era la squadra giovanile più forte del Paese, ma nel 1963-64 tutti dicevano che il Manchester City aveva in campo i giocatori migliori. Le semifinali – che per loro furono una passeggiata – venivano giocate in due turni e quando estrassero noi loro iniziarono a vantarsi di come ci avrebbero umiliati. Sarebbe stata una partita difficile in ogni caso, non solo per la rivalità tra le due squadre ma anche perché in ognuna delle due c'erano molti giocatori del posto che sapevano benissimo cosa significassero quelle partite, anche a livello di squadre giovanili.

Per la partita d'andata si presentò all'Old Trafford una folla di quasi 25.000 spettatori e mentre uscivamo dal tunnel ricordo che Mike Doyle del City – un nemico giurato dello United – iniziò a urlarci qualcosa e qualcuno dei suoi compagni si unì a lui. Gridavano cosa del tipo: «Vi faremo a pezzi». C'erano dei giocatori eccezionali in entrambe le squadre:

nello United giocavano Jimmy Rimmer, che poi divenne il portiere dell'Inghilterra, Willie Anderson, David Sadler e naturalmente io e Fitzy. Il City, oltre a Doyle, aveva Glyn Pardoe, che sarebbe diventato un titolare della prima squadra per un sacco di anni, e Bobby McAlinden, un giocatore molto simpatico destinato a diventare il mio migliore amico negli Stati Uniti. Ma l'eroe di quella sera fu Albert Kinsey, che segnò un goal di testa e in seguito andò a giocare per il Wrexham.

Prima della partita di ritorno, che giocammo dodici giorni dopo al Maine Road davanti a 21.000 persone, Doyle la mise giù ancora più dura. Contro ogni pronostico vincemmo ancora noi, questa volta per 3 a 2. Durante quella partita venne anche scattata una delle mie foto preferite. Io e Doyle scattammo contemporaneamente per prendere una palla nell'area del City e – con tutta l'antipatia che provava per lo United – lui fece di tutto per averla vinta. Si potevano vedere le vene gonfiarsi sul suo collo mentre si avvicinava alla palla, ma non notò che il portiere stava uscendo e fece autogol. Il giorno dopo sul «Manchester Evening News» c'era una foto fantastica con Doyle a terra e io che ridevo di lui appoggiato al palo con grande *nonchalance*. Se all'epoca avessi tenuto un album di ritagli, quella foto avrebbe meritato il posto d'onore.

Nella finale contro lo Swindon Town eravamo dati decisamente per favoriti. All'andata Don Rogers segnò per loro, ma io andai in rete e portai il punteggio in parità. Nella partita di ritorno all'Old Trafford, davanti a 25.000 tifosi, vincemmo 4 a 1 e Sadler segnò di testa. Il nostro capitano era Bobby Noble, un giocatore della nazionale giovanile inglese e un ottimo terzino sinistro.

Purtroppo tre anni dopo, con nel medagliere un primo posto in campionato, si ferì alla testa e al petto in un incidente automobilistico mentre tornava a casa da una partita a Roker Park. Fu molto coraggioso e fece di tutto per tornare in forma fisica, giocò un paio di partite per la squadra A, ma aveva ancora dei problemi di vista e i medici lo costrinsero a lasciare. Quell'episodio mi ricordò in modo brutale che una carriera può finire quando meno te l'aspetti, e non necessariamente per qualcosa che succede in campo.

Tra i due turni di semifinale contro il City io avevo debuttato con l'Irlanda del Nord vincendo per 3 a 2 contro il Galles a Swansea. Ero il giocatore più giovane che avesse mai indossato la maglia verde della mia nazionale. Anche il portiere Pat Jennings debuttò con quella partita, la prima di 119 presenze in nazionale. Big Pat era destinato a diventare una leggenda irlandese, nonché un mio grande amico. Purtroppo però il suo esordio avvenne a spese di Harry Gregg, che venne tenuto in panchina dopo la sconfitta per 8 a 3 subita nella partita precedente con l'Inghilterra. Non ricordo granché della mia prima partita in nazionale, ma quello che so per certo è che fu Jimmy McLaughlin a darci più filo da torcere. E anche che a marcarmi c'era ancora una volta Graham Williams. Forse non ricordo molto perché giocavamo fuori casa, in un posto come Swansea, che in confronto all'Old Trafford era decisamente roba da poco. Ma in ogni caso mio padre il giorno dopo si arrabbiò quando il giornale locale non parlò affatto bene di me, dicendo che non si capiva perché si alzasse tutto quel polverone attorno al mio nome. Avrebbero cambiato idea dopo la partita che giocai contro l'Uruguay di lì a due settimane.

Era il mio esordio in casa, per cui tutti si aspettavano molto da me e io ero deciso a mettere su uno spettacolo degno di quell'occasione. Probabilmente fu d'aiuto anche il fatto che il terzino sinistro uruguaiano sembrasse altrettanto deciso a spedirmi in tribuna a calci, perché quel genere di comportamento mi ha sempre dato la carica. Sono così anche fuori dal campo. Se qualcuno cerca di impedirmi di fare qualcosa o mi dice che non ce la posso fare, mi spacco la schiena per dimostrare che aveva torto. In ogni caso feci passare a quel tizio una serata decisamente movimentata e anche se non riuscii a segnare mi piace pensare che fui d'ispirazione per i miei compagni di squadra: vincemmo 3 a 0!

Quella fu una settimana eccezionale: il sabato avevo giocato contro il Nottingham Forest in prima divisione e il lunedì ero sceso in campo nella partita d'andata contro lo Swindon. La partita contro l'Uruguay fu il mercoledì e il giorno dopo tornai a Manchester per giocare la partita di ritorno contro lo Swindon. Quattro partite in sei giorni in tre diverse categorie: credo sia un record. E non credo che qualcuno possa più batterlo, perché oggi nessun allenatore sano di mente permetterebbe a un giocatore di fare una cosa del genere.

E io? Io avrei giocato sette giorni su sette, se me l'avessero concesso. Tutto ciò che avevo desiderato fare quando stavo a Belfast era prendere a calci un pallone e ora lo stavo facendo sul serio, per una delle squadre più importanti d'Inghilterra. Quando scendevo in campo non avrei mai voluto sentire il fischio finale. Se stavo giocando bene non volevo che la partita finisse e se le cose non giravano al meglio volevo continuare finché non fossero migliorate. Ricordo una partita contro il West Brom. Stavo giocando da schifo e a pochi minuti dalla fine perdevamo 1 a 0. Poi mi inventai un paio di palle buone e vincemmo 2 a 1. Quando l'arbitro fischiò la fine della partita i giocatori del West Brom si guardavano attorno sbalorditi, come per dire: «Come diavolo è potuto succedere?»

Io ero al settimo cielo.

Fu più o meno in quel periodo che la stampa nazionale iniziò davvero a occuparsi di me. Credo che mi avessero notato perché ero diverso dagli altri. I calciatori di allora non portavano i capelli lunghi e non giocavano con la maglia fuori dai calzoncini. E ti insegnavano a non toglierti mai i parastinchi. Ma le regole sono fatte per essere infrante e io le infrangevo tutte, non perché fossi un ribelle o perché stessi cercando di dimostrare qualcosa. Ero semplicemente fatto così. Niente di più. I capelli lunghi andavano di moda e – come tanti altri ragazzi della mia età – avevo deciso di lasciarmeli crescere. Alla squadra non sembrava importare, la sola cosa su cui insistevano era che i giocatori viaggiassero con l'abito e la cravatta ufficiale della squadra e questo non era un problema. Ero fiero di indossarli, come tutti gli altri giocatori.

Mi comportavo in modo diverso dagli altri anche per quanto riguardava i pranzi prima delle partite: poi venne fuori che per quanto riguarda la dieta ero in anticipo sui tempi rispetto ai miei colleghi. Tutti i giocatori dello United ordinavano una bistecca prima di giocare. Oggi sappiamo che è la cosa peggiore che si possa fare, perché il corpo ci mette un sacco di tempo a digerire la carne. Io preferivo dei cornflakes e una banana tagliata a fette, che avevano un apporto energetico immediato decisamente migliore, come anche la mezza tavoletta di cioccolato che mi portavo negli spogliatoi. All'epoca lo facevo senza rendermene conto. Non è sorprendente – se si pensa a come ero cresciuto – che mi piacesse il pane tostato (da entrambi i lati, a quel punto!) con miele e burro. A Belfast sarebbe stato un lusso principesco. Di tanto in tanto, quando avevo molta fame prima di una partita, mangiavo un po' di pollo o un uovo in camicia.

Fu allora che finalmente mio padre disse alla tipografia di Belfast che non avrei avuto bisogno di un lavoro! Lui e mamma erano felicissimi di come la mia carriera avesse spiccato il volo, anche se lei mi ripeteva sempre di non montarmi la testa. Non credo approvasse la lunghezza dei miei capelli, ma non mi disse mai nulla.

Fuori dai campi di gioco, nel 1964 stava accadendo qualcosa di strano. Tutti i vecchi valori stavano cambiando. Erano iniziati gli anni Sessanta, dominati da gruppi pop come i Beatles e i Rolling Stones. Non era solo la musica che suonavano, era il modo in cui vestivano. A ripensarci oggi è buffo pensare che i Beatles fossero considerati tanto rivoluzionari, quando sul palco indossavano giacca e cravatta. Ma fu l'inizio di un'epoca fantastica di pace e amore libero e io stavo innegabilmente iniziando a prendermi la mia fetta di quest'ultimo.

Le droghe non facevano parte del mondo in cui ero cresciuto. Da ragazzino non conoscevo nessuno che ne prendesse e nessuno me ne offrì mai quando iniziai a giocare. Non erano nemmeno una tentazione. Bevevo ancora con moderazione dopo le partite, soprattutto birra, ma non mi piaceva particolarmente il sapore dell'alcol. Bevevo perché mi aiutava a rilassarmi e a parlare con le ragazze. Anche se ero ormai un titolare della prima squadra, non uscivo con i miei compagni, un po' perché erano più vecchi di me e un po' perché molti di loro erano sposati. Io facevo parte della nuova generazione e volevo andare nei club e alle feste con i miei compagni della squadra giovanile, anche se i miei due migliori amici – Fitzy e David Sadler – ogni tanto giocavano già in prima squadra. Dave si era trasferito in una camera ammobiliata dalla signora Fullaway, dove stavo anch'io, e questo rafforzò ulteriormente la nostra amicizia.

Se il sabato avevo segnato, la sera volavo a due metri da terra e con tutta l'adrenalina che avevo in corpo non avevo bisogno di bere granché. Allora non si giocavano partite di calcio professionistico la domenica, così potevamo fare tardi senza problemi. Ma in quei giorni né l'alcol né le ragazze erano una vera distrazione. Vivevo per il calcio. Quando alle tre del sabato pomeriggio attraversavi il tunnel con la tua divisa addosso, era come entrare in un altro mondo. E non mi preoccupavo mai della partita, non pensavo mai a chi giocava dall'altra parte, a chi mi avrebbe marcato. Andavo in campo e mi davo da fare.

Ogni partita era come una nuova avventura, un nuovo sogno.

Il «Quinto Beatle»

Quando nel 1964 il Leeds, sotto la guida di Don Revie, tornò in prima divisione, era una squadra con un gran carattere. Avevano fatto avanti e indietro tra la prima e la seconda divisione per tutta la loro vita professionale, ma con Revie erano decisi non solo a restare a galla ma anche a dare del filo da torcere alle squadre più importanti. Avevano cambiato la maglia con cui giocavano e ne avevano scelta una tutta bianca in onore del Real Madrid, che tra la fine degli anni Cinquanta e i primi anni Sessanta era la squadra regina del calcio europeo. Con il passare del tempo il Leeds giocò spesso un calcio degno del Real.

Ricordo che vinsero una partita di campionato per 7 a 0: la squadra avversaria non riuscì quasi a toccare palla. Purtroppo però alcuni giocatori del Leeds erano anche dei maestri di atti scorretti, tipo mancare la palla e colpire l'avversario, trattenere un giocatore per la maglia, entrare sui piedi degli avversari quando l'arbitro non poteva vederli. Erano dei bravi giocatori che non avevano affatto bisogno di commettere tutte quelle scorrettezze in campo, ma sembrava proprio che non potessero farne a meno. Così passavano tutta la partita a lamentarsi con l'arbitro, e se gliene capitava uno un po' debole prendeva delle decisioni in loro favore solo per farli stare zitti. Furono anche la prima squadra inglese a usare i tuffi, che noi consideravamo tutti una caratteristica del calcio continentale.

Certamente i giocatori del Leeds non si risparmiarono sin dall'inizio quando vennero a giocare da noi nel dicembre del 1964 per la prima di una lunga serie di partite durissime. Fu un incontro brutale e abbastanza noioso: giocarono quasi sempre in difesa e alla fine rubarono una vittoria per 1 a 0 con un goal di Bobby Collins, segnato dopo che il nostro portiere, Pat Dunne, aveva fatto un'uscita a vuoto. Io ero marcato da Paul Reaney, uno dei migliori difensori contro cui abbia mai giocato. Non riuscii quasi a toccare palla, ma in compenso lui toccò me parecchie volte. Fino a quel giorno non avevo mai portato i parastinchi, mi davano fastidio e non mi ricordavo mai come si faceva a non farli scivolare. Ma dopo quella partita li portai sempre quando giocavo contro il Leeds. Se non lo avessi fatto la mia carriera avrebbe potuto essere decisamente più breve.

Johnny Giles, che essendo un ex giocatore del Manchester United era sempre caricatissimo per le partite contro di noi, una volta esagerò e mi tirò un calcio tanto forte che l'impatto strappò il legaccio dei parastinchi e le sue scarpe entrarono in contatto con l'osso della mia gamba. Avrebbe potuto rompermi una gamba.

Il buon vecchio Giles poi aggiungeva al danno anche la beffa.

Durante un'altra partita, dopo avermi tirato un calcio, mi ringhiò un frase del tipo: «Perché non fai come Bobby?»

Non sapevo nemmeno cosa volesse dire con quella frase. Forse si riferiva alla reputazione di Bobby Charlton di ambasciatore del gioco, ma mi sembra più probabile che stesse esprimendo la propria rabbia per il fatto che io non reagissi come Bobby, che si lamentava spesso. Io invece restituivo i calci o provavo a fargli fare la figura dell'idiota quando avevo la palla al piede. Pensavo: lui mi sta spaccando le gambe e io non ho intenzione di stare fermo a prenderle! Forse lo faceva arrabbiare il fatto che non gli permettessi di impedirmi di giocare e che continuassi a rifarmi avanti: ma cosa si aspettava, che mi lasciassi calpestare come uno zerbino? Povero illuso.

Giles, come anche Collins, era un bravo giocatore, ma io ho sempre pensato che entrambi puntassero troppo all'uomo. Anche Billy Bremner giocava troppo duro, nonostante avesse delle doti tecniche eccezionali. E il Leeds aveva anche Peter Lorimer che, come Bobby Charlton, riusciva a sparare delle bordate da più di 15 metri dalla porta. Era considerato il giocatore con il tiro più forte del mondo. Poi c'era Eddie Gray, una fantastica ala: con cui feci amicizia e ancora oggi ci teniamo in contatto.

All'inizio della stagione 1964-65 mi esibii in una delle mie migliori performance quando battemmo il Chelsea per 2 a 0 allo Stamford Bridge. Mi piaceva giocare a Chelsea perché quella squadra rappresentava il lato *glamour* di Londra e aveva degli ottimi giocatori. E poi quella fu una partita in notturna, il che per me dava sempre al gioco un brivido in più. Fu una di quelle occasioni in cui ci riusciva qualsiasi cosa provassimo a fare e diedi una tale ripassata al terzino Ken Shellito che alla fine della partita fui applaudito da entrambe le squadre, una cosa che non succede troppo spesso.

La stampa, sempre alla ricerca di nuove stelle, parlò molto bene di me e mio padre ne fu tanto fiero che possiede ancora i ritagli di giornale su quella partita. Lo stile, rispetto al giornalismo sportivo di oggi, era un po' fiorito. Il «Times» scrisse:

> La squadra ha dato prova di un buon gioco d'ala che sembrerebbe non essere un fuoco fatuo. Il responsabile? Best. Anche la tifoseria del Chelsea non ha potuto fare a meno di apprezzare il suo gioco quando si impadroniva della palla e sfrecciava verso la porta zigzagando tra gli avversari. Shellito in particolare deve aver avuto l'impressione di affrontare un'impresa impossibile quale potrebbe essere far rientrare un genio nella propria lampada.

Quella vittoria faceva parte di una sequenza di 13 vittorie e un pareggio, interrotta dal Leeds nel dicembre del 1964. Con il procedere del campionato fu proprio il Leeds a diventare il nostro principale rivale per lo scudetto. I sorteggi ci vollero in campo contro di loro anche per le semifinali della FA Cup nell'aprile dell'anno seguente. Questa volta sapevo cosa aspettarmi: indossai dei parastinchi e ne portai in panchina un paio di ricambio. La partita a Hillsborough fu un lungo incontro di pugilato che finì 0 a 0 e la partita di ritorno, quattro giorni dopo sul campo del Nottingham Forest, sembrò destinata a finire allo stesso modo finché Billy Bremner non realizzò un goal di testa.

Mi dispiacque molto aver perso un'altra occasione di giocare in finale, ma una vittoria per 3 a 1 contro l'Arsenal all'Old Trafford ci regalò il campionato 1964-65. Ero felicissimo: non solo avevo segnato uno dei goal di quella partita, ma – a parte una volta – avevo giocato in tutte le partite di campionato. Questo dimostrava non solo che ero diventato un giocatore importante per la squadra, ma anche che ero in grado di reggere ai rigori del calcio professionistico ai livelli più alti.

Si presentò la possibilità di vincere un'altra competizione con la Inter Cities Fairs Cup, quella che in seguito sarebbe diventata la Coppa UEFA. Ma eravamo esausti, sia fisicamente sia mentalmente, e dopo avere battuto la squadra ungherese del Ferencvaros per 3 a 2 in casa all'andata, perdemmo la partita di ritorno per un rigore. Purtroppo Matt perse il sorteggio del campo per il terzo turno e il 16 giugno dovemmo tornare a giocare in Ungheria: fummo sconfitti per 2 a 1. Non posso certo dire che fossimo felici, ma mi sentii sollevato all'idea che la stagione fosse finalmente finita e che mi potessi godere le vacanze estive.

Mi piaceva giocare a calcio e girare il mondo, sia con lo United sia con l'Irlanda del Nord, ma il vecchio adagio sul fatto che viaggiare ti apre la mente non è certo il più adatto a descrivere la mia trasferta in Albania per una partita di qualificazione ai Mondiali con l'Irlanda, nel novembre del 1965. Era la finale del girone e dovevamo vincere per qualificarci ai Mondiali del 1966.

Mi dicono che Tirana oggi non sia esattamente Disneyland, ma dev'essere il paradiso rispetto a com'era quando ci andammo noi. Non c'erano voli diretti né per arrivare né per andarsene e fummo costretti a restarcene lì quattro giorni: i quattro giorni più lunghi della mia vita. L'albergo, che sfidava qualsiasi ragionevole definizione di quella parola, era disgustoso, il cibo immangiabile e l'erba del campo da calcio veniva tagliata a mano con dei forbicioni da giardiniere. Era tanto lunga che avrebbero anche potuto esserci nascoste un paio di tigri in agguato, per quanto ne sapevamo.

Perdipiù piovve a catinelle per tutto il tempo e quando ci lamentammo per la noia e per il fatto che non avevamo nulla da fare ci trovarono qualche vecchio autobus arrugginito e ci portarono a visitare un manicomio. A quel punto un bel po' di noi erano ormai pronti per un ricovero. Quando scoprimmo che c'era un cinema facemmo dei salti di gioia e ce ne andammo tutti felici a vedere un film russo sottotitolato in albanese. Tra l'altro il cinema non offriva nemmeno il vantaggio di ripararci dalla pioggia, perché c'era un buco nel tetto e quando iniziarono a scorrere i titoli di coda noi avevamo ormai le scarpe a mollo in enormi pozzanghere.

Quando alla fine giunse il giorno della partita – come potrete immaginare – non eravamo particolarmente motivati. Giocammo da schifo e alla fine del primo tempo eravamo ancora 0 a 0. Nel secondo tempo riuscimmo anche a beccare un goal, ma per fortuna alla fine ce la cavammo con un 1 a 1. L'Irlanda del Nord non era mai stata una regina del calcio internazionale, ma quella fu proprio un'umiliazione. Un conto era farci sbattere fuori dai Mondiali dall'Italia, dalla Spagna o dalla Germania, ma dall'Albania...

Voleva dire che nel 1966 ci saremmo persi il Mondiale più famoso tra tutti i tifosi inglesi. I miei compagni di squadra dello United, tipo Nobby Stiles e Bobby Charlton, ne parlavano da mesi: l'Inghilterra aveva avuto la qualificazione automatica perché avrebbe ospitato il campionato. Per me sarebbe stato bellissimo sapere che vi avrei preso parte anch'io, ma non era così. Mentre aspettavamo di partire dall'aeroporto di Tirana io pregavo che il nostro volo non fosse in ritardo, perché non vedevo l'ora di andarmene da lì. E non riuscivo a capire perché in quell'aeroporto ci fossero delle guardie armate: da proteggere c'era solo una baracca e nessuna persona sana di mente avrebbe cercato di entrare illegalmente in quel Paese. Forse era per questo che il manicomio era tanto affollato.

La stagione successiva, 1965-66, non iniziò bene. Vincemmo solo una delle prime cinque partite e dopo una delle classiche conversazioni a senso unico con Matt – a cui chiunque giocasse con lui finiva con l'abituarsi – venni lasciato in panchina.

Il venerdì mattina ci allenavamo all'Old Trafford invece che al Cliff e Matt usava come proprio ufficio provvisorio la stanza riservata all'arbitro, che si trovava all'inizio del tunnel. Tornando negli spogliatoi dovevamo tutti passare davanti a quella stanza e se lui ti chiamava di solito poteva voler dire una sola cosa: non saresti entrato in campo.

Un venerdì io stavo uscendo dal campo quando sentii Matt che mi chiamava dalla sua stanza: «George, posso dirti due parole?»

Entrai e lui mi fece sedere. Poi alzò lo sguardo e, come aveva già fatto con decine di giocatori, mi chiese: «Come ti sembra di giocare, figliolo?»

Era il suo modo di dirti che non pensava ti stessi comportando bene in campo.

«Abbastanza bene, Mister», risposi.

«Già», disse Matt. «Ma pensi di poter giocare meglio?»

«Sì, Mister.»

«Be', credo tu abbia ragione. Quindi questa settimana resti in panchina.»

«Va bene, Mister.»

Non pensavo di avere giocato particolarmente male, ma è naturale che un giocatore giovane abbia degli alti a bassi e anche se restare in panchina mi dispiaceva moltissimo non ero del tutto sorpreso. In ogni caso discutere non sarebbe servito a nulla, così mi alzai e stavo per uscire quando Matt disse: «Un'altra cosa, figliolo».

«Mi dica, Mister.»

«Ho sentito delle cose che non mi sono piaciute sulla tua vita sociale. Lascia perdere le cattive compagnie e le brutte abitudini. Pensa solo al calcio e tornerai presto in squadra.»

Matt fu abbastanza gentile nei miei confronti anche con la stampa e dichiarò: «George ha avuto qualche problema, ma la gente si dimentica che ha solo 19 anni. Sono sicuro che sia solo una questione di tempo».

Avevo iniziato a frequentare locali come il Twisted Wheel, che nel 1963 era diventato un night club. Prima di allora era stato un bar molto popolare tra gli studenti e i beatnik, ma quando venne trasformato in club divenne il locale più alla moda della città. Era un posto eccezionale per la musica soul, anche se all'epoca vi si esibivano anche gruppi di rhythm'n'blues tipo quelli di Long John Baldry e Alexis Korner, che nel corso negli anni incontrai molte volte.

In quel periodo, quando uscivo la sera, non mi ubriacavo e in ogni caso al Twisted Wheel non servivano alcolici. Più che l'alcol mi interessavano la musica e le ragazze.

Mio padre, quando lesse i giornali, mi telefonò immediatamente.

«Cosa succede?» mi chiese, sapendo che ero stato lasciato in panchina.

«Niente, papà. Il Mister dice che devo riposare un po'. Davvero, non c'è niente di cui preoccuparsi.»

A Matt non dispiaceva l'alcol ma aveva visto un sacco di giocatori rovinarsi la carriera con la bumba e immagino pensasse che con un po' di terapia d'urto potesse stroncare sul nascere la mia attività di bevitore. Ma in realtà allora erano le donne, e non l'alcol, a tenermi lontano dal mio letto. Per così dire.

In effetti quella di Matt era proprio una terapia d'urto: mi ero abituato a scendere in campo in tutte le partite e non poter giocare in Finlandia contro l'HJK Helsinki nella partita d'andata per la Coppa dei Campioni fu una bella punizione. Così fui felicissimo di poter giocare per l'Irlanda del Nord contro la Scozia in una partita dell'Home International a Windsor Park.

Dopo la débâcle con l'Albania avevo iniziato a perdere un buon numero di partite in nazionale. Era la vecchia lotta «squadra di club contro nazionale» e se il Mister diceva all'Irlanda che ero infortunato non c'era molto che io potessi fare. Ma in quel caso non c'era motivo per cui non dovessi giocare contro la Scozia. Anzi, c'erano un sacco di motivi per giocare. Volevo dimostrare a Matt che ero in forma e feci una delle mie migliori performance: vincemmo 3 a 2. Il Mister dovette essere colpito dalla mia prestazione, perché quattro giorni dopo mi richiamò in squadra per la partita di ritorno contro l'Helsinki. In quella partita misi a segno una doppietta. Lasciammo il campo con una vittoria per 6 a 0 e un punteggio totale di 9 a 2.

In campionato continuavamo a non combinare granché, ma tutti pensarono che quello potesse essere il nostro anno nella Coppa dei Campioni dopo che raggiungemmo i quarti di finale e battemmo il Benfica in casa per 3 a 2 nella partita di andata.

Dato ciò che sarebbe successo in seguito, le istruzioni che Matt ci diede prima della partita a Lisbona sarebbero entrate nella mitologia del calcio: «Andateci piano per i primi venti minuti». Quell'indicazione in realtà era estremamente sensata. Le squadre inglesi hanno avuto per molto tempo delle difficoltà a giocare in Europa perché rifiutavano di adattarsi al ritmo degli avversari e pensavano che giocando con la frenesia delle partite di campionato avrebbero spaventato e sconfitto i continentali. Nella maggior parte dei casi questa tattica era un suicidio contro squadre con una grande esperienza e una grande capacità di restare in possesso di palla per lungo tempo.

Oltretutto il Benfica, che aveva vinto la coppa nel 1961 e nel 1962 ed era arrivato in finale nel 1964-65, non aveva mai perso in casa una partita della Coppa dei Campioni e quando sentivi l'atmosfera del loro stadio ne capivi subito il motivo: conteneva quasi il doppio del pubblico dell'Old Trafford e i tifosi portoghesi erano scatenatissimi. In confronto al casino che facevano loro, lo stadio di Wembley durante la finale di FA Cup sembrava quasi un convento. C'erano fuochi d'artificio, razzi e cori. Si aspettavano che la loro squadra ci facesse a pezzi.

La maggior parte degli spettatori neutrali non ci dava molte chance di pareggiare, per non dire di portarci a casa una vittoria, anche perché nel Benfica giocava Eusebio, uno dei migliori giocatori al mondo. Probabilmente Matt, come tutti noi, pensava anche all'umiliante sconfitta per 5 a 0 che avevamo subito due anni prima dall'altra squadra di Lisbona, lo Sporting. Lisbona era una città bellissima, ma a noi non suscitava ricordi troppo piacevoli.

Il Benfica scaldò il proprio pubblico consegnando a Eusebio il premio di Calciatore Europeo dell'Anno prima dell'inizio della partita, tanto per farci sapere chi ci saremmo trovati di fronte. Mentre uscivo dal tunnel e sentivo il rumore dello stadio mi si rizzavano i capelli in testa come era successo prima del mio esordio contro il West Brom.

Ma non avevo paura. Non ero intimorito. Non avevo alcuna premonizione su come avrei giocato – è una cosa che non puoi mai dire prima – ma sapevo di essere pronto. Sapevo che, comunque fosse andata la partita, quello era il genere di campo per cui ero fatto. Lo stadio, il campo di gioco, era tutto perfetto.

Era un teatro perfetto.

Seguimmo le istruzioni di Matt e ci andammo piano. Almeno per i primi sei minuti. Facevamo molto pressing e quando prendevamo la palla facevamo in modo di tenerla il più a lungo possibile. Poi Bobby venne messo a terra mentre tentavamo un contropiede e per il nostro difensore Tony Dunne si presentò un'ottima occasione di mettere la palla in area su punizione. Ci riversammo nell'area di rigore del Benfica, io mi misi al limite dell'area e quando saltai per prendere la palla due difensori saltarono insieme a me.

Sentii che anche il portiere stava iniziando a uscire per provare a respingere di pugno, ma con un colpo di reni riuscii ad arrivare sulla palla per primo. Quando la colpii di testa seppi di averla presa bene, ma non riuscivo a vedere in che direzione era andata e fu solo quando rimisi i piedi a terra e mi girai che mi accorsi di averla messa in rete. Fu una sensazione fantastica. Non era solo la gioia per avere fatto goal davanti a una folla del genere, ma anche il fatto che quella rete ci avrebbe dato un po' di respiro. Ora avevamo delle possibilità reali di ottenere il risultato che volevamo.

Così sei minuti più tardi, quando ricevetti la palla all'inizio della metà campo avversaria, non vidi alcun motivo per essere negativo. Scartai di lato, dribblai un difensore e da quel momento seppi che avrei segnato. Un secondo difensore correva verso di me ma io lo superai e fu come se stessi guardando l'azione alla moviola e ne conoscessi già l'esito finale. Dopo essermi lasciato alle spalle il secondo difensore alzai lo sguardo e vidi il portiere che mi si avvicinava. Normalmente in una situazione del genere prima di muovermi avrei aspettato che mi fornisse un indizio sulla direzione che avrebbe preso. Di solito un movimento anche minimo del corpo può farti capire cosa sta per fare un portiere, ma quella volta colsi l'incertezza nel suo sguardo e invece di aspettare lo scartai prima che riuscisse a prendere una decisione.

Nei filmati in televisione fanno sempre vedere il momento in cui faccio scivolare la palla in rete, come se qualcuno me l'avesse piazzata lì e io non dovessi fare altro. Ma la cosa fu ben più difficile e – se penso alla situazione, alle circostanze e all'importanza di quella partita – quel goal è uno dei miei preferiti.

Poco dopo, mentre la partita proseguiva in un silenzio attonito, misi ancora la palla in rete, ma il goal fu annullato per fuorigioco. Poi partii con un'altra azione da lontano. Presi la palla sull'ala sinistra, scartai un difensore, poi un altro e un altro ancora, saranno stati quattro o cinque.

«George, qui, George!» mi urlava Bobby perché gli passassi la palla, ma io volevo fare tutto da solo.

A mano a mano che mi si presentava davanti un difensore, sembrava sempre più probabile che mi rubasse la palla e io sentivo di dover lottare per non spezzare il ritmo della corsa, come succede nei sogni quando stai cercando di scappare da qualcuno. Ma ogni volta arrivavo sulla palla per primo, la lanciavo un metro o due alle spalle dell'avversario, andavo a riprenderla e ricominciavo da capo.

Alla fine un difensore riuscì a prendermi la palla, ma quell'azione era stata una cosa fantastica. Era come un'esperienza extracorporea, una sequenza di sogno, come se io volassi sopra il campo e guardassi qualcun altro giocare. Quando ripenso a quell'azione la rivedo sempre al rallentatore.

Era come quando resti sveglio di notte prima di una partita e ti immagini sul campo a fare numeri incredibili. Anche i giocatori professionisti fanno sogni del genere e, come chiunque altro, il modo in cui immagini di giocare nei sogni si trasforma raramente in realtà sul campo. Ma quella sera per noi andava tutto alla perfezione. Quelle cose le stavamo facendo davvero e in una sera come quella tutti diventano qualcosa in più.

I bravi giocatori diventano grandi giocatori e i grandi giocatori diventano dei. Era come una vibrazione che si diffondeva in tutta la squadra. Bell Foulkes, il nostro grande mediano centrale, di solito doveva solo allontanare la palla dalle zone di pericolo, non gli si chiedeva di fare passaggi. E invece era lì che serviva tutti come Franz Beckenbauer e affrontava addirittura gli avversari.

Era surreale. Ho visto altre grandi squadre giocare a quel modo, ma prendere parte a un'esperienza del genere è davvero una cosa irreale.

Stranamente, nonostante sia in grado di rivedere nella mia mente quasi tutti i novanta minuti di quella partita, non ricordo nulla di ciò che successo dopo il fischio finale. Non ricordo gli spogliatoi, l'albergo in cui dormivamo, ciò che fecero in seguito i tifosi portoghesi. Non saprei dire perché, dato che ricordo perfettamente la maggior parte delle nostre trasferte, le stanze che ci assegnavano, i pasti, addirittura i nomi dei camerieri.

Ma per quanto riguarda Lisbona quei particolari sono svaniti dalla mia memoria, forse perché ero totalmente preso dalla mia prestazione. Ricordo vagamente anche l'intervallo, a parte il fatto che eravamo felicissimi e Matt ci diceva di stare attenti, che la partita non era finita. Per assicurarmi che lo fosse nel secondo tempo servii una palla goal a John Connelly e – dopo un'autorete di Shay Brennan – segnarono anche Pat Crerand e Bobby Charlton.

Vincemmo per 5 a 1. Una cosa incredibile.

La stampa la definì la migliore prestazione di tutti i tempi per una squadra inglese su un campo straniero e noi non avevamo alcuna intenzione di negare la cosa. Geoffrey Green scrisse sul «Times»: «Best è sembrato da subito innamorarsi della palla e tutta la squadra lo ha seguito». Del mio secondo goal disse: «Il portiere ha rilanciato la palla a metà campo, Herd l'ha respinta di testa e ha trovato Best che, volando come un tenebroso fantasma oltre tre difensori, ha infilato la palla in rete... un goal eccezionale!»

La stampa inglese fu fantastica, ma fu il giornale portoghese «Bola» a battezzarmi El Beatle, perché ero un inglese con i capelli lunghi. Quel soprannome mi sarebbe rimasto appiccicato per un bel po'.

Il giorno dopo all'aeroporto comprai un grande sombrero, il più grande che si potesse trovare. Non sono mai stato un grande buffone, ma ero talmente su di giri che mi feci trasportare dall'euforia. Indossavo un soprabito di pelle nera e quando arrivammo a Manchester mi misi in testa il mio nuovo sombrero. La nostra vittoria aveva fatto notizia nel Paese e quella foto apparve sulle prime pagine di molti giornali. Era la prima volta che finivo in prima pagina e fu un'esperienza strana, che enfatizzò ancora di più l'atmosfera surreale dei giorni precedenti, anche se da quel momento in poi si trattava di una realtà con cui avrei dovuto convivere.

I giornali avevano iniziato a seguirmi dopo la partita contro il Chelsea, ma la vittoria con il Benfica mi fece fare un salto di qualità. Tutti sembrarono impazzire. Ebbi addirittura una mia rubrica personale sul «Daily Express» e la gente voleva sapere tutto su di me. Non solo quello che pensavo sul calcio, ma anche che vestiti portavo, che musica mi piaceva, quali locali frequentavo. All'improvviso tutto ciò che facevo era diventato «in».

Fuori dai campi di gioco il mondo sembrava impazzito. La beatlemania era al suo apice e per la prima volta i giovani avevano come star dei musicisti che avevano più o meno la loro stessa età. Dopo i bacchettoni anni Cinquanta i costumi si stavano decisamente rilassando. I ragazzi volevano esprimere le proprie emozioni e dopo che la stampa inglese ebbe modificato il mio soprannome in «il Quinto Beatle» divenni immediatamente una figura di riferimento per i giovani, un'icona (per quanto sia difficile pensare a se stessi in questi termini).

Sei giorni dopo la partita con il Benfica ebbi un assaggio della follia che stava per scatenarsi. Un mio amico che lavorava nel settore tessile, Malcolm Mooney, mi aveva già convinto a diventare suo socio in un negozio di abbigliamento maschile a Sale, che noi chiamavamo Edwardia. La fortuna volle che l'inaugurazione avvenisse subito dopo la mia grande partita. Sapevamo che dopo il clamore della partita di Lisbona si sarebbe trattato di una cosa molto più in grande di quanto avessimo pensato, ma non ci aspettavamo certo ciò che sarebbe successo. Due ore prima dell'inaugurazione c'erano quattrocento ragazzine che picchiavano sulle vetrine. Fu ancora più surreale di quello che era successo allo stadio di Lisbona: era impossibile!

Iniziavo a essere sommerso dalle offerte commerciali.

«George, tu hai bisogno di aiuto», mi disse Denis Law. «Perché non parli con il mio agente, Ken Stanley?»

«Un agente? Io?» dissi. A quell'epoca gli attori avevano degli agenti, ma non certo i calciatori. A parte Denis, naturalmente: fu uno dei primi giocatori inglesi a giocare in Italia e non avrebbe potuto negoziare il trasferimento senza un agente.

Feci un salto a Londra, dove immaginavo che Ken Stanley avesse un ufficio di rappresentanza, e presi un appuntamento con lui. Scoprii poi che il cuore dell'impero di Ken era a Hudderslfield, dove si trovava la prima squadra di Denis: un paio di stanze in un ufficio a pochi passi dalla piazza centrale, con due ragazze che smistavano la posta e si occupavano della segreteria.

Ken mi accolse a braccia aperte, mi fece accomodare nel suo ufficio e mi fece il suo classico discorsetto sulla vita, che in seguito avrei sentito più di una volta.

«George», mi disse. «La vita è come una torta al cioccolato. Il successo dipende da come tagli le fette. C'è una fetta per il calcio, una per gli affari...» e via così.

Era un po' come il discorso di Forrest Gump sul fatto che la vita è come una scatola di cioccolatini, solo che Ken propendeva più per la torta.

Ken sarebbe stato un grande personaggio per un film. Quando io e lui incontravamo qualcuno per lavoro sembrava una scena tratta da *L'errore di vivere*, con Albert Finney, uno dei miei film preferiti.

Io me ne stavo lì seduto con Ken e con il tizio di turno.

«George accetterebbe di firmare autografi per un'ora dopo l'evento?» chiedevano loro.

«Dipende dagli accordi e dai suoi impegni per quel giorno», rispondeva Ken parlando di me come se io non ci fossi.

Cose tipo: «George vuole dello zucchero nel tè?» Avrei anche potuto non esserci, perché nessuno mi chiedeva mai nulla direttamente. Ero come invisibile e a volte mi veniva voglia di alzare una mano e dire: «Ehi, *sono* qui, ve ne siete accorti?»

L'altra cosa buffa di tutta quella situazione era che io ero il Quinto Beatle, il più grande astro nascente del calcio, e il mio agente aveva un ufficio a Huddersfield.

Non ho niente contro Huddersfield, ma non avevo mai pensato che fosse l'epicentro del mondo commerciale.

Peraltro i contratti che Ken mi procurava non contraddicevano questa mia impressione. Non che fosse colpa sua: all'epoca la pubblicità era ben lungi dall'essere la macchina colossale che è diventata oggi. La mia prima pubblicità televisiva importante fu per una marca di salsicce irlandesi e gli attori eravamo io, mia mamma, Carol e le due gemelline,

Julie e Grace, che avevano ormai tre anni. Carol non era tanto dell'idea ma la più difficile da convincere fu mia madre: la mia famiglia non è mai stata troppo portata per il mondo dello spettacolo. A loro piace essere lasciati in pace.

«Non ho intenzione di mettermi davanti a una telecamera», rispose lei quando le proposi la cosa.

«Non dovrai recitare, mamma», le dissi. «Non dovrai nemmeno parlare. Te ne devi solo stare seduta a far finta che stiamo facendo una normale colazione tutti insieme.»

«Come fa a essere normale», disse lei, «con tutte quelle telecamere e la gente della tivù che ci guarda?»

Alla fine riuscii a convincerla che era tutta una finzione e lei accettò. Almeno le due gemelle erano troppo piccole per protestare.

Io non dovevo quasi parlare. Nella pubblicità eravamo tutti seduti a tavola per la colazione a mangiare delle salsicce. Dopo averne addentata una dovevo alzare lo sguardo e dire una battuta immortale: «Le salsicce Cookstown sono di una bontà *best*iale».

Capita la battuta? I miei amici non hanno mai smesso di prendermi in giro per quella pubblicità. Naturalmente – come succede sempre con la televisione – fu necessario ripetere la scena un centinaio di volte, il che non influì positivamente sull'umore di mia madre.

Il fatto che io mi chiami Best e che in inglese «best» significhi «migliore» mandava letteralmente in solluchero i pubblicitari e forniva loro una riserva inesauribile di battute inqualificabili.

Essendo io un atleta, e dato che gli atleti hanno ovviamente bisogno di una dieta equilibrata, venivo contattato da molti produttori di generi alimentari. Feci una pubblicità per delle arance spagnole e una per l'Associazione dei Produttori di Uova. In quest'ultimo spot c'era un'altra di quelle battute che avrebbero fatto morire d'invidia Kenneth Branagh: «Uova per colazione e sei al Meglio».*

Come potete vedere, la pubblicità non era ancora l'arte raffinata ed elegante di oggigiorno. Quando Ken mi informò di avere chiuso un contratto con una casa di moda, pensai che almeno avrei avuto gratis un po' di vestiti di Carnaby Street.

---

* «Eggs for breakfast and be your Best.»

«Di che azienda si tratta?» gli chiesi.

«Be', non è proprio Carnaby Street», rispose lui. «È per il catalogo dei Great Universal Stores.» E pensare che ero un'icona della moda...

Qualche mente geniale dell'industria discografica si fece prendere dall'idea del Quinto Beatle e decise che si sarebbero potuti fare un bel po' di soldi se avessi inciso un disco. Nel corso degli anni ricevetti parecchie offerte di questo genere.

«Mi piacerebbe molto», rispondevo sempre io, «ma c'è un piccolo problema. Non so cantare.»

«E questo cosa c'entra?» era la loro stupita quanto immancabile risposta. Dicevano che avrebbero potuto usare marchingegni di ogni tipo per farmi sembrare una specie di Frank Sinatra, ma a me la cosa non interessava.

Era inevitabile che il mondo della pubblicità finisse per interessarsi seriamente ai calciatori: io fui soltanto il primo. Credo però che mia madre non riuscisse ad accettarlo, non perché l'avessi spinta ad apparire con me nella pubblicità delle salsicce Cookstown, ma perché pensava che stesse accadendo tutto troppo in fretta ed era preoccupata che la fortuna potesse voltarmi le spalle, che potessi cadere con la stessa velocità con cui avevo preso il volo.

Non me lo disse mai chiaramente, ma sentivo che la faceva sentire a disagio l'idea che ci fosse tutta quella gente che mi metteva su un piedistallo, di modo che fosse facile per qualcuno buttarmi giù.

Era come se intuisse che le cose non sarebbero state sempre rose e fiori.

Io non avevo tempo per questi pensieri. Ero troppo occupato a spassarmela. Sembrava tutto irreale, ma ero ben determinato a godermela finché durava. Ero giovane, non ero brutto e facevo uno dei lavori più belli del mondo. Non riuscivo a immaginare come qualcosa potesse andare male.

Avevo già iniziato a guadagnare bene, più di 1000 sterline la settimana se si sommavano i premi partita, i premi pubblico e i premi campionato. È quasi il triplo di uno stipendio medio di oggi. Nel 1966 era una fortuna, così non è che avessi veramente bisogno di fare la pubblicità, ma sarei stato un pazzo a rifiutarla.

Quando anche la pubblicità iniziò a girare per il verso giusto sembrava che potessi anche bruciarli i soldi, per quanti me ne entravano. E bruciarli fu più o meno l'unica cosa che non feci, anche se si potrebbe sostenere che spenderli per una serie di macchine di lusso non era granché diverso. Avevo già passato la mia Austin 100 a mio padre quando mi ero comprato una Sunbeam Alpine. Poi presi una Lotus, che era una specie di status symbol.

I giocatori compravano tutti le auto dallo stesso concessionario, da un tale di nome Hymie Wernick che all'epoca aveva una rivendita dalle parti di Victoria Station, per cui non era difficile fargli una telefonata e dirgli cosa volevi. Io cambiavo macchina come la gente normale cambiava le scarpe. Passai attraverso una serie di Jaguar E, tutte di colore diverso. Oggi sarebbero pezzi da collezione – la mia prima Jag era una berlina targata VTC 777B – ma considerato come le guidavo non credo che nessuna delle mie macchine sia ancora in circolazione.

Una macchina del genere ti dava una specie di superpotere nel rimorchiare le ragazze. Non che avessi bisogno di aiuto per farlo, ma una bella macchina spaziosa tornava decisamente comoda perché uscivo soprattutto con ragazze giovani che vivevano ancora con i genitori. Finché non mi trasferii a vivere in un posto tutto mio, facevamo tutte le nostre cose sul sedile posteriore, come tutti i ragazzi. Solo che il mio sedile posteriore era più elegante di quello dei miei coetanei.

Mi arrivavano sacchi interi di posta da parte degli ammiratori. Le ragazze di Ken per un po' ci lavorarono praticamente a tempo pieno. La cosa fantastica era che gli altri calciatori non mi trattavano in modo diverso e Matt non diceva nulla su tutta l'attenzione che stavo ricevendo. I ragazzi mi prendevano in giro per la storia del Quinto Beatle, ma sapevano bene quanto me che l'elemento fondamentale di tutta la faccenda restava il calcio. Se non fossi stato un calciatore famoso, tutto il resto non sarebbe mai successo.

Sul fronte casalingo lo United prese una bella batosta dopo la grande serata di Lisbona. La nostra prima partita in patria fu contro il Chelsea a Stamford Bridge e per una volta le luci di Londra non bastarono a darmi l'ispirazione. Perdemmo per 2 a 0 e svanì così ogni nostra speranza di conservare il titolo.

Ancora peggio da un punto di vista personale fu il fatto che nel corso del sesto turno della FA Cup a Preston, in cui pareggiammo 1 a 1 (la partita di ritorno l'avremmo vinta per 3 a 1), presi una brutta botta al ginocchio destro, già infortunato. Era dalla stagione precedente che avevo dei problemi al menisco. Mi si bloccava nel bel mezzo di una partita e mi toccava zoppicare fino al fischio finale perché non era ancora stata introdotta la regola per cui si poteva sostituire un giocatore infortunato. Matt e l'allenatore Jack Crompton sapevano tutto del mio ginocchio e Jack prima di alcune partite mi faceva fare delle prove in campo. Io però mentivo e dicevo che andava tutto bene perché ero certo che una volta iniziata la partita, quando iniziava a scorrere l'adrenalina, non mi avrebbe fatto tanto male. A quel punto però era evidente che dovevo essere operato e che non era possibile rimandare ancora. Matt me ne parlò e decidemmo che sarei entrato in ospedale per farmi operare una volta finita la Coppa dei Campioni.

In effetti pensavamo che questo volesse dire alla fine della stagione, perché non ci aspettavamo di perdere contro il Partizan Belgrado nelle semifinali. Ma anche Denis aveva dei problemi a un ginocchio e nella partita d'andata a Belgrado mancò un paio di buone occasioni da goal e perdemmo per 2 a 0. Io giocai abbastanza bene, ma il mio ginocchio ricominciò a gonfiarsi e a farmi male e non potei giocare nella partita di ritorno. Anche Denis era fuori gioco: lo United cercò di rompere la difesa del Partizan e riuscì a vincere solo grazie a un autogol degli avversari. Le nostre ultime speranze svanirono quando Paddy Crerand venne espulso per un fallo di reazione. Eravamo tutti a pezzi, in particolare Matt.

«Ormai non la vinceremo più, la Coppa dei Campioni», pare abbia detto a Paddy. Non stava benissimo nemmeno lui e si diceva che volesse andare in pensione, ma io non avevo dubbi sul fatto che Matt non avrebbe mollato. Nonostante tutto, sapevo che eravamo una squadra giovane e che se ci fossimo riqualificati saremmo tornati ancora più forti.

Per la terza stagione successiva lo United perse nelle semifinali della FA Cup, sconfitto per 1 a 0 dall'Everton a Burnden Park. E anche se avessimo vinto per me sarebbe stato un problema restarmene seduto per 90 minuti a Wembley, per non parlare di scendere in campo. Oggi, con la microchirurgia, un'operazione al menisco è una sciocchezza, ma allora ti dovevano aprire il ginocchio, toglierti il menisco e ricucirti, il che voleva dire un recupero di almeno sei settimane. E questo se andava tutto bene. Un'operazione sbagliata poteva mettere fine alla carriera di un calciatore.

Quando uscii dall'ospedale venni affidato alle cure del fisioterapista della squadra, Ted Dalton, che era una persona simpaticissima ma non certo un luminare della medicina moderna. Mi sottoponeva ad applicazioni di ultrasuoni due volte al giorno.

«Questa mattina il tuo ginocchio ha un ottimo aspetto, figliolo», mi disse un giorno mentre salivo sul lettino per le applicazioni.

«Sì, Ted», gli risposi. «Ma non sarà perché stai guardando la gamba sbagliata?»

Mio padre aveva cercato di convincermi a vedere Bobby McGregor, il fisioterapista dell'Irlanda del Nord, che non aveva alcun titolo di studio ma veniva considerato una leggenda, una specie di taumaturgo. Gli ultrasuoni non davano alcun risultato e io avevo paura di non poter più giocare. Mi avevano detto che andava tutto bene e che mi sarei ripreso alla perfezione, ma quando ti guadagni da vivere grazie al tuo corpo non puoi fare a meno di farti torturare dai dubbi in una situazione simile. Non sarei stato né il primo né l'ultimo calciatore a cui un'operazione al ginocchio non aveva dato gli esiti sperati.

Così chiesi allo United il permesso di farmi visitare da Bobby, ma loro – come potrete immaginare – dissero che avevano a disposizione il personale medico più qualificato e che non volevano che un guaritore irlandese mettesse le mani addosso al loro migliore giocatore.

Immagino che qualcuno pensasse che Bobby fosse veramente una specie di guaritore, ma dopo l'esperienza con Ted io ritenevo che farmi visitare da lui non potesse farmi male. Aveva un piccolo studio sopra una pasticceria e – per quanto non creda fosse marxista – metteva in pratica la massima comunista: «A ciascuno secondo le sue possibilità». Aveva pazienti di ogni classe sociale – direttori di banca, contabili, lavavetri, pensionati – e faceva loro pagare ciò che pensava si potessero permettere. Se una vecchietta andava a farsi visitare da lui, Bobby accettava in pagamento una torta di mele, mentre per visitare un direttore di banca si faceva sganciare 100 sterline. Per quanto mi riguardava io ero più che disposto a pagare anche il doppio di quella cifra, ma dato che ci conoscevamo bene Bobby non volle nulla.

Era un uomo tranquillo, alto all'incirca come me ma più corpulento, stempiato e un po' strambo. I giocatori dell'Irlanda del Nord, come tutti gli altri suoi pazienti, lo adoravano. Se stavamo in un albergo lui veniva a fare un giro poco prima che andassimo a letto e ci chiedeva come stavamo. Poi ci faceva un massaggio. Diceva che avrebbe allentato la tensione.

«No, non siamo tesi, Bobby... davvero...» gli dicevamo noi, ma lui non ci ascoltava e a volte si facevano le ore piccole ad aspettare che ci avesse massaggiati tutti.

«Passa da me all'Oval», disse quando gli telefonai per prendere un appuntamento.

Bobby era il trainer del Glentoran e per un po' fu anche il loro allenatore. Dopo che da ragazzino avevo passato tanto tempo sulle gradinate di quello stadio, mi faceva una strana impressione scendere negli spogliatoi e nella sala massaggi. Naturalmente era tutt'altra cosa rispetto agli standard dello United: una stanzetta minuscola con attrezzi sparsi ovunque e un forte odore di pomate. Bobby non era uno che perdeva troppo tempo in chiacchiere.

«Allora la gamba ti dà ancora dei problemi, eh?» mi disse. «Salta sul lettino che le diamo un'occhiata.»

Io mi sdraiai e Bobby iniziò a manipolarmi il ginocchio intervallando frasi tipo «Qui ti fa male?» e «Ehm... ehm...» In realtà era probabile che sapesse già qual era il problema: era una di quelle persone a cui basta guardarti per capire cosa c'è che non va.

Dopo qualche minuto si allontanò senza dire nulla.

«Cosa ne pensi?» gli chiesi, ma lui non rispose. Tornò accanto a me con un pezzo di legno in mano. Me lo porse.

«E questo a cosa serve?» gli chiesi.

«Mordilo. Sto per farti male.»

Altro che male! Appena mi misi in bocca quel pezzo di legno Bobby mi afferrò il retro del ginocchio (quello giusto, fortunatamente), vi infilò le dita e mosse i legamenti. Per qualche secondo il dolore fu insopportabile e pensai che avrei spezzato con i denti quel pezzo di legno.

«Come va adesso?» mi chiese Bobby quando ebbe finito. Il dolore era stato fortissimo, ma di breve durata.

«Molto meglio», risposi tastandomi il ginocchio.

Lui prese un barattolo di una pomata dall'odore dolciastro e me la spalmò sul ginocchio.

«Quella a cosa serve, Bobby?»

«Ti farà guarire prima.»

«Sì, ma cosa contiene?»

«Non te lo posso dire, ma ti farà bene.»

In seguito scoprii che era una specie di pomata miracolosa che

Bobby somministrava a tutti i suoi pazienti, a prescindere dal loro problema. Potevi avere il mal di schiena o una gamba rotta, Bobby ti avrebbe comunque spalmato addosso la sua pomata segreta. Non so se sia stata una questione psicosomatica o meno, ma la seduta da Bobby funzionò e una settimana dopo stavo già prendendo di nuovo a calci un pallone.

Lo United aveva finito la stagione con un pugno di mosche in mano, ma i nostri sforzi furono ripagati con grandi onori calcistici. Bobby, che subito dopo la fine della stagione affrontò i Mondiali con la nazionale inglese, nel 1966 fu eletto Calciatore dell'Anno e Calciatore Europeo dell'Anno, un premio quest'ultimo vinto anche da Denis nel 1964. Io arrivai terzo nella classifica per il Calciatore dell'Anno, il che mi fece sentire un po' meno triste mentre me ne stavo a casa a curarmi il ginocchio infortunato.

Ma non passai tutta l'estate a casa. Danny Bursk mi propose di andare in vacanza in qualche posto soleggiato, così prenotammo un soggiorno di due settimane a Palma Nova, a Maiorca. Degli amici ci avevano assicurato che era un vero e proprio paradiso del sesso.

Be', avevano ragione, o perlomeno fu così per Danny che ci diede dentro come un coniglio dalla prima all'ultima sera. Io invece non riuscii a intingere il biscotto per tutta la vacanza. La prima sera rimorchiammo entrambi. Lui si portò a letto la sua preda. La mia invece non volle saperne e io passai il resto della vacanza a cercare disperatamente di farmi qualcuna. Verso la fine del nostro soggiorno a Maiorca ero ormai disperato e iniziai a dedicarmi a ragazze sempre più brutte.

Ma allora non ero ancora al vertice della fama e forse dovevo perfezionare la mia tecnica d'abbordaggio.

Il frutto proibito

Non sono mai stato un grande fan della nazionale inglese.

Hanno sempre avuto squadre forti e ben organizzate... perlomeno finché non hanno preso Kevin Keegan come tecnico. Ma alle nazionali inglesi è sempre mancata la scintilla che contraddistingue le grandi squadre, che le rende diverse dalle altre, speciali. Ho sempre pensato che una grande squadra abbia bisogno di 10 bravi giocatori e di un genio. Il Brasile l'ha avuto in Pelé e ci è andato vicino altre volte. L'Olanda ha avuto Johan Cruyff, l'Argentina ha avuto Maradona e la Francia ha Zinedine Zidane. Nella nazionale inglese c'era Paul Gascogne, ma non è mai stato un giocatore veramente geniale.

A volte però le squadre possono avere successo sfruttando al meglio i giocatori che hanno, e fu proprio ciò che accadde nell'estate del 1966, quando l'Inghilterra ospitò i Mondiali di calcio. La nazionale inglese non era la migliore squadra del campionato, ma aveva un vantaggio enorme: giocava in casa, e perdipiù a Wembley, uno stadio in cui non avevano perso spesso. Come tutte le nazioni ospitanti subivano però molta pressione da parte della stampa e dei tifosi, che si aspettavano da loro una vittoria. Sir Alf Ramsey, il tecnico dell'Inghilterra, iniziò ad alimentare quell'eccitazione già dodici mesi prima dell'inizio del torneo rilasciando dichiarazioni del tipo: «L'Inghilterra vincerà i Mondiali».

L'inizio non fu sfavillante: un pareggio per 0 a 0 con l'Uruguay nella partita di apertura del campionato. Ma la prima partita è una vera e propria prova del fuoco e tutti quanti si aspettavano così tanto dall'Inghilterra che il risultato fu quasi una benedizione, perché allentò la pressione sulla squadra. La stampa inglese reagisce sempre in modo esagerato sia alle vittorie sia alle sconfitte. Se l'Inghilterra perde la descrivono come una squadra senza speranze, e se vince una partita i ragazzi della nazionale diventano immediatamente i prossimi campioni del mondo. I giornali tornarono a inneggiare alla squadra dopo che Bobby Charlton fece faville nella seconda partita contro il Messico, che l'Inghilterra vinse per 2 a 0. All'improvviso erano di nuovo tutti galvanizzati. L'Inghilterra poi sconfisse la Francia nell'ultima partita del girone, entrò nei quarti di finale e la febbre dei Mondiali assalì tutta la nazione.

Ramsey dovette tenere in panchina l'infortunato Jimmy Greaves nei quarti di finale contro l'Argentina. Fu una partita noiosa, negativa, tutta giocata sulla difensiva, in parte a causa della tattica degli argentini e in parte perché l'Inghilterra giocava senza il suo migliore attaccante e senza delle ali che potessero creare occasioni di gioco. Ma la nazionale inglese fu fortunata. Il capitano dell'Argentina, Antonio Rattin, un giocatore fantastico, venne espulso per proteste e Geoff Hurst, che sostituiva Greaves, segnò di testa il goal della vittoria al 77° minuto.

In semifinale l'Inghilterra dovette affrontare il Portogallo ed Eusebio, ma come era successo qualche mese prima a Lisbona il mio amico Nobby lo tenne a bada per quasi tutta la partita e gli permise di segnare un unico goal su rigore negli ultimi dieci minuti. A quel punto l'Inghilterra era già in testa di due reti, entrambe segnate da Bobby Charlton, e tenne duro fino al termine della partita.

Nella finale contro la Germania Ovest l'Inghilterra era data per favorita, il che era naturale se si considera che era la squadra di casa. Anche quando al dodicesimo minuto i tedeschi passarono in vantaggio, la vittoria dell'Inghilterra sembrava in qualche modo inevitabile. E gli inglesi furono anche fortunati: il guardalinee russo convalidò un loro goal quando un tiro di Hurst rimbalzò sulla traversa e, a suo parere, andò oltre la linea di porta. Era il terzo goal dei tempi supplementari.

Come tutti i Mondiali, anche quello fu un carrozzone fantastico e da spettatore mi mangiavo il fegato ripensando alla sconfitta che avevamo subito l'anno precedente in Albania e che aveva impedito a me e all'Irlanda del Nord di partecipare al campionato. Non potevo far altro che guardare pieno d'invidia i miei compagni dello United, Bobby e Nobby, che alzavano al cielo la coppa.

Ero particolarmente felice per Nobby, le cui capacità di calciatore non avevano mai ricevuto la giusta considerazione a causa della sua reputazione di duro. Tra l'altro quando fuori dal campo portava i suoi occhiali da Mr. Magoo aveva anche un'aria da matto, ma negli spogliatoi dello United tutti lo chiamavano Mr. Happy perché era un simpaticone, sempre pronto a farsi una risata. I Mondiali permisero a tutta la nazione di vedere questo lato del suo carattere perché – a mano a mano che l'Inghilterra avanzava nella sua corsa verso la coppa – anche chi non si interessava di calcio iniziava a farsi prendere da tutta quella storia e i mezzi di comunicazione raccontavano tutto ciò che era possibile raccontare sui giocatori, comprese le cose che prima dell'inizio dei Mondiali non sapeva nessuno. Se c'è una fotografia che riassume alla perfezione la personalità di Nobby, è quella che lo mostra mentre balla una giga con in testa il coperchio della coppa Jules Rimet mentre la squadra festeggia la vittoria finale a Wembley.

Non tutti nel nostro spogliatoio erano felici per i compagni di squadra inglesi. Paddy Crerand, uno scozzese anti-inglese più di ogni altro, si arrabbiò moltissimo per la fortuna dell'Inghilterra quando Hurst segnò il suo controverso goal ai tempi supplementari contro la Germania. E il giorno della finale non mi avrebbe sorpreso vedere Denis Law in *Lederhosen* nella curva tedesca. Gli scozzesi fanno sempre il tifo per due squadre: la Scozia e qualsiasi squadra giochi contro l'Inghilterra. Io invece pensavo fosse una cosa fantastica non solo per l'Inghilterra ma per tutto il calcio britannico. Dava un lustro eccezionale al nostro calcio, in cui all'epoca giocavano molti irlandesi e scozzesi, cosicché anche a loro era riservata un po' di gloria riflessa. E migliorava la nostra posizione internazionale. Se amavi il calcio ed eri tanto fortunato da giocarlo a livello professionistico, non avresti potuto scegliere un decennio migliore in cui vivere.

E se eri un potenziale alcolista non avresti potuto sceglierne uno più pericoloso.

Negli anni Sessanta succedeva di tutto. E tutto sembrava possibile. Eravamo la prima generazione a non dover andare in guerra. Non dovevamo fare nemmeno il servizio militare. Così non vedevamo motivi per non festeggiare la nostra gioia, qualsiasi cosa questo volesse dire. Per molti voleva dire prendere droghe. Fortunatamente, se pensate alla mia tendenza a sviluppare dipendenze, non ho mai avuto troppa voglia di provarle.

Le mie droghe erano l'alcol e le donne e mi ero fatto un nuovo amico che condivideva le mie stesse passioni: Mike Summerbee, che era stato ingaggiato dal Manchester City nella stagione precedente. Incontravo sempre Mike al Time and Place, il locale più trendy della città. Era uno di quei club con una pista da ballo, un bar al piano superiore e un casinò. Presto divenne *il* posto in cui andare. Se riuscivi a entrare eri del giro, e per un giovane calciatore professionista entrare non era certo un problema. La maggior parte dei calciatori scapoli delle due squadre di Manchester frequentava quel locale. Io e Mike diventammo presto amici e iniziammo a uscire insieme. Era il socio perfetto per me, perché io ero ancora un po' timido mentre lui era decisamente estroverso.

Eravamo un gruppo d'amici, giravamo insieme per i club: c'erano Kenny Lynch, che incontrai per la prima volta al Le Phonographe e che sarebbe diventato Blinkers; Waggy – Malcolm Wagner – che aveva un negozio di parrucchiere; Danny Bursk, un pellicciaio; Malcolm Mooney, il mio socio del negozio d'abbigliamento; e un tizio di nome Tony Marsh che faceva l'addetto stampa per i Beatles.

Non ci limitavamo a girare per Manchester. Pensavamo che il mondo fosse il nostro regno.

Nei weekend io, Mike e qualcun altro saltavamo sulle nostre auto di lusso e andavamo a cambiare aria a Birmingham o a Londra. A Birmingham all'epoca c'era una sacco di vita. Mike aveva fatto amicizia con il pugile Johnny Prescott, che veniva da lì, e con un suo amico chiamato Chalky White. Così dopo la partita del fine settimana io e Mike, insieme a qualche altro amico di Manchester, prendevamo la macchina e andavamo a passarci il sabato sera. Incontravamo gli altri in un posto chiamato Elbow Room, un discobar sempre pieno di ragazze. Poi ci spostavamo in un altro posto simile a quello, il Rum Runner, sempre alla ricerca di ragazze da rimorchiare. Se avevamo fortuna ci fermavamo a passare la notte a Birmingham e tornavamo a Manchester la domenica sera.

In altre occasioni salivamo su un treno del sabato sera da Manchester a Londra e facevamo il giro dei club del West End. Il Tramp era il posto migliore, c'era sempre la gente giusta e nel giro di poco tempo divenne il mio locale preferito. Mi piaceva il fatto che lì dentro nessuno ti rompeva le scatole, era un club privato e non eri esposto al pubblico come sul bancone di un supermercato. Scoprii che c'era anche una porta sul retro per evitare i giornalisti.

Alex Harvey, il leader del gruppo che suonava al Tramp, usciva con noi, e c'era anche un altro tizio di cui ho sempre conosciuto solo il soprannome: lo chiamavano Lenny Aragosta perché gli bastavano cinque minuti al sole per diventare tutto rosso. Avevamo tutti una gran voglia di divertirci e quando qualcuno propose che io, Mike e tutti i nostri amici di Manchester, Birmingham e Londra andassimo a passare l'estate del 1966 a Maiorca, nonostante l'esperienza disastrosa che avevo avuto l'anno precedente in Spagna con Danny Bursk, pensai fosse un'ottima idea.

Ci andammo in una trentina e affittammo un paio di grandi ville con sei o sette stanze. Si dormiva dove capitava. Facemmo anche amicizia con due ragazzi americani, Craig e Radar, che si unirono alle nostre scorribande notturne alla ricerca di donne, birra e champagne. Non che dovessimo impegnarci troppo per trovare ciò che volevamo. Io ero ancora timido quando si trattava di parlare con una ragazza, ma con la fama che mi derivava dalla vittoria di Lisbona e dal soprannome di Quinto Beatle erano loro a venire da me a frotte. A me restava solo da scegliere.

Non dovevamo preoccuparci che ci fossero dei paparazzi nascosti dietro le palme con dei teleobiettivi, come succede oggi. E non dovevamo nemmeno preoccuparci che le ragazze ci ripensassero la mattina dopo e corressero alla redazione di un giornale per accusarci di qualcosa. Altri tempi, eh? Se avessi fatto al giorno d'oggi le cose che facevo allora, mi sarei ritrovato alle costole tutta la stampa britannica.

Un altro dei personaggi di spicco di Maiorca era David Sirocco, che faceva yoga sulla spiaggia e si guadagnava da vivere massaggiando i turisti. Era un tipo eccentrico, si vestiva di bianco da capo a piedi sette giorni su sette, compresa una bandana bianca che avrebbe fatto impazzire David Beckham. Poi quando il sabato sera usciva per andare a divertirsi si vestiva tutto di nero.

Ci divertimmo tanto a Maiorca che divenne il nostro rifugio per qualche anno, quando non dovevo andare in giro con la squadra. Appena finiva la stagione calcistica saltavamo su un aereo. Io facevo in modo di essere tra i primi ad arrivare, così mi potevo accalappiare una stanza. Dopodiché era ognuno per sé e Dio per tutti, e se qualcuno arrivava durante le vacanze gli trovavamo una stanza da qualche altra parte. Alla fine della nostra permanenza i posti dove stavamo erano conciati malissimo, perché le nostre erano le tipiche vacanze da single. Restavamo a letto fino a tardi, dopodiché ci trascinavamo fuori per fare colazione o prendere il sole in spiaggia. Poi nel corso della giornata ci facevamo qualche birra e magari una siesta nel pomeriggio per prepararci alle gozzoviglie notturne. Non rientravamo mai prima dell'alba e il giorno dopo ricominciavamo da capo.

A volte non tornavo in Inghilterra fino alla settimana prima dell'inizio degli allenamenti, il che voleva dire che restavo a Maiorca per quasi tre mesi. E a quel punto ero completamente a pezzi. Tra l'altro avevo chiesto a un mio amico, Tony Griffin, di farmi avere una delle mie auto. Portai a Maiorca qualcuna delle mie Jaguar E e, un anno, una Rolls-Royce, che per abbordare le ragazze non era niente male. Non so come abbia fatto a non ammazzarmi, perché le strade erano dissestate e pericolosissime. Tutte le mattine vedevi delle macchine finite fuori strada. Girare in macchina era un pericolo anche di giorno, figuratevi quando me ne tornavo a dormire all'alba dopo aver bevuto ininterrottamente dalla sera prima. Date le condizioni in cui mi capitò di guidare in quegli anni, sono stato decisamente fortunato a sopravvivere alle mie vacanze a Maiorca.

Una volta scoperta Maiorca, iniziai a tornare a Belfast più raramente. Prima passavo buona parte dell'estate lì e ci andavo sempre anche per Natale. Scrivevo spesso a casa e riportavo le recensioni positive delle mie prestazioni calcistiche che magari la mia famiglia s'era persa. Ma un po' alla volta mi allontanai sempre di più dalla famiglia. Mi stavo godendo una vita che fino a qualche anno prima avrei potuto soltanto sognare. All'improvviso era Belfast – e non Manchester – a sembrarmi un pianeta alieno.

Immagino che fosse come per i ragazzi che se ne vanno da casa la prima volta per andare all'università e scoprono un mondo nuovo ed eccitante, al cui confronto quello in cui vivevano prima appare incolore. Io avevo in tasca molti più soldi di uno studente e stavo iniziando a divertirmi un sacco all'università della vita.

In ogni caso riuscii a fare un salto a casa alla fine dell'estate del 1966. Il tam tam cittadino dovette iniziare dal momento in cui atterrai all'aeroporto di Belfast, perché quando arrivai la strada davanti a casa era tutta un pullulare di gente.

Non avevo idea dell'effetto che aveva sortito a Belfast la partita contro il Benfica. Tornando a casa mi aspettavo di essere trattato come un ragazzo del posto, di tornare a essere semplicemente il figlio della signora Best di Cregagh. Ma quella volta a Burren Way trovai un pandemonio. La gente stava con la faccia schiacciata contro le nostre finestre, nella speranza di riuscire a darmi un'occhiata.

«Non puoi immaginare che vita è la nostra, George», mi disse Carol quando ci sedemmo nella relativa tranquillità della nostra cucina. «Per strada è sempre così, la gente continua a fissarci perché siamo la tua famiglia. Ma basta chiudere le tende.»

«No», dissi io. «È meglio che esca o non avremo mai un momento di pace.» Ero commosso da quell'accoglienza, anche se sapevo che le mie visite a casa non sarebbero più state la stessa cosa. Così uscii, firmai qualche autografo e ringraziai tutti per essere venuti.

«Spero che ora mi lascerete passare una giornata tranquilla con la mia famiglia», dissi dopo un po'.

Pensavo che fosse finita lì, ma più tardi sentimmo dei rumori provenire dall'esterno e mia mamma scostò le tende per guardare fuori.

«Cosa diavolo stanno facendo quei due?» chiese.

Guardai fuori e vidi due giornalisti che dovevano essere entrati di nascosto nel giardino in fondo alla nostra strada per poi sgattaiolare attraverso tutti gli altri e arrivare in quello di casa nostra. Li liquidammo in quattro e quattr'otto ma quella fu la fine di una vita normale non solo per me ma anche per la mia famiglia. Era triste pensare che le mie visite a casa ora sarebbero state un'ordalia tanto per me quanto per la mia famiglia. Questa specie di assedio costante è una delle cose con cui devi venire a patti quando diventi famoso. Credo che anche questo influì sul numero dei miei viaggi a Belfast.

«Siamo sempre stati felicissimi di vederti tornare a casa, George», mi disse in seguito Carol, «ma a volte era anche un sollievo quando te ne andavi e potevamo tornare a vivere normalmente.»

Quando nel luglio del 1966 mia mamma ebbe il sesto figlio, mio fratello Ian, aveva abbastanza problemi da sola senza che io le rendessi la vita più difficile. Mandavo a casa dei soldi tutti i mesi per aiutarli, ma mamma e papà erano persone molto orgogliose e autosufficienti e non volevano essere mantenuti da nessuno, nemmeno da loro figlio. Così mamma continuò a lavorare, anche con cinque figli a cui badare.

Date le circostanze fu sorprendente che avessero avuto un sesto figlio e ricordo sempre quando papà mi telefonò per dirmi che mamma era incinta.

«Ho una cosa importante da dirti, figliolo», disse balbettando.

«Cosa c'è? Cosa è successo?» chiesi io.

«Be', tua madre avrà un bambino.»

«Ma è fantastico, papà.»

«Allora non ti dispiace?» disse in tono sollevato.

Io ero felicissimo per loro, anche se con due gemelle di tre anni e due adolescenti in casa il nuovo bambino non avrebbe reso la vita facile a mia mamma, anche perché aveva iniziato a essere preoccupata per me. Fortunatamente Carol ormai aveva 19 anni ed era diventata molto brava a badare ai nostri fratelli. E anche Barbara, che aveva 14 anni, aveva iniziato ad aiutarla. Non si può però negare che per i miei genitori il mio successo volesse dire un bel po' di grane in più. So che erano fieri di me, ma il fatto di dover convivere anche con la fama che avevo raggiunto non rendeva loro le cose più facili.

Quando un giocatore della nazionale inglese commetteva un errore o sbagliava un goal per lo United, noi lo prendevamo in giro, ma in effetti l'effetto positivo generato dalla vittoria dell'Inghilterra ai Mondiali creò molto fermento nel mondo del calcio all'inizio della stagione 1966-67.

Bobby e Nobby, che dopo le loro fatiche avrebbero dovuto essere esausti, sembravano ispirati. Iniziammo la stagione con quattro vittorie sulle prime cinque partite. Tutti all'Old Trafford avevano una gran voglia di riconquistare il campionato e di fare un altro tentativo in Coppa dei Campioni, sapendo che per Matt era come il Sacro Graal e che date le sue condizioni di salute non gli restavano ancora molti anni per vincerla.

La mente di Matt però era ancora perfettamente lucida e quando iniziammo ad avere un calo di forma lui sborsò 55.000 sterline al Chelsea per il portiere Alex Stepney e rinnovò le fasce con l'acquisto di John Aston Junior e Bobby Noble. Questi arrivi ci diedero un nuovo impeto, finché i nostri vecchi amici del Leeds ci tolsero un altro punto all'Old Trafford. Stavano diventando il mio spauracchio personale. Succedeva di raro che contro di loro io giocassi bene e riuscissi a segnare.

Nonostante in genere fossi abbastanza soddisfatto della mia condizione di forma, mi misi nuovamente nei guai con Matt quando gli giunse voce che mi vedevo con una donna sposata di nome Dahlia Simmons. In seguito mi sarei fatto una reputazione per essere uscito con due Miss Mondo, Marjorie Wallace e Mary Stavin, ma frequentavo anche ragazze normali, ragazze che lavoravano per vivere e che erano *veramente* splendide, molto più delle mie reginette di bellezza.

Ma fra tutte loro Dahlia era probabilmente la più bella, e naturalmente quando tutti iniziarono a dirmi che avrei dovuto starle alla larga, fu la cosa peggiore che potessero fare.

La incontrai al night club di Colin Burne, il Reubens, e quando la vidi restai a bocca aperta. Mi disse di essere sposata ma io la convinsi a darmi ugualmente il suo numero di telefono e iniziammo a vederci in un modo che ci sembrava discreto. Andavamo a cena in uno dei ristoranti più fuori mano di Manchester e, dato che non potevamo andare da lei e che la signora Fullaway non avrebbe apprezzato una nostra visita, passavamo il dopocena a casa di una qualche sua amica. Ma – come scoprii in seguito – è impossibile essere discreti o mantenere un segreto troppo a lungo a Manchester, perché in confronto a Londra è come un paesino e tutti sanno tutto di tutti.

Riuscii a tenerlo nascosto a Matt per qualche tempo. In effetti credo sia stato l'ultimo a venirlo a sapere. Ma quando lo scoprì si arrabbiò moltissimo. Era una persona dalla morale rigorosa, non poteva accettare che uscissi con una donna sposata ed era anche preoccupato per come questa cosa si sarebbe riflessa sull'immagine della squadra. Così non fui sorpreso quando mi dissero che voleva vedermi nel suo ufficio. Era un po' come essere chiamato nell'ufficio del preside perché, nonostante tutte le idiozie che si sono scritte sul fatto che Matt per me era come una figura paterna, lui era decisamente un Mister in tutto e per tutto e anche i giocatori più anziani erano nervosi quando lui li mandava a chiamare. Non so se fosse una cosa premeditata per intimidire i giocatori, ma l'ufficio di Matt si trovava alla fine di un lungo corridoio e per qualsiasi calciatore convocato dal Mister quella era la camminata più lunga di tutta la sua vita.

Avrebbero dovuto chiamarlo «il miglio verde».

Io avevo già una mezza idea del motivo della mia convocazione quando entrai nell'ufficio di Matt, e lui non era certo il tipo che menava il can per l'aia.

«Figliolo», mi disse, «non mi interessa interferire nella tua vita privata, ma perché proprio quella ragazza? Perché una donna sposata?» Sembrava sinceramente stupito. «Ci sono centinaia di belle ragazze libere là fuori che potrebbero diventare delle brave mogli. Perché non esci con una di loro?»

«Non lo so, Mister», borbottai. «È che mi piace e quando l'ho conosciuta non sapevo che fosse sposata.» Questa, naturalmente, era una mezza verità.

Se Matt mi avesse veramente capito avrebbe saputo perché Dahlia – il frutto proibito – per me era irresistibile, a parte il suo fisico mozzafiato. Ai miei esordi, per colpa del mio accento irlandese e della mia timidezza, facevo una gran fatica a rimorchiare le ragazze perché non ero molto bravo con le chiacchiere.

Ma ora che ero famoso non importava che io fossi timido e che non avessi molto da dire, perché erano loro che mi si buttavano addosso. Così io facevo apposta a puntare quelle che sembravano più irraggiungibili, era una specie di sfida. In un certo senso era lo stesso tipo di atteggiamento che aveva fatto di me un calciatore di successo. Per me rimorchiare le ragazze era diventato uno sport. E volevo essere il migliore.

Non potevo certo spiegare una cosa del genere a Matt, che mi chiamò ancora nel suo ufficio un paio di volte quando le voci su me e Dahlia aumentarono. Io non sapevo cosa dirgli, così me ne stavo lì seduto e dicevo quello che lui voleva sentire.

«Sì, Mister, ha ragione, non succederà più.»

E poi ovviamente appena uscivo dal suo ufficio mi attaccavo al telefono per prendere un altro appuntamento con Dahlia. Pensavo che non fossero fatti suoi. Pensavo di poter fare quello che volevo.

Matt affrontò l'argomento anche con mio padre, il quale si guardò bene dal raccontarlo a mia madre. Papà mi parlò, ma sapeva benissimo che era meglio non interferire, anche se apprezzava il fatto che Matt stesse cercando di agire nei miei interessi e non semplicemente ficcando il naso nei fatti miei. Fu la stessa cosa quando il Mister gli disse che bevevo troppo. Papà capì che Matt voleva soltanto che io fossi nella forma migliore per giocare.

Inevitabilmente, il marito di Dahlia venne a sapere della nostra storia e una sera mi venne a cercare al Time and Place. Io avevo iniziato a giochicchiare d'azzardo – niente di eccezionale, giusto qualche puntata – e quando lui entrò ero seduto al tavolo del blackjack. Mi si avvicinò e mi si piazzò alle spalle.

Io cercai di mantenere la calma e di giocare come se niente fosse, ma lui iniziò a raccontarmi quello che aveva intenzione di farmi.

La cosa andò avanti per qualche minuto finché, fortunatamente, arrivò uno dei miei amici.

«I ragazzi sono su?» chiesi, sapendo che la nostra ghenga si riuniva al bar del piano di sopra.

Lui capì al volo la situazione e scomparve su per le scale. Poco dopo i miei amici iniziarono a scendere uno alla volta e tutti quanti fecero in modo di passare a salutarmi.

«Tutto bene, George?» mi chiedevano.

«Sì, sì», rispondevo io, «se ho bisogno di qualcosa te lo faccio sapere.»

Simmons alla fine capì l'antifona e si defilò. Lui e Dahlia si lasciarono e per qualche anno continuai a frequentarla. Ora potevamo vederci alla luce del sole ed eravamo pazzi uno dell'altra, anche se avevo la chiara percezione che non sarebbe durata per sempre.

Ero troppo giovane per pensare a sistemarmi, soprattutto con tutte quelle ragazze bellissime e disponibili in circolazione. Il problema era che mi era impossibile essere fedele. Non potevo stare con una sola persona.

Volevo poter andare e venire come mi pareva.

Se Matt era esasperato per le mie scelte in ambito sessuale, cominciò a strapparsi i capelli quando sentì parlare del mio rifugio per le bevute serali, il Brown Bull, che era anche un piccolo albergo. Ho usato l'aggettivo serali, ma avrei fatto meglio a dire notturne: quel posto era come l'Hotel California della canzone, la gente arrivava e non partiva più.

All'inizio andavo a bere in un locale frequentato dal mio compagno di squadra Shay Brennan, il Grapes. Shay bazzicava anche il Circus, un posticino niente male per incontrarsi. Si trovava in centro, ma era uno dei pub più piccoli che si fossero mai visti. Se c'erano venti persone era affollato e se una di queste persone era Shay per stare comodi dovevano uscirne altri quattro.

Quel posto però non mi piaceva granché, così noi ci vedevamo al Grapes. Quando lo chiusero mi misi alla ricerca di un nuovo locale. Ero passato davanti al Brown Bull un milione di volte ma non avevo mai avuto voglia di entrarci. Era nella posizione peggiore del mondo, sotto le campate di una stazione ferroviaria e giusto su un incrocio. Un posto scomodissimo e rumoroso. Non era per niente alla moda. Ma una sera in cui ero uscito con Waggy decidemmo di farci un salto per un bicchiere.

Se da fuori quel posto non aveva un bell'aspetto, all'interno era molto molto peggio, ma a me erano sempre piaciute le bettole. Ma dopo quella prima sera non ci saremmo mai più tornati se non avessimo conosciuto il proprietario, un tizio americano di nome Billy Barr, che aveva appena rilevato quel locale dopo avere lasciato l'esercito. Era una di quelle persone con cui fai amicizia nel giro di cinque minuti.

A parte me e Waggy là dentro c'erano soltanto un paio d'altre persone sedute su quella che a prima vista mi parve una panca ma che poi si rivelarono due cassette per la frutta. Ma l'arredamento non contava perché Bill era un padrone di casa eccezionale.

«Avete fame, ragazzi?» disse Billy a metà serata, dopo che avevamo iniziato a chiacchierare. «Vi andrebbe qualcosa da mettere sotto i denti?»

Un attimo dopo sua moglie Leila stava già uscendo dalla cucina con un paio di braciole.

Qualche sera più tardi tornammo con un paio di amici e la voce iniziò a girare: nel giro di una notte quella bettola diventò uno dei locali più alla moda di Manchester. Al successo del Brown Bull contribuì il fatto che gli studi di Granada TV erano molto vicini e tutte le giovani attrici della città iniziarono a vivere lì, il che rallegrava il locale e mi offriva nuove possibilità di conquista.

«C'è una signorina niente male al numero quattro», mi diceva Billy. C'era una mezza dozzina di stanze al piano di sopra. «Perché non provi a bussare alla sua porta e vedi se ha voglia di scendere a bere qualcosa?»

Billy non dovette nemmeno dare una sistemata al locale. Era un'assoluta schifezza, ma una schifezza frequentata dalla gente giusta. Ci andavano tutti a frotte, dai calciatori alla gente del mondo dello spettacolo, a cui probabilmente piaceva più dei locali fighetti perché aveva l'aria di un angolo di autentica Manchester.

Jimmy Tarbuck, che avevo incontrato qualche volta tramite Kenny Lynch, quando era in città andava al Bull, come anche Michael Parkinson, che conoscevo da quando era un giovane giornalista a Barnsley. Il Brown Bull divenne una specie di manicomio e a Billy gli affari giravano tanto bene che gli sarebbe sembrato maleducato buttarci fuori al normale orario di chiusura.

Così ogni tanto la polizia faceva una retata. Durante una di queste Tarby si trovava lì quando gli si avvicinò una giovane poliziotta.

«Beve alcolici a quest'ora?» gli chiese lei indicando il bicchiere.

«Sì, grazie», rispose Tarby porgendole il bicchiere con un gran sorriso. «Mi porti pure un gin and tonic doppio, per favore.»

C'erano sere in cui Billy non riusciva a far entrare tutta la gente che arrivava. Un tizio del quartiere prese in gestione un pub lì accanto e iniziò a fare soldi con chi non trovava posto al Bull. Non fosse stato per il fatto che il proprietario era un amico, Billy avrebbe potuto chiedergli una commissione sui profitti, perché tutti i soldi che guadagnava dipendevano dal successo del Brown Bull.

Matt *odiava* il Brown Bull. Se avesse potuto fare a modo suo l'avrebbe fatto radere al suolo, anche se per qualche strano motivo non riusciva mai a ricordare il nome del locale.

Così quando mi chiedeva: «Sei stato ancora al Green Pig?» (in altre occasioni lo chiamava Black Cow o Brown Horse) io potevo guardarlo dritto negli occhi e rispondere in tutta sincerità: «No, Mister».

Il povero vecchio Matt era tra l'incudine e il martello. Voleva farmi rigare dritto, ma sapeva anche che ero la sua risorsa più importante, che avrei potuto essere il suo giocatore di punta per altri quindici anni. Ero anche la persona che poteva far realizzare il suo sogno europeo, così non mi dava addosso con troppa violenza. Avevamo visto quanto fosse stato spietato con Johnny Giles e c'erano stati molti altri giocatori che erano stati messi alla porta per molto meno. Si è detto spesso che Matt era una specie di figura paterna, ma l'unica cosa che aveva di paterno era che – come mio padre – non dispensava pene corporali. Se non fossi stato il giocatore che ero e se a Matt non fossi stato utile, sarei stato cacciato via a calci in quattro e quattr'otto. Matt voleva che non girassero voci negative su di noi, voleva tenere immacolata l'immagine della squadra e probabilmente questa è un'altra ragione per cui non mi lasciava in panchina ogni cinque minuti.

Se avessi dovuto aprire il mio cuore con qualcuno all'Old Trafford, l'avrei fatto con il braccio destro di Matt, Jimmy Murphy. Era un gallese dall'aria severa, ma aveva anche un cuore grande come una casa. Lui e Matt erano dello stesso stampo, erano stati induriti dall'esperienza, ne avevano viste di tutti i colori e se l'erano sempre cavata insieme. E poi, naturalmente, Jimmy aveva fatto un ottimo lavoro come viceallenatore quando Matt si stava riprendendo dopo l'incidente di Monaco.

Matt e Jimmy usavano il vecchio trucco del poliziotto buono e del poliziotto cattivo. In realtà erano tutti e due poliziotti buoni, ma qualcuno doveva pure fare il duro. La parte era andata a Matt, mentre Jimmy – dopo che eri stato punito – ti addolciva la pillola. A volte, dopo che Matt mi aveva dato una bella strigliata, Jimmy mi chiamava nella sua stanza e mi diceva: «Non stare ad ascoltarlo, quel vecchio rompiballe». Era così che lavoravano: non so se fosse una cosa studiata a tavolino, ma funzionava alla perfezione. Lo sapevano tutti, e tutti capivano la situazione.

Jimmy si faceva vedere di rado agli allenamenti, il che era abbastanza strano. Si sarebbe detto che avrebbe dovuto essere il contrario, e invece il Mister ci faceva allenare mentre Jimmy se ne stava in ufficio a fare telefonate per cercare dei giovani giocatori in altre squadre. Probabilmente per quanto riguarda i giovani ha fatto più lui di Joe Armstrong.

Jimmy abbaiava molto ma non mordeva granché. Era una persona con cui era facile parlare, per me. A volte, dopo che mi ero esibito in una delle mie sparizioni, lui non si agitava più di tanto e se avessi avuto un problema da risolvere sarei andato da lui, e non da Matt. Ma non lo feci mai: non ero il tipo di persona a cui piace aprire il proprio cuore agli altri.

Oggi è facile dirlo, ma se Matt fosse stato più duro con me forse le cose sarebbero andate meglio. L'avevo sempre fatta franca, fin da piccolo. All'inizio erano cosette da nulla, ma a mano a mano che la facevo franca con infrazioni sempre più grandi, iniziavo a pensare di poter fare tutto ciò che volevo. Le regole della squadra non valevano, per me.

Matt però non poté fare nulla per insabbiare la notizia quando fui coinvolto in un incidente d'auto che avrebbe potuto farmi finire dentro per omicidio colposo. Per quanto mi riguarda non credo sia stata colpa mia: fortunatamente la cosa successe all'inizio della serata e io non avevo ancora bevuto niente. Ero appena partito al verde di un semaforo, pioveva a dirotto e all'improvviso una ragazza mi attraversò la strada di corsa, probabilmente perché non si era accorta che il semaforo per lei era rosso. Aveva anche l'ombrello aperto, per cui non poteva vedere la mia auto. Io andavo più o meno a venti all'ora, ma quando la investii l'impatto contro il suo corpo fece un rumore orribile e lei cadendo si ruppe il bacino. Con me c'era Danny Bursk e lì attorno c'erano parecchi testimoni, ma quando finimmo in tribunale venni dichiarato colpevole di guida pericolosa, ricevetti una multa di 10 sterline e mi ritirarono la patente.

Fu un'esperienza terribile, ma fu anche una fortuna che non fosse successo a un'ora più tarda perché avrei avuto tutto il tempo di scolare un bel po' di bicchieri. Stavo cominciando a restare fuori sempre più a lungo la sera, e mi piaceva anche di più l'alcol. All'inizio il sapore della bumba non mi andava granché, la usavo solo per trovare la fiducia in me stesso, ma a quel punto aveva iniziato a piacermi parecchio.

In campo non sentivo nessuna pressione particolare, mi sembrava tutto facile ed ero tanto in forma che mi bastava un allenamento per far scomparire gli effetti di qualsiasi bevuta. O almeno era quello che pensavo. L'alcol certamente non era una necessità per me, all'epoca. Ero come molti altri ragazzi che lavorano duro tutta la settimana e nel weekend si danno alla pazza gioia. Solo che la mia gioia era più pazza di quella della maggior parte delle altre persone. Il lunedì mattina però tornavo sempre al lavoro, pronto a fare la mia parte. Ero un atleta professionista e quella era una cosa che potevo gestire benissimo.

L'altro motivo per cui era stata una fortuna che l'incidente fosse avvenuto all'inizio della serata era che io non guidavo quasi mai sotto i limiti di velocità, soprattutto quando avevo bevuto. Diciamoci la verità: non è possibile mettersi al volante di una Jaguar E e non schiacciare l'acceleratore a tavoletta. Ogni notte per me era una battaglia con la polizia stradale. Loro parcheggiavano in un vicolo cieco a Chorlton in attesa di beccare qualche automobilista troppo veloce o troppo ubriaco, ma c'erano molte strade per andare dal centro della città alla casa della signora Fullaway, per cui riuscivo quasi sempre a evitarli.

Nei weekend a volte stavo nell'appartamento di Crumpsall che io e Mike Summerbee avevamo affittato per spassarcela con le ragazze. Era il nostro nascondiglio, un posto in cui potevamo sfuggire alla follia e dove era spesso nostro ospite Kenny Lynch. Era semplicemente un bilocale in una tipica, vecchia e grande casa vittoriana di Manchester, ma per noi era sufficiente: la sala era molto grande e in caso di necessità poteva essere usata come seconda stanza da letto. Se il sabato notte dormivamo lì, il giorno successivo facevamo una passeggiata fino a Didsbury, dove un nostro amico allibratore, Selwyn Demmy, aveva una garçonnière che in confronto alla nostra era una reggia. Il suo appartamento era sempre pulitissimo e Selwyn ci offriva un tè domenicale di cui sarebbe stata fiera anche mia madre. A parte il fatto che tra le portate c'erano anche birra, vino e una mezza dozzina di bellissime ragazze. Tutte le mie cose preferite in un colpo solo.

Qualcuno fu sorpreso dal fatto che io e Mike restassimo amici pur giocando in due squadre tra cui c'era una grande rivalità, soprattutto perché sia il City sia lo United avevano tra le proprie file molti giocatori del posto e i tifosi dello United erano soprattutto di Manchester. Oggi è così solo un terzo della tifoseria. I derby all'epoca erano delle battaglie vere e proprie e se la tua squadra perdeva era un'umiliazione totale, dovevi andare a nasconderti per un paio di giorni. Ma io e Mike non permettemmo mai a questa cosa di influire sul nostro rapporto e arrivammo addirittura a coreografare un paio d'azioni prima delle partite.

«Quando noi partiamo con il calcio d'inizio», mi diceva lui, «tu mi vieni sotto di corsa come se volessi entrare su di me e io ti faccio passare la palla tra le gambe.»

«Ok», rispondevo io. «Poi qualche minuto dopo tu entri su di me e io ti rifaccio la stessa cosa.»

Sapevamo che una scena del genere avrebbe fatto la gioia dei tifosi di entrambe le squadre.

In quella stagione attraversai un sacco di volte «il miglio verde», ma la cosa strana fu che Matt non protestò mai per tutto il lavoro esterno alla squadra che facevo, tipo le pubblicità e il negozio, per colpa del quale non mi potevo riposare come dovrebbe fare un calciatore. Per lui doveva essere un problema, ma non disse mai una parola in proposito. Non riesco a immaginare che un fatto del genere possa accadere nel calcio di oggi.

Feci anche una pubblicità per i reggiseni Playtex, anche se – terrei a precisare – non come modello. Era un'altra di quelle pubblicità che oggi alla televisione sembrerebbero un po' osé. Io dovevo entrare in un bar (e come potrete immaginare ero perfetto per quella parte), sedermi a un tavolo, alzare lo sguardo e vedere una bellissima ragazza. Naturalmente – e fin qui niente di strano – le mandavo un bigliettino in cui le chiedevo se potevo offrirle qualcosa da bere. Era a questo punto che la trama sfociava nella fantascienza: lei rifiutava.

Il messaggio era questo: se porti un reggiseno Playtex puoi anche dire di no a George Best. In base all'esperienza con le donne che mi ero fatto all'epoca posso tranquillamente dichiarare che la Playtex non doveva vendere un granché!

Detestavo fare il modello, perché mi toccavano delle sedute fotografiche di tre o quattro ore in cui mi annoiavo a morte. Il mio agente però mi trovava sempre degli ingaggi e io facevo un sacco di soldi, per cui continuavo a farlo. Era tutto immateriale, anche le boutique che aprivo. Erano solo dei posti in cui passare del tempo il pomeriggio. Il calcio veniva al primo posto e mi allenavo duramente come tutti gli altri giocatori per migliorare sempre la mia tecnica. Nonostante fossi passato a bere vodka – e certe volte ne ingollavo un bel po' – mi riprendevo sempre facilmente. Niente doposbronza, niente stanze che mi giravano attorno.

Con il senno di poi il periodo tra il 1966 e il 1967 fu probabilmente il più felice della mia vita. Quando si dice realizzare un sogno: quei giorni erano pura perfezione, sotto ogni aspetto. Giocavo con grandi calciatori e contro grandi calciatori, gli stadi erano sempre pieni di tifosi e io giravo il mondo per fare una cosa che adoravo. Non dovevo alzare un dito. C'era qualcuno che organizzava tutti i viaggi per me e non dovevo fare le valigie perché la mia padrona di casa o la mia ragazza del momento lo facevano al mio posto.

E avevo solo vent'anni. Soltanto qualche anno prima prendevo a calci un pallone per le strade di Belfast. Ora mi pagavano una fortuna per farlo. Sarebbe stato difficile per chiunque restare con i piedi per terra in una situazione del genere. Mi sembrava di vivere in un mondo immaginario e di potermi comportare di conseguenza.

Quando nel febbraio del 1967 giocammo contro il Nottingham Forest, i nostri rivali più prossimi per lo scudetto, all'Old Trafford c'erano più di 62.000 tifosi e in quella stagione la media del nostro pubblico era di 54.000 persone. Il Forest era un po' un pacchetto a sorpresa, ma con due partite alla fine della stagione avevamo bisogno di fare un solo punto per vincere il campionato. La prima partita la giocammo contro il West Ham a Upton Park. Non era un posto in cui era facile vincere, soprattutto contro tre campioni del mondo. Così non era strano che Matt fosse molto cauto prima della partita e ci dicesse di non sbilanciarci. Li massacrammo per 6 a 1.

Eravamo una squadra fatta così, eravamo pieni di fiducia in noi stessi e potevamo battere chiunque. Il goal che segnai contro il West Ham fu il decimo della stagione, il che potrebbe non sembrare un granché se si pensa che avevo giocato tutte le 42 partite del campionato. Ma probabilmente ne avevo serviti il doppio a Denis e agli altri giocatori.

Grazie al Brown Bull in quella stagione feci amicizia con il mio compagno di squadra Shay Brennan. Era difficile conoscere Brennan e non diventare suo amico, perché era una di quelle persone che vanno d'accordo con tutti e che non parlano mai male di nessuno. Anche la mia amicizia con Paddy Crerand, Noel Cantwell e Denis Law si fece molto più forte. Denis si era innamorato della cucina italiana quando aveva giocato per il Torino, così fu probabilmente su sua iniziativa che il sabato sera loro tre avevano preso l'abitudine di cenare in un ristorante italiano con le mogli. Non so perché, forse perché ero ormai uno dei giocatori di punta della squadra, ma iniziai a passare a trovarli. Non cenavo con loro, me ne stavo lì per una mezz'ora prima di andare in un club o da qualche altra parte. Ma questo contribuì a rafforzare la nostra amicizia e Denis è un po' come Shay, non puoi non adorarlo.

Nonostante negli spogliatoi convivessero tante personalità diverse, diventammo un gruppo molto coeso, anche se non si sarebbe mai detto vedendo i nostri allenamenti. Ci prendevamo a calci nelle caviglie sette giorni su sette, e spesso finiva a cazzotti. Chi la vede da fuori fa fatica a credere a una cosa del genere, e qualche anno fa si sollevò un gran polverone quando John Hartson tirò un calcio a un suo compagno di squadra del West Ham, Eyal Berkovic, durante gli allenamenti. Ma quando metti insieme un branco di uomini in forma, forti, competitivi e giovani con solo un numero limitato di posti disponibili in campo, è esattamente questo quello che ottieni: una battaglia.

Tra noi calciatori venivano organizzate delle partitelle a sei o a sette allo Stratford End, dove c'erano delle colonne di cemento per impedire ai tifosi di entrare in campo. Noi ci mandavamo a sbattere contro quelle colonne. Ricordo che un giorno l'enorme Bill Foulkes sbatté a terra Denis Law, che si alzò immediatamente e gli tirò un pugno. Bill reagì e in men che non si dica si scatenò una rissa.

Harry Gregg era un altro che non ci pensava due volte a tirarti una sberla dietro le orecchie. Ma alla fine della giornata ci lasciavamo tutto alle spalle e in campo, durante le partite, eravamo tutti per uno e uno per tutti. Era una squadra speciale e dopo il modo in cui vincemmo il campionato nel 1967 sentivamo di essere pronti per imprese ancora più spettacolari.

Alla fine della stagione 1966-67 partimmo per un tour estivo in Australia e Nuova Zelanda e facemmo tappa in California per giocare contro il Celtic e il Bari in un torneo che si svolgeva a San Francisco. Era il giorno del mio ventunesimo compleanno e Dave Sadler mi disse: «Usciamo a festeggiare, George».

Chiesi il permesso al Mister, dopodiché io e Dave ce ne andammo in un pub inglese lì vicino, l'Edimburgh Castle. San Francisco all'epoca era il centro dell'universo hippy, il posto dove stava succedendo tutto quanto, dove tutti erano fuori di testa e vivevano come pareva loro. Ma io, che in fondo al cuore ero ancora un ragazzo di Cregagh, passai il mio ventunesimo compleanno in un pub con Dave a bere un paio di birre e mangiare *fish and chips*.

Non potevo chiedere di più dalla vita.

Vivere un sogno

Mi ero fatto una fama di giocatore spettacolare e di goleador. Ma nel 1967-68 divenni il capocannoniere della squadra, anche se sono certo che Denis e Bobby vi direbbero che ero soltanto diventato più avido e non passavo loro la palla nemmeno se erano in una posizione migliore della mia.

Devo ammettere che a volte era vero. Fuori dal campo ero timido, ma quando iniziavo a giocare non mi mancava certo la fiducia in me stesso. Quello era il posto in cui iniziavo veramente a vivere. È così per molti sportivi: mentre giocano esprimono se stessi, ma una volta tornati alla vita di tutti i giorni sono persone completamente diverse.

Ricordo una partita contro il Chelsea: dribblai un paio di avversari sulla linea di fondo campo, al centro c'era Denis che chiamava la palla a squarciagola e io decisi che avevo fatto tutto il lavoro sporco e non avevo intenzione di lasciare a lui la gloria. Così anche se lo specchio della porta era ridottissimo sparai la palla in rete. Non era il tipico modo di giocare a calcio con la calcolatrice alla mano, ma per come la vedevo io il fine giustificava i mezzi. Se avessi sbagliato, Denis avrebbe avuto tutte le ragioni di prendersela con me. Ma se segnavo, non vedevo perché avrebbe dovuto lamentarsi.

In ogni caso non ho mai veramente pensato a me stesso come a un'ala pura. Avevo un ruolo abbastanza libero e in quella stagione, quando Denis era fuori per infortunio, giocai qualche partita come seconda punta, il mio vecchio ruolo. Scorrazzavo per tutto il campo, sensazione fantastica, e nel corso degli anni giocai in tutte le posizioni d'attacco a parte il centravanti. E non mi sarebbe dispiaciuto provare anche quel ruolo.

Dall'inizio della stagione avevo segnato molti goal e a gennaio eravamo in testa alla classifica con cinque punti di vantaggio. Ma perdemmo con gli Spurs* al terzo turno della FA Cup, così i miei sogni di gio-

---

* Tottenham Hotspurs.

care a Wembley sfumarono anche quell'anno, anche se non fu doloroso come era stato perdere in semifinale.

Nel turno preliminare della Coppa dei Campioni ottenemmo il solito pareggio facile contro l'Hiberian di Malta, che è sempre stata una delle squadre straniere più tifose dello United. Così nella partita di ritorno non c'era un'atmosfera particolarmente ostile e restituimmo loro il favore con un pareggio per 0 a 0. Avevamo vinto l'andata per 4 a 0 e Denis non si lamentò dei miei assist in quell'occasione: segnò due goal, e David Sadler mise in rete gli altri due.

Poi nell'ottobre del 1967 giocai la mia migliore partita di tutti i tempi per l'Irlanda del Nord contro la Scozia a Windsor Park, per l'Home International. Quel giorno avevo quel non so che che fa in modo che qualsiasi cosa provassi a fare andasse bene. È una sensazione che provi al massimo una o due volte per stagione, e quel giorno era così: ogni volta che prendevo la palla mi lanciavo direttamente contro la loro difesa.

Dopo che li ebbi affrontati un po' di volte, riuscivo quasi a sentire i pensieri del pubblico ogni volta che la palla mi si avvicinava. La Scozia era una buona squadra e dopo aver battuto l'Inghilterra per 3 a 2 erano tutti ringalluzziti, dicevano che, avendo battuto i vincitori dei Mondiali del 1966 a Wembley, erano loro i veri campioni del mondo. Ci fu d'aiuto il fatto che non poterono far scendere in campo né Denis né il grande Jimmy Baxter, ma per noi fu comunque un giorno speciale.

Per noi tutte le vittorie erano speciali, e l'unico mistero è come fu che vincemmo solo per 1 a 0. In un'altra occasione avrei potuto segnare tre o quattro goal anch'io, ma il loro portiere Ronnie Simpson, alla sua terza presenza in nazionale, parava tutto. Era incredibile. Io tiravo delle bordate all'incrocio dei pali e lui all'improvviso sbucava dal nulla e le parava. Almeno ebbi la soddisfazione di servire a Dave Clements l'assist per il goal della vittoria. La gente in Irlanda parla ancora oggi di quella partita, mio padre compreso.

Al primo turno della Coppa dei Campioni giocammo contro il Sarajevo, che aveva il potenziale per essere un avversario molto insidioso, tant'è vero che riuscimmo a portare a casa solo un pareggio per 0 a 0. Ma all'Old Trafford vincemmo senza problemi per 2 a 1 e loro riuscirono a segnare solo negli ultimi minuti.

Io realizzai il secondo goal contro il Sarajevo e nei quarti di finale vincemmo per 2 a 0 contro il Gornik Zabrze, una squadra di cui preferirei non dover pronunciare il nome. Nella partita di ritorno perdemmo fuori casa per un solo goal e per la seconda volta in tre stagioni ci conquistammo un posto nelle semifinali. Nonostante la delusione del 1966 e il fatto che secondo alcuni ci eravamo giocati la possibilità di vincere la Coppa dei Campioni con Matt, ora iniziavamo a pensare che eravamo destinati a farcela e la cosa ormai ci ossessionava quasi quanto ossessionava Matt. Il Mister non fece i salti di gioia quando fummo sorteggiati contro il Real Madrid, che secondo lui era la squadra migliore tra quelle rimaste in gioco. Ma considerato che le altre erano il Benfica e la Juventus, non è che facesse una gran differenza per noi. Erano tutte grandi squadre con alle spalle una storia di successi nelle competizioni europee.

L'andata la giocammo in casa, come era successo contro il Benfica, e anche questa volta le cose non si misero al meglio, perché all'Old Trafford riuscimmo a vincere solo per 1 a 0. Io segnai con un tiro di sinistro di cui fui particolarmente fiero. Dovevamo sudare ancora una volta le proverbiali sette camicie per farci strada verso la finale.

Altre squadre sarebbero scese in campo con l'intenzione di difendere il proprio vantaggio, di fare catenaccio. Ma non era così che Matt e lo United affrontavano una partita. Sapevamo che se volevamo arrivare in finale dovevamo giocare meglio di loro a Madrid. C'erano 125.000 tifosi al Bernabeu e non erano molti quelli vestiti in biancorosso. Mi piacerebbe poter dire che ero sicuro di poter ripetere l'exploit di Lisbona, ma in realtà sapevo, come tutti quanti, che quella era la prova più dura che avessimo dovuto affrontare fino a quel punto.

Le cose si fecero ancora più difficili quando loro andarono velocemente in vantaggio per 2 a 0 grazie alle reti di Pirri e del grande Gento. Per un nostro colpo di fortuna Zoco fece un autogol, ma poi Amancio segnò il goal del 3 a 1 alla fine del primo tempo e, se vogliamo essere sinceri, noi ce la stavamo vedendo proprio brutta. Chiunque stesse assistendo alla partita avrebbe detto che era finita, ma Matt non era uno che si arrendeva tanto facilmente. È in momenti come quelli che viene fuori la differenza tra degli uomini e dei ragazzini. E quella sera Matt dimostrò di essere un grandissimo allenatore. Negli spogliatoi, durante l'intervallo, ci fece un discorso incredibile. Noi entrammo con il morale a pezzi, ma dopo che ci fummo seduti a bere un tè Matt ci fece ritrovare la fiducia in noi stessi.

«Il risultato è solo 3 a 2», disse. «È così che dovete ragionare, siamo sotto di un solo goal e se riusciamo a pareggiare, la partita potrebbe cambiare da così a così.»

Poi tirò fuori il coniglio dal cilindro: «E adesso cerchiamo di dargli un po' di grattacapi». Indicò David Sadler. «David, tu ti sposti in avanti.»

Si dice sempre che Matt non parlava mai di tattica, ma era un allenatore che sapeva quando era il momento di cambiare gioco. E il goal di David lo dimostrò.

Avevamo pareggiato, e Matt aveva avuto ragione. Quel goal cambiò la partita e ora la squadra girava a mille, sentivamo che potevamo portare a casa un risultato sensazionale. A una quindicina di minuti dalla fine ricevetti la palla sull'ala destra. Ricordo che loro avevano questo terzino dalla corporatura minuta, si chiamava Sanchez, un ottimo giocatore. Era dall'inizio della partita che ci davamo battaglia, ma ora il tempo stava per scadere e io sapevo che ogni volta che avevo la palla al piede dovevo sfruttarla al meglio. Cercai di farlo partire in scivolata ma lui era troppo furbo per cascarci: corse verso di me e cercò di spingermi fuori dalla zona di pericolo. Fintai verso l'interno, poi gli feci passare la palla all'esterno e sperai nel mio scatto per conquistare un metro o due e passare il pallone.

Correvo a testa bassa, concentrato nello scatto, ma dopo che ebbi conquistato un po' di terreno alzai lo sguardo e con la coda dell'occhio vide una maglietta rossa dello United in area di rigore. Istintivamente passai in quella direzione, mentre Sanchez stava ancora cercando di prendermi per togliermi la palla. Eseguii il cross giusto un attimo prima che lui mi raggiungesse. La forza del suo impatto mi fece inciampare. Mentre cercavo di riprendere l'equilibrio alzai la testa e vidi che la maglietta rossa in area apparteneva al mediano centrale Bill Foulkes.

Non ci potevo credere. In un momento come quello speri di vedere sulla palla Bobby, Denis o David. Non certo Bill!

Non è che fosse un gran cannoniere e io mi aspettavo di vederlo sparare la palla in tribuna o sopra la traversa come faceva di solito in quelle situazioni. Ma con mio grande stupore, mentre io me ne restavo lì a occhi spalancati per quelli che sembrarono due o tre minuti, lui infilò la palla in rete con un perfetto calcio d'esterno. Fu un'altra di quelle azioni al rallentatore e la scena tornò a velocità normale solo quando noi iniziammo a correre verso Bill per congratularci con lui e per dirgli che era stato bravissimo ma che adesso che aveva fatto la sua parte non avrebbe più dovuto oltrepassare la linea di metà campo.

Il resto della partita continuò al rallentatore, con noi che ci portavamo in giro la palla e i nostri avversari che correvano per tutto il campo.

Fu un grande risultato, non solo perché avevamo battuto una squadra forte ma anche perché avevamo tutti bisogno di una vittoria dopo avere perso il campionato contro il Manchester City. Avevamo giocato le nostre ultime tre partite di prima divisione fra i due incontri con il Real e ne avevamo perse due, finendo dietro di due punti al City. Così una sconfitta a Madrid ci avrebbe lasciati con in pugno solo una stagione in cui avevamo giocato quasi sempre molto bene. Io segnai 28 goal nelle mie 41 partite di campionato, a pari merito con Ron Davies: erano solo quattro goal meno di quelli che Dennis Viollet aveva segnato per lo United nel 1959-60, a tutt'oggi il record della squadra.

Era un vero peccato non avere uno scudetto da poter mostrare a coronamento di tutti i miei goal. Ma in quella stagione i nostri cuori erano ormai per la Coppa dei Campioni e dato che per la finale con il Benfica era già stato scelto Wembley, sembrava proprio che quello fosse il nostro destino.

Naturalmente c'era anche un'enorme pressione su di noi: eravamo la prima squadra inglese ad arrivare in finale e la tensione sembrò salire sin dal fischio dell'arbitro che chiuse la semifinale. E anche se due anni prima avevamo battuto il Benfica per 5 a 1 in casa loro, sapevamo che in quell'occasione le cose sarebbero state ben più difficili. Noi tra l'altro dovevamo affrontare la partita senza Denis Law, infortunato al ginocchio.

Nel primo tempo eravamo molto nervosi e in campo avevamo poco spazio: i giocatori del Benfica erano ben decisi a non fare un'altra figuraccia e avevo sempre due uomini su di me. Il primo tempo sembrò passare velocissimo e nell'intervallo noi eravamo un po' giù. Sentivamo di non avere giocato al meglio, anche se avevamo avuto un buon possesso di palla e non avevamo fatto grossi errori. Matt, che ci diceva sempre di non dare troppo addosso agli avversari all'inizio delle partite, era ragionevolmente contento. Ci disse: «Continuiamo a farli correre, ma nel secondo tempo cerchiamo di stargli più addosso. Spaventiamoli un po'.»

In effetti furono loro a spaventarci quando Eusebio sparò una cannonata da 18 metri: fortunatamente colpì la traversa e la nostra difesa riuscì a liberare l'area. Ma poi David scattò sulla sinistra e tirò un cross che Bobby Charlton colpì di testa. Non fu un colpo fortissimo, ma uno di quei tocchi leggeri di cui Denis era specialista. Perché Bobby segnasse un goal come quello ci doveva essere qualcuno lassù in alto che tifava per noi. Era troppo bello. Bobby, uno dei sopravvissuti al disastro di Monaco, che segnava il goal della vittoria della Coppa dei Campioni, e probabilmente i titoli di molti giornali erano già stati scritti quando a dieci minuti dalla fine Jaime Graca ci rovinò la festa segnando il goal del pareggio. E il Benfica avrebbe addirittura vinto se non fosse stato per una grande uscita del nostro portiere Alex Stepney sui piedi di Eusebio a tre minuti dalla fine.

Era una serata calda e come sempre l'erba di Wembley era parecchio dura. Prima dell'inizio del tempi supplementari i nostri massaggiatori dovettero correre sul campo per rimettere in sesto tutta la squadra. È buffo come ci restano in mente dei particolari insignificanti: ricordo che quando gioirono dalla panchina John Aston e il mio vecchio amico Ted Dalton balzando in piedi si tirarono una testata. Paddy e Nobby camminavano in mezzo a noi, stringevano i pugni e dicevano: «Forza ragazzi, finiamoli».

Matt probabilmente era l'uomo più calmo in tutto lo stadio, nonché il più sollevato dopo averci visti sul punto di perdere in quegli ultimi dieci minuti.

«Gli abbiamo lasciato troppo la palla», disse, «ma se cambiamo gioco vinciamo la partita. Sono stanchi, non sono abituati a questo campo. Smettiamola di dar via la palla. Prendetela, tenetevela e fateli correre.»

Presi alla lettera il suo consiglio quando mi impadronii della palla nel primo minuto dei supplementari. Stepney fece un rinvio lungo. Brian Kidd mi servì la palla. Il mediano centrale del Real Madrid mi stava arrivando addosso e mi sembrava ancora una volta di essere in una sequenza onirica come mi era successo nel 1966: lui sembrava dover vincere il confronto, ma io gli feci scivolare la palla tra le gambe e la ripresi alle sue spalle. Poi il portiere Henrique uscì, io lo scartai e piazzai la palla in rete, proprio come avevo fatto a Lisbona. Doveva averne fin sopra i capelli di me. Mi dispiace molto che – come per il goal di Lisbona – la tivù rimandi in onda solo le immagini di me che faccio scivolare la palla in rete, come se fosse stata la cosa più facile del mondo.

Un'altra cosa buffa di quel goal è che Shay Brennan ha sempre sostenuto di essere stato lui a servirmelo, perché il passaggio all'indietro verso Stepney era stato suo. Kiddo fece un ottimo lavoro a controllare il rinvio di Stepney, e io scartai il loro mediano centrale e il portiere, ma Shay dice sempre che l'assist per quel goal avrebbe dovuto essere assegnato ufficialmente a lui!

Dopo quel goal la partita era finita, e lo sapevamo tanto noi quanto loro. Kiddo e Bobby segnarono ancora e prima della fine del primo tempo supplementare eravamo 4 a 1. Non ci fu bisogno che Matt ci dicesse di stare pure tranquilli per gli ultimi 15 minuti. La partita era vinta, noi eravamo stremati e cercammo di far passare il tempo con il minor sforzo possibile.

Poi arrivò il fischio finale e tutte le nostre emozioni esplosero all'unisono.

Ricordo ancora oggi la faccia di Matt quando l'arbitro fischiò la fine della partita. Era il ritratto dell'esultanza, ma anche del dolore e del sollievo. Le coppe europee erano sempre state il suo sogno e aveva dovuto combattere con le autorità del calcio per farvi entrare lo United. E anche quando vi riuscì, la gente disse che era una perdita di tempo, che il calcio europeo non avrebbe mai funzionato.

Per Matt non era stato un problema affrontare le autorità, ma doveva essersi sentito molto in colpa per l'incidente di Monaco: se non fosse stato per il suo sogno, quei giocatori non sarebbero mai morti. Sono certo che stava pensando proprio a questo alla fine della partita e sono altrettanto certo che pensasse che solo vincendo la coppa aveva potuto pareggiare i conti. Anche Bobby e Bill, che in quell'incidente aereo avevano perso degli amici, dovevano provare delle emozioni contrastanti. È una cosa che avrei capito sempre più dalle esperienze che avrei fatto negli anni successivi; il senso di colpa è una cosa terribile e non c'è niente di peggio che ritenersi responsabile della morte di qualcuno.

Sarebbe stato bello, considerati tutti gli sforzi di Matt, se fossimo stati la prima squadra inglese a vincere la Coppa dei Campioni, ma dopo il nostro passo falso del 1966 il Celtic ci aveva battuti in velocità nel 1967. In ogni caso quella di Wembley viene ancora ricordata come una delle grandi serate del calcio inglese e pare proprio che gli scommettitori continuino ancora a festeggiarla ogni anno. Pensavo che l'incantesimo si sarebbe infranto quando lo United tornò finalmente a vincere la coppa nel 1999, ma la nostra squadra del 1967-68 non ha mai perso smalto agli occhi dei tifosi. Quando nel 1993 si tenne a Manchester la cena per il venticinquesimo anniversario della partita, la riguardammo per intero e fu interessante perché mi ero dimenticato quanto avevamo giocato bene e quanto li avevamo fatti trottare.

Una specie di mistero per me resta anche il modo in cui ci scambiammo i ruoli per i goal nei tempi supplementari. Non ricordo di avere cambiato posizione per il mio goal, ma guardando la cassetta si vede benissimo: ero rientrato dall'ala e giocavo da centravanti. Per il terzo goal, al mio posto sull'ala destra c'era Brian Kidd, che superò un difensore e servì la palla vincente a Bobby. Sembrava che io stessi guardando un'altra partita: per quasi tutto il tempo Kiddo non si era mosso dal suo posto di centravanti e io ero rimasto sull'ala. Poi, senza che io ne abbia il minimo ricordo, ci scambiammo e segnammo due goal.

Rivedendo la partita notai anche che ero stato l'unico dello United a scambiare la maglia con uno dei giocatori del Benfica. Mentre ci scatenavamo nei festeggiamenti, mi si può vedere in maglia bianca, unico tra i miei compagni che invece indossavano tutti la maglia blu, che adottammo solo in quell'occasione. Sfilavo con la maglia bianca addosso e mi sentivo il padrone del mondo.

Purtroppo è l'ultima cosa che ricordo di quella serata.

È scioccante ammetterlo, lo so. Bere mi piaceva sempre di più e finii per ubriacarmi al punto che il seguito del più grande giorno della mia carriera di calciatore per me è solo un buco nero. Non ricordo di essere uscito dallo stadio e non ricordo di essere andato alla cena ufficiale al Russell Hotel, anche se mi dicono che ero presente.

Ricordo bene però il ritorno a Manchester con la coppa e l'accoglienza della città. Per strada ci saranno state almeno mezzo milione di persone e passare con il pullman attraverso quella folla plaudente che sventolava bandiere e striscioni fu assolutamente fantastico. Avevo sognato di fare una cosa del genere da quando la squadra era tornata a casa con la FA Cup nel 1963, subito dopo che avevo firmato il mio contratto da professionista. Ma questa volta per strada c'era ancora più rumore e più colore. Mi sentivo come se facessi parte di un esercito che tornava a casa dopo una vittoria.

Nel 1968 venni nominato Calciatore dell'Anno e Calciatore Europeo dell'Anno: ero il terzo giocatore dello United a vincere il titolo in cinque anni. Ed ero il giocatore più giovane ad avere vinto il titolo europeo. Avevo solo 22 anni, ero uno dei calciatori più famosi del mondo, guadagnavo un sacco di soldi e potevo avere praticamente tutto quello che volevo. Ero il padrone del mondo. Sembrava l'inizio di una lunga e gloriosa carriera.

Fuga dalla follia

A Maiorca io e i ragazzi ci demmo dentro con l'alcol come non mai. Il trionfo in Coppa dei Campioni mi aveva reso ancora più famoso e tutti quelli che incontravamo volevano offrirmi da bere. I ragazzi ovviamente non volevano essere da meno. La vita non avrebbe potuto sembrare più rosa. Ma quando tornai all'Old Trafford tutta la squadra sembrava in preda a un doposbronza collettivo derivante dal trionfo sul Benfica.

Forse era perché eravamo riusciti finalmente a raggiungere il nostro obiettivo principale, ma ci ritrovammo come sgonfi. La stagione iniziò male e la gente iniziò a chiedersi se Sir Matt (nel frattempo era stato fatto baronetto) era la persona giusta per continuare ad allenarci. Tutti avevano dato per scontato che subito dopo aver vinto la Coppa dei Campioni sarebbe andato in pensione, ma lui nicchiava.

Quando il calcio è stato una parte centrale della tua vita per un sacco di tempo, è difficile voltargli le spalle. Se hai passato tutta la tua vita a cercare di raggiungere un risultato e alla fine riesci a farlo, è difficile scomparire. Col senno di poi forse avrebbe dovuto ritirarsi o entrare nella dirigenza della società. Ma se avesse scelto quest'ultima soluzione, avrebbe avuto ancora una forte influenza sulla squadra e sull'allenatore che l'avrebbe sostituito.

Senza dubbio Sir Matt non stava benissimo fisicamente e sembrava completamente senza energie dopo il 1968. Altrimenti avrebbe potuto fare di più per prendere dei nuovi giocatori e rinfrescare la squadra. Naturalmente i calciatori facevano a gara per venire a giocare nello United. Si diceva che Mike England, un mediano grande e grosso del Blackburn, fosse lì lì per firmare con noi e sapevo che Alan Ball, una delle stelle della nazionale inglese ai Mondiali del 1966, sarebbe stato felicissimo di entrare in squadra: fu lui stesso a dirmelo. Loro due sarebbero stati un buon inizio per la ricostruzione della squadra: il migliore mediano e il migliore centrocampista del Paese. Ma Sir Matt non mosse un dito, così

Mike England andò al Tottenham, dove giocò in modo fantastico, e Bally passò all'Everton.

Le malelingue sostengono che Sir Matt, sapendo che presto sarebbe andato in pensione, non voleva costruire un'altra grande squadra da lasciare in eredità al suo successore. Non credo che le cose stessero così. Semplicemente non era più l'allenatore di una volta e se fosse riuscito a mettere insieme un'altra squadra forse la sua carriera sarebbe durata più a lungo.

Il successo europeo ci aveva talmente montato la testa che in campionato andavamo malissimo. E ci aspettavano i due turni contro la squadra argentina dell'Estudiantes per il campionato mondiale per squadre di club. Si trattava di un campionato (o meglio di un incontro di boxe) annuale tra i vincitori della Coppa dei Campioni e i campioni sudamericani, nato nel 1960.

Avremmo dovuto sapere cosa ci attendeva perché il Celtic aveva giocato tre partite violentissime contro l'Estudiantes nella stagione precedente. Nella partita di ritorno a Buenos Aires il portiere del Celtic, Ronnie Simpson, venne colpito da un razzo prima del calcio d'inizio e dovette essere sostituito, ma quella fu una robetta da ragazzi in confronto al play off di Montevideo, dove il Celtic perse per 1 a 0. La polizia dovette continuamente entrare in campo per interrompere le risse tra i giocatori e l'arbitro espulse sei uomini, quattro dei quali erano del Celtic.

Quelle che giocammo non furono partite, ma duelli all'ultimo sangue. E anche se eravamo stati messi in guardia sul fatto che non dovevamo farci coinvolgere in qualsiasi atto di violenza, fu evidente fin dal calcio d'avvio della prima partita a Buenos Aires che loro non avevano alcuna intenzione di giocare normalmente. Ci massacravano di calci, si tuffavano sulle nostre caviglie, e quando cercai di fare uno scatto sull'ala dalla tribuna mi tirarono addosso dei petardi.

Alcune delle loro entrate erano poco meno che tentati omicidi, anche se – per quanto possa sembrare incredibile – fu Nobby a essere espulso per un fallo di reazione dopo che Carlos Bilardo gli aveva aperto un taglio in una gamba con un'entrata tanto dura da spaccargli in due i parastinchi. Riuscirono a sconfiggerci per 1 a 0 e noi ci aspettavamo di poter giocare una partita migliore all'Old Trafford: pensavamo che non avrebbero osato giocare con tanta violenza in casa nostra. Ma nella partita di ritorno giocarono altrettanto sporco e io ero sempre più frustrato dal fatto che l'arbitro lasciasse che uno dei loro giocatori mi pigliasse a calci in ogni angolo del campo.

Verso la fine della partita decise di ammonirlo, ma io pensai che aveva aspettato troppo. Gli tirai un pugno al mento mentre l'arbitro lo ammoniva e venni espulso. Fu il cartellino rosso più appagante della mia carriera. E fu anche un sollievo pareggiare per 1 a 1: Sir Matt avrebbe avuto un bel po' di problemi a trovare undici giocatori disposti a scendere ancora in campo contro di loro per il play off.

Non potevamo permetterci di perdere con il Waterford al primo turno della Coppa dei Campioni. In effetti avremmo potuto mandare in campo anche soltanto Denis, perché da solo segnò ben sette goal. Il punteggio fu di 10 a 2 in nostro favore. In campionato però andavamo malissimo e nel gennaio del 1969 Sir Matt annunciò che si sarebbe ritirato alla fine della stagione e sarebbe entrato nella dirigenza dello United come direttore generale.

Naturalmente non se ne sarebbe andato finché avevamo ancora una possibilità di conservare il titolo europeo e dopo avere eliminato l'Anderlecht e il Rapid Vienna ci ritrovammo di nuovo nelle semifinali, dove affrontammo il Milan. A San Siro loro giocarono benissimo e ci sconfissero per 2 a 0, mentre all'Old Trafford ci fu un arbitraggio pessimo. Dopo che Bobby aveva riportato il risultato sul 2 a 1, Denis scagliò la palla in rete e un difensore la respinse ben oltre la linea della porta, ma l'arbitro non convalidò il goal e noi fummo eliminati dalla Coppa dei Campioni.

Nel 1968-69 fui ancora una volta capocannoniere, con 19 goal segnati in 41 partite di campionato, il che significava tra l'altro che avevo perso solo due partite di campionato in tre stagioni. Ma dopo tutti i successi che avevamo avuto, non mi piaceva perdere e come attaccante sentivo su di me una pressione sempre maggiore. La squadra stava cambiando, Sir Matt stava per andarsene e l'atmosfera fantastica che c'era sempre stata negli spogliatoi del Manchester United era scomparsa.

I miei compagni di squadra Dave Sadler e Mike Summerbee si erano sposati nel 1968: per loro era una cosa fantastica, ma io naturalmente restai senza due dei miei migliori compagni di bisbocce. Non che la cosa avesse un qualche effetto sulle mie abitudini. Ogni sera era festa grande.

Personalmente non mi interessava affatto sposarmi, non ci pensavo mai. Se fossi restato a vivere a Belfast forse a 19 anni sarei già stato sposato. Ma a Manchester, dove le cose in dieci anni erano probabilmente cambiate più che in cento anni a Belfast, era tutto concesso. Era un'epoca in cui potevi fare come ti pareva e quando uscivamo la sera io rientravo sempre più tardi di tutti gli altri.

Era un po' come ho sentito dire una volta dall'ex giocatore del Leicester Frank Worthington: voleva sempre pensare di essere l'ultimo uomo del mondo ad andare a letto. I miei amici sostengono ancora oggi che bevevano quanto me. Non è vero. Se eravamo in un night club che chiudeva alle due, loro poi se ne andavano a casa. Io andavo in un club che restava aperto fino alle sei e poi andavo a casa e non riuscivo a dormire. Sapevo dove andare alle nove del mattino a farmi un bicchierino.

Billy Barr ormai mi aveva dato le chiavi del Brown Bull, per cui io per bere potevo letteralmente attaccarmi alla spina. Considerato il giro di clienti che gli avevo portato, quello era il meno che potesse fare e se anche gli avessi prosciugato la cantina nel giro di una notte lui sarebbe stato comunque in attivo. A volte era *davvero* come se fossi stato lì tutta la notte. Ero sempre l'ultimo ad andarmene tra quelli che non abitavano lì e sempre più spesso lo facevo solo per spostarmi da Phyllis's in Whalley Range.

Phyllis's era un locale gestito dalla madre di Phil Lynott dei Thin Lizzy. Ci andavano tutti quelli che facevano il turno di notte, dopo che avevano finito di lavorare. Per me era l'ultima tappa della serata. Era un posto carino, con dei bei tappeti e un piccolo bancone, assomigliava più all'anticamera di una casa privata che a un locale pubblico. A volte, quando ci arrivavi alle sei del mattino, Phillis aveva sul fuoco uno stufato irlandese che cuoceva da tre giorni. Così per colazione ti potevi fare una porzione di stufato irlandese annaffiato dalla vodka.

Io feci amicizia con Phil – era un gran bel tipo – ma lui e i suoi amici si facevano di roba pesante e la cosa alla fine lo uccise. Aveva solo 34 anni. Io non l'ho mai visto assumere delle droghe, sapevano che non mi interessavano e non credo l'avrebbero mai fatto davanti a me. Ma certamente vidi Phil sballato un sacco di volte, anche se lui avrebbe potuto dire la stessa cosa di me.

La cosa peggiore che mi accadde in quel periodo fu che iniziai ad avere dei vuoti di memoria, anche se solo dopo un paio di giorni di bevute ininterrotte. All'epoca ridevo di ciò: non ricordavo dove ero stato la sera prima, con chi avevo parlato, se ero troppo ubriaco per guidare e dove avevo lasciato la macchina.

Come la maggior parte delle persone, non capivo cosa fossero quelle amnesie. Non capivo che erano un segno che ci stavo dando troppo dentro con l'alcol. Dicevo: «Non mi ricordo niente dopo che ce ne siamo andati dal club Tal dei Tali» ma nessuno ci dava troppo peso. Purtroppo nelle serate in cui riuscivo a ricordare dove avevo parcheggiato la macchina anche dopo una delle mie sessioni alcoliche, non ero sempre tanto intelligente da lasciarla dove stava. All'inizio della stagione 1968-69 finii per perdere la mia battaglia a nascondino con la polizia stradale dopo essere andato a sbattere contro un muro alla fine di una serata a base di alcol. Mi ritirarono la patente per sei mesi e mi diedero una multa di 25 sterline.

Se devo essere sincero, a ripensarci ora avevo già un problema con l'alcol. In un certo senso era come una progressione naturale, fare le ore piccole e scolarmene sempre di più. Ma sentivo anche che le cose non erano più le stesse. Non potevano esserlo perché il 1968 fu una vera e propria doccia fredda per lo United. Dopo avere vinto la Coppa dei Campioni, la squadra era sul punto di andare a pezzi: Sir Matt se ne stava andando e un nuovo allenatore avrebbe ovviamente avuto le sue idee su come fare giocare la squadra. Nel mondo esterno ero sempre a favore di qualsiasi cambiamento, ma in campo volevo che le cose restassero come erano sempre state. E non riuscivo ad accettare il fatto che stessero cambiando tanto velocemente.

Giocavo in prima squadra da cinque anni anche se ne avevo solo ventidue, per cui da me si esigeva molto di più che da un qualsiasi giovane giocatore. Non ero più un ragazzo promettente a cui si potevano fare delle concessioni. Ero il migliore giocatore d'Europa, avevo segnato nella finale della Coppa dei Campioni e da me ci si aspettava che ogni settimana regalassi delle prestazioni su quel livello. La posta si era alzata e, fuori dal campo, la pressione divenne intollerabile.

Tutti volevano un pezzetto di George Best. Mi inondavano di proposte pubblicitarie, la radio e la televisione facevano a gara per avermi, c'era troppo di tutto. Quando avevo iniziato a fare pubblicità era fantastico e a me piacevano i soldi e la notorietà che me ne venivano. Ma avevo solo 22 anni e il fascino della novità si era ben presto esaurito. Iniziai a non presentarmi più agli eventi mondani, preferivo andare a farmi una bevuta. In passato ero sempre scappato nei momenti di crisi, ora invece mi rivolgevo all'alcol. Era fondamentalmente la stessa cosa. Non scappavo fisicamente, ma mi rifugiavo mentalmente nel fondo del bicchiere.

Chi non c'era dentro non poteva capire quanto fossi sotto pressione e sulla stampa iniziarono a uscire articoli in cui si diceva che stavo gettando via una brillante carriera. Ai loro occhi la mia vita era tutta un turbinio di feste, con ogni tanto un po' di calcio a fare da condimento. Ma loro non dovevano convivere con il fatto di essere George Best ventiquattr'ore al giorno, di non poter andare a prendere il giornale senza venire seguito da una dozzina di persone e con tutti gli altri problemi che derivano dal fatto di essere una superstar. Perché era esattamente questo che ero diventato: una superstar. E non era bello come l'avevo immaginato. Le sole occasioni in cui potevo sfuggire alla follia e sentirmi una persona normale era quando me ne stavo seduto a bere con gli amici in un bar tranquillo.

Ero inquieto e infelice delle aspettative di cui ero stato caricato, ma non potevo parlarne con Sir Matt, anche se lo avessi voluto. E in ogni caso stava per andarsene. Quando le cose sono andate per il verso sbagliato nella mia vita, non mi è mai riuscito facile parlare con qualcuno dei miei problemi, anche se so quanto può essere utile. Se fossi stato ancora a Belfast sarebbe stato diverso perché con mio padre potevo parlare di tutto, ma lui non c'era, e non avrebbe certo potuto esserci con la famiglia che si ritrovava a casa. Avrei sempre potuto fargli una telefonata, ma non è la stessa cosa e quando si sta separati per così tanto tempo, anche in famiglia può crearsi un senso di lontananza.

Più o meno in quel periodo iniziai a interessarmi alle corse di cavalli e continuavo a incontrare un allenatore di Newmarket di nome Ian Walker, un frequentatore abituale dell'Old Trafford.

«Perché non mettiamo su una società a tre e non ci compriamo un cavallo?» mi disse un giorno. Il terzo uomo era Alan Ball, di cui eravamo entrambi amici.

«Fantastico», risposi pensando che sarebbe stato un hobby divertente, qualcosa che poteva aiutarmi ad allontanarmi da tutto quel circo. Bally, che era un patito delle corse dei cavalli, non se lo fece ripetere due volte.

Naturalmente lasciammo che fosse Ian a comprare il cavallo, perché volevamo essere sicuri che avesse tutte le zampe al posto giusto. Lui si presentò con un cavallo di due anni di nome Slim Gypsy. Alla prima corsa, nell'estate del 1969, si piazzò in modo promettente e io iniziai ad avere delle visioni di me che me ne andavo in giro in tight e cilindro al Royal Ascot mentre il nostro cavallo si rivelava la giovane promessa dell'ippica inglese.

Ma forse un grembiule da arrotino sarebbe stato più indicato, perché dopo un paio d'altre corse mi ero convinto che condurre un carretto per le strade della città era il massimo che Slim Gypsy potesse fare. L'unico aspetto positivo della faccenda fu che non dovetti mai pagare per l'allenamento del cavallo: Ian non mi mandò mai la fattura.

Sir Matt e lo United avevano cercato dappertutto un nuovo allenatore, anche se non sembrava un'impresa tanto difficile. Ma gli allenatori importanti probabilmente avevano paura che Sir Matt volesse tenerli sotto controllo e poco prima della fine della stagione 1968-69 venne dato l'annuncio che l'allenatore della squadra delle riserve Wilf McGuinness sarebbe subentrato quell'estate come allenatore della prima squadra. Non so chi fosse più sorpreso, se i giocatori o Wilf.

Wilf mi piaceva, aveva passato tutta la vita con la squadra e quando aveva smesso di giocare a 22 anni dopo essersi rotto una gamba, restò come allenatore. Amava incredibilmente il calcio ed era una persona benvoluta da tutti. Ma la direzione della prima squadra era un compito che non avrebbe mai saputo svolgere e uno dei suoi primi problemi fu che con i suoi 32 anni era più giovane di alcuni dei giocatori che avrebbe dovuto guidare. Questo gli avrebbe reso difficile conquistarsi il rispetto dei giocatori, anche se io per esempio avevo tutte le intenzioni di dargli una possibilità.

Feci del mio meglio per lui anche in campo segnando 13 goal in altrettante partite. Ma ero sempre più demotivato, perché la squadra era scarsissima. Billy Foulkes e Shay Brennan si stavano avvicinando alla fine della loro carriera e le persone che li dovevano rimpiazzare non erano alla loro altezza. È brutto essere crudeli con altri giocatori, ma noi avevamo in campo gente come Steve James – che in seguito avrebbe giocato per i Kidderminster Harriers e per il Tipton Town – e l'angloitaliano Carlo Sartori. Era un tizio simpatico, Carlo, ma non certo un grande calciatore. Ora fa l'arrotino a Manchester con un notevole successo, e devo dire che anche quando faceva il calciatore non era niente male come arrotino. C'erano anche giocatori come Paul Edwards, Frank Kopel e Tommy O'Neil. Dopo avere giocato con Denis, Bobby e Billy al culmine della loro carriera, il declino della squadra era difficile da accettare.

Sarebbe andato tutto bene se fosse stato il contrario, se io avessi iniziato in una squadra scarsa e poi fossi passato a una migliore. Ma a quel punto ero molto demotivato e per la prima volta in vita mia iniziai a saltare gli allenamenti, come uno studentello che marina la scuola. Mi era sempre piaciuto allenarmi, ma l'avevo sempre considerato come un mezzo per raggiungere un fine, e il fine era la partita del sabato. Ora che era più facile che la partita fosse una punizione anziché una ricompensa, non vedevo perché avrei dovuto impegnarmici al 100 per cento. La partita per me era la ciliegina sulla torta, ma a quel punto le ciliegine erano finite e la torta non mi interessava granché.

Le mie frustrazioni stavano iniziando a vedersi anche in campo e mi spingevano a fare delle stupidaggini in base all'ispirazione del momento. E ogni volta che facevo qualcosa di sbagliato la Federazione mi arrivava addosso come un martello. Venni ammonito dall'arbitro Jack Taylor in una semifinale della League Cup contro il Manchester City e alla fine della partita, mentre uscivamo, strappai la palla dalle mani di Taylor. Ero arrabbiato per l'ammonizione e quel gesto era più che altro una specie di scherzo. Taylor ovviamente non la pensava allo stesso modo e citò l'incidente nel suo rapporto ufficiale. Naturalmente era presente anche la televisione, che continuò a mandare in onda le immagini incriminate. Il risultato – evidentemente sproporzionato rispetto alla gravità del fatto – fu una sospensione di quattro settimane e un multa di 100 sterline.

Quando tornai in squadra per il quinto turno della FA Cup usai la mia rabbia in campo contro il Northampton, i cui giocatori sono giustamente soprannominati Cobbler, ovvero «calzolai». Vincemmo per 8 a 2: sei delle nostre reti vennero segnate dal sottoscritto, che eguagliò così il record di goal segnati in una sola partita di coppa. Fu una delle mie giornate più soddisfacenti da un sacco di tempo a quella parte. Ne segnai uno di testa, per un altro dribblai il portiere e in pratica presi in giro gli avversari per 90 minuti. La cosa mi permise anche di prendere per i fondelli il mio amico Denis, che aveva segnato sei goal in una partita di coppa per il Manchester City a Luton nel 1961, prima che la partita venisse interrotta e i goal annullati. E quando si rigiocò la partita il City la perse, nonostante Denis avesse segnato anche in quell'occasione! Era interessante il fatto che la stampa, che prima aveva sempre lodato le mie imprese, ora dava un sapore negativo anche ai miei risultati migliori. Un giornale pubblicò un titolo che diceva: SEI GOAL DI BEST PER IL RITORNO DEL RAGAZZACCIO.

Dopo quella prestazione sentivo che avrei potuto finalmente conquistarmi la soddisfazione di una finale di FA Cup, anche se venimmo sorteggiati contro la più difficile delle squadre possibili: il Leeds. Così tirai fuori dal baule i miei parastinchi rinforzati: come volevasi dimostrare la partita a Hillsborough fu un'altra rissa a calci e pugni che terminò 0 a 0. Il ritorno si giocò al Villa Park, così noi andammo a stare in un albergo di Birmingham. La sera prima della partita mi annoiavo un po' e iniziai a chiacchierare con una ragazza, ma mentre le parlavo vidi che Wilf mi indicava l'orologio.

Il giorno seguente, poco prima di partire per lo stadio, incontrai ancora quella ragazza e ci sedemmo a farci un'altra chiacchierata. Lei mi disse che era sposata e che suo marito passava stava spesso lontano da casa. Così io le dissi: «Be', magari potrei fare un salto a farti compagnia», e lei mi rispose che non le sarebbe dispiaciuto. Le cose stavano iniziando a ingranare quando venni chiamato da Wilf o da qualcun altro e quando ebbi finito di parlare con loro la ragazza se n'era andata.

Una ventina di minuti prima che partissimo per lo stadio, sapendo che poi non saremmo ripassati in albergo, andai nella stanza della ragazza per chiederle il numero di telefono. A tutti i giocatori era stato detto di trovarsi al pianoterra per prendere il pullman e quando Wilf vide che io non c'ero, fece due più due uguale… cinque: irruppe nella stanza della ragazza urlando e sbraitando, ma noi stavamo solo chiacchierando in camera da letto. Wilf era tanto arrabbiato che le vene della faccia gli si erano tutte gonfiate.

«Porta giù il culo!» urlò. «Partiamo tra un quarto d'ora.»

«Stavo solo facendo una chiacchierata, Wilf», dissi io.

«Non me ne frega niente», rispose. «Nel caso te lo fossi dimenticato, abbiamo una semifinale di coppa da giocare tra un paio d'ore.»

Io mi scusai con la ragazza e scesi. Ma poi pensai: «Ma vaffanculo, amico. Io gioco a calcio per te, ma questo non vuol dire che tu mi possa trattare come uno scolaretto».

Così tornai nella stanza della ragazza e questa volta ci trovammo d'accordo sul fatto che si fosse fatta abbastanza conversazione. Ci facemmo una sveltina e poi me ne andai di corsa. Wilf capì cosa era successo e quando mi vide mi diede le spalle.

«Lo rimando a casa», disse a Sir Matt.

Sir Matt prese le mie difese come sempre e disse a Wilf che avremmo risolto la questione una volta tornati a Manchester. Ma avrebbe anche potuto risparmiare il fiato, perché la partita contro il Leeds per me fu il solito incubo. I giocatori avversari avevano saputo quello che era successo in albergo prima della partita e Johnny Giles me lo fece pesare in campo. Si sarebbe pensato che quello che avevo fatto lo potesse divertire, ma a quanto pare considerava il mio comportamento non solo dannoso per lo United ma anche per tutto il calcio professionistico. Avrei dovuto fargliela pagare quando ebbi la possibilità di segnare il goal della vittoria, ma scivolai sulla palla e la partita finì 0 a 0.

Il Leeds vinse la terza partita a Bolton per 1 a 0 e io mandai letteralmente a farsi fottere quella che si sarebbe rivelata la mia ultima possibilità di giocare una finale di FA Cup.

Il 1969-70 fu una stagione orribile che mi fece ricevere critiche molto pesanti anche dai tifosi dell'Irlanda del Nord. Avevamo giocato ancora una volta eccezionalmente bene nelle partite di qualificazione per i Mondiali del 1970 e avevamo bisogno di un pareggio contro la Russia a Mosca nell'ultima partita per poter contare sulla differenza reti. Ma io giocai il lunedì per lo United, mi infortunai e dovetti rinunciare. I dirigenti dell'Irlanda erano arrabbiatissimi perché mi era stato consentito di giocare a ridosso di una partita internazionale tanto importante. L'Irlanda perse 2 a 0 e quando il weekend successivo tornai a giocare per lo United se la presero con me ancora di più.

Non ricordo di che tipo di infortunio si trattasse ma so per certo che dopo la mia esperienza in Albania non ero troppo ansioso di andare a

Mosca. Sapevo che questa cosa mi avrebbe causato dei guai perché ogni volta che saltavo una partita con l'Irlanda venivo bacchettato dai tifosi e dai giornalisti sportivi. Qualcuno dava la colpa alla squadra, altri la davano a me, ma il risultato furono un bel po' di articoli sgradevoli per la mia famiglia. Erano sempre più preoccupati per quello che veniva scritto su di me. Non dev'essere stato facile per loro.

E tutto questo stava iniziando ad avere un effetto disastroso su mia madre.

Disperso

Non vedevo l'ora di andarmene in Spagna, nell'estate del 1970. Ma prima dovetti tornare a Belfast per il venticinquesimo anniversario di matrimonio dei miei. Nel corso degli anni mi ero perso un sacco di riunioni di famiglia, a volte per degli impegni calcistici e a volte perché ero troppo occupato a spassarmela da qualche parte, ma avevo promesso di non perdermi quella festa. Pensavo anche che mi avrebbe permesso di iniettare una bella dose di normalità in un'esistenza che stava diventando sempre più folle. Mi avrebbe fatto bene.

Carol mi aveva detto che mamma aveva iniziato a bere, ma io avevo pensato che intendesse dire che si faceva un paio di bicchierini ogni tanto. Non era mai uscita molto di casa, ma da quando Ian aveva iniziato a camminare Carol si occupava di lui e delle gemelle e mamma e papà potevano uscire insieme per la prima volta dopo anni. Mia madre era sempre stata una persona tranquilla, ma quando iniziò a frequentare altre persone divenne più socievole. Aveva avuto una vita dura, aveva lavorato come una matta e nel frattempo aveva cresciuto sei figli: forse quando finalmente aveva trovato il tempo di divertirsi, aveva colto l'occasione con un po' troppo entusiasmo.

In ogni caso diedero una festa di famiglia a Burren Way e naturalmente l'alcol scorreva a fiumi. Era strano, perché non l'avevo mai vista bere prima, anche se aveva sempre fumato, ed era evidente che c'era della tensione tra lei e papà. Mamma sorseggiava un bicchiere di vino, papà la teneva d'occhio, poi lei trovava una scusa per defilarsi e tornava indietro evidentemente più alticcia: si era fatta un paio di bicchieri da sola. Era un classico trucco da alcolizzato che avrei imparato anch'io negli anni a venire. Ma se mio padre affrontava l'argomento, lei negava tutto. Fu così per tutto il tempo in cui rimasi a casa.

Fu un weekend poco piacevole, ma non pensavo ancora che lei avesse un problema serio con l'alcol, come non lo pensavo di me stesso. Se non cadevi a terra svenuto o non iniziavi a stare male, allora l'alcol non ti stava facendo veramente del male.

La cosa che in ogni caso riuscii a capire fu che i miei genitori trovavano difficile – e nel caso di mia madre praticamente impossibile – convivere con la mia fama, o meglio con quella che stava diventando la mia nomea. Facevo notizia al punto che la stampa pubblicava stupidaggini di ogni tipo su di me, e anche se erano perlopiù false mamma e papà – come qualsiasi altro lettore – credevano a ciò che leggevano sui giornali.

Potevi parlare fino a perdere la voce, ma se avevano letto qualcosa stampato nero su bianco loro pensavano che un fondo di verità dovesse per forza esserci. Alcune di quelle storie erano orribili e anche se mamma e papà non le leggevano si poteva sempre contare su qualche anima gentile che li chiamava al telefono per raccontargliele. Una volta ricevettero una telefonata in cui venne loro annunciato che ero morto in un incidente automobilistico, il che dato il mio stile di guida avrebbe anche potuto essere vero. Così loro restarono lì a preoccuparsi per delle ore finché alla fine non riuscirono a parlarmi. Io li chiamavo sempre per metterli in guardia contro gli articoli più fantasiosi, ma loro si preoccupavano lo stesso.

Quando si sparse la voce che ero tornato a casa, venimmo assediati per dei giorni. Fu peggio di qualsiasi altra volta fossi tornato a Belfast in passato. E naturalmente le strade non erano più piene di ragazzini che prendevano a calci un pallone, ma di soldati e carri armati inglesi. Li avevo visti alla televisione e sui giornali, ma quando li vidi per la prima volta con i miei occhi capii all'improvviso con che cosa la mia famiglia doveva convivere ogni giorno, guardandosi sempre alle spalle. Carol era nel coro della chiesa e a volte aveva dovuto correre in mezzo ai fumogeni per andare a messa.

Chiesi a mamma e papà se avevano considerato l'ipotesi di trasferirsi in Inghilterra. Mi dissero che ci avevano pensato, ma che non volevano farsi mettere in fuga dai problemi politici. Così pensai che avrei potuto quantomeno aiutarli a vivere più tranquillamente comprando loro un negozio di *fish and chips*. Ce n'era uno che era appena stato messo in vendita, chiamai l'agente immobiliare e dissi: «Lo compro». In quattro e quattr'otto.

Mamma aveva lavorato per anni in un *fish and chips*, come molti membri della mia famiglia. Io lo vedevo come un modo per rendere loro la vita più facile, perché potessero gestire un'attività con gli orari che volevano. Ci andarono a lavorare anche Carol e Barbara ma mamma e papà, com'era loro abitudine, volevano che tutto fosse perfetto. Facevano arrivare il pesce fresco tutte le mattine, insistevano perché le patate fossero sbucciate a mano e passavano delle ore a pulire tutto prima di chiudere. In pratica lavoravano 14 ore al giorno.

Così invece che godersi una specie di semipensione, lavoravano più di quanto avessero fatto prima. Non era quello che avevo in mente per loro.

Come ho già detto, i giornali pubblicavano ogni giorno degli articoli su di me, ma chissà cosa pensò mamma qualche mese più tardi quando lesse che mi ero fidanzato. E quella volta l'articolo diceva pure la verità, anche se l'annuncio fu uno shock per me quanto lo fu per mia madre. Avevo incontrato una fantastica bionda nel tour prestagionale dello United a Copenaghen, ma purtroppo lei era con il suo fidanzato, che sembrava non apprezzare troppo il mio interesse per la ragazza. Non riuscii nemmeno ad avere il suo numero di telefono. Così in un momento di debolezza o di follia (o forse di entrambe le cose) quando tornai a Manchester dissi ad alcuni giornalisti che conoscevano dei colleghi in Danimarca di pubblicare un appello da parte di un Solitario di Chorlton. Ricevetti un sacco di posta e tra le ragazze che mi avevano scritto c'era l'oggetto del mio desiderio: Eva Haraldsted.

La invitai in Inghilterra e la portai a casa della signora Fullaway, la cui espressione era tutta un programma quando vide entrare questa vichinga dai lunghi capelli biondi.

La stampa si buttò sulla cosa e prima ancora che io lo sapessi Eva annunciò al mondo che ci saremmo sposati. Per me era una novità, ma l'idea dopo un po' non mi dispiacque e pensai che in fondo prima o poi avrebbe dovuto succedere. Ma incontrare una persona nella hall di un albergo, trovarla bellissima e invitarla a passare un weekend a letto non è esattamente come corteggiarla per un anno o due e poi decidere di portarla all'altare. Era stato tutto un errore e nel giro di pochi mesi andò tutto a rotoli.

Quando ci separammo Eva mi denunciò per non avere mantenuto la mia promessa di matrimonio. Dovetti pagarle 500 sterline. Credo sia stato l'ultimo caso di quel tipo. L'unico aspetto positivo di quella ridicola faccenda fu che mi diede la possibilità di segnare un punto a mio favore con Sir Matt, che mi mandò a chiamare appena gli giunse notizia del mio «fidanzamento».

«A che razza di gioco stai giocando?» sbraitò.

Io non mi scomposi e gli dissi: «Be', Mister, era stato lei a dirmi che avrei dovuto sposarmi e mettere la testa a posto. Stavo solo seguendo il suo consiglio».

E lui, ormai paonazzo: «Non intendevo dire immediatamente. E soprattutto non intendevo dire che ti dovevi sposare la prima ragazza che incontravi!»

Wilf venne nominato allenatore della squadra all'inizio della stagione 1970-71, ma la cosa non gli diede più autorità negli spogliatoi e c'erano molti giocatori che non erano affatto contenti di lui. Era solo una questione di tempo prima che venisse costretto a mollare, e le cose precipitarono dopo un'altra pessima prestazione contro il Derby il giorno di Santo Stefano.

Temo che non fu di grande aiuto alla sua causa il fatto che il giorno di Natale io non riuscii a presentarmi agli allenamenti perché la sera prima avevo bevuto moltissimo. Quando mi presentai per la partita il giorno dopo, Wilf avrebbe voluto rimandarmi a casa ma Busby gli impose ancora una volta la sua volontà e mi fece dare una multa di 50 sterline. Io scesi in campo e segnai. Pareggiammo 4 a 4, ma non bastò per salvare il posto di allenatore di Wilf e a me dispiacque molto per lui. Era a pezzi quando gli dissero che era stato rimosso dall'incarico. Vi potete immaginare cosa vuol dire ottenere il lavoro che avete sognato per tutta la vita e dopo 18 mesi sentirvi dire che ve ne dovete andare?

Wilf era un uomo adorabile e amava tanto la squadra che non fece storie quando fu cacciato, ma per come l'aveva trattato Sir Matt nessuno avrebbe potuto biasimarlo se si fosse comportato diversamente.

Io iniziavo a saltare sempre più spesso gli allenamenti. Quando hai giocato ai massimi livelli e hai vinto tutto quello che c'era da vincere, è dura quando inizi a perdere tutte le partite. Non vedevo perché avrei dovuto farmi il culo in allenamento, dato che anche se avessi giocato al meglio difficilmente avrei potuto comunque salvare la squadra da un'altra sconfitta. Era un po' come giocare con l'Irlanda del Nord, anche se questo modo di vedere le cose mi portò a scontrarmi con Bobby Charlton.

Io e Bobby non eravamo mai stati grandi amici, né in campo né fuori. Credo mi giudicasse uno stronzetto avido che non gli passava mai la palla, ma anch'io non lo ritenevo da meno, sempre pronto a provare uno dei suoi tiri da lontano piuttosto che servirmi una palla. È sempre stato un tipo arcigno e un vero piagnone in campo, ma era un giocatore dello United al 100 per cento. Così mentre io pensavo che non valesse la pena di dare l'anima per una squadra tanto scarsa, Bobby non la vedeva allo stesso modo. Secondo lui toccava ai giocatori anziani – e io ero tra questi – darsi da fare ancora di più per tirare su la squadra. Era tanto legato all'establishment che Denis iniziò a chiamarlo Sir Bobby molto prima che venisse fatto cavaliere.

Quando iniziai a farmi dare per disperso, Bobby ne fu disgustato e pensò che stessi tradendo la squadra. Non mi disse nulla in faccia, ma era gelido nei miei confronti e io percepivo chiaramente che mi disapprovava. Venni anche a sapere che aveva parlato con la dirigenza, che aveva detto loro che non era giusto che io venissi trattato in modo diverso dagli altri e che questa cosa non aiutava il morale della squadra in un momento in cui dovevamo essere tutti uniti.

Naturalmente aveva ragione, ma non capiva qual era il mio problema. E a dire la verità all'epoca non lo capiva nessuno. Non è che avessi deciso coscientemente di uscire tutte le sere, sbronzarmi e mandare al diavolo la mia carriera. Non è una scusa, ma io bevevo perché ero depresso per la squadra. La conseguenza era che così giocavo male anch'io, mi deprimevo ancora di più e tornavo a bere.

Divenne un circolo vizioso, ma non riuscivo a credere che il fatto che bevessi e che non mi presentassi agli allenamenti era uno dei fattori che innescavano la spirale discendente della squadra. Probabilmente pensavo che potevo smettere quando volevo, e forse ci sarei riuscito davvero se la squadra fosse migliorata. Ma se mi aveste detto che avevo un problema con l'alcol sarei scoppiato a ridere, e non credo lo pensasse nemmeno Bobby. Pensava solo che ero un egoista.

Non mi preoccupavano i problemi con Bobby. Non è necessario essere amici per la pelle di tutti i tuoi compagni e una squadra di calcio non è diversa da un qualsiasi altro posto di lavoro. Se lavori in un ufficio con altre 40 o 50 persone, è probabile che con qualcuno tu non vada d'accordo, ma ci lavori comunque perché avete un obiettivo comune. Con il calcio è la stessa cosa. Pensate a quando Andy Cole e Teddy Sheringham giocavano insieme nello United. Non andavano per niente d'accordo, ma quando li vedevi giocare avreste detto che erano amicissimi.

Probabilmente non avreste avuto la stessa impressione vedendo in campo me e Bobby, e io perdipiù lo feci arrabbiare con una dichiarazione un po' sopra le righe durante un'intervista televisiva. Bobby e suo fratello Jackie idolatravano la madre Sissie, sorella del grande attaccante del Newcastle Jackie Milburn, il George Best della sua epoca, tra la fine degli anni Quaranta e gli anni Cinquanta, anche se lui non dovette affrontare la pressione mediatica che io mi ritrovavo addosso. Sissie aveva evidentemente il calcio nei suoi geni e – cosa insolita per una donna a quei tempi – allenava i ragazzini.

Così quando l'intervistatore mi chiese chi mi avesse influenzato maggiormente nella mia carriera calcistica, io risposi: «Sissie Charlton».

Era un colpo basso, prendersela con la madre di Bobby. Anche in questo caso lui non mi disse nulla direttamente, ma sono certo che sapesse della cosa e che questa non contribuì sicuramente a migliorare il nostro rapporto. Bobby con l'età si è addolcito un po', forse anche perché ha avuto anche lui la sua bella dose di problemi personali, e oggi andiamo abbastanza d'accordo. Mi piace stare in sua compagnia, lui ogni tanto viene da me e mi dice: «Bada a quello che fai, ragazzo», col che intende che devo stare lontano dall'alcol. Sembrerebbe anche avere perso tutta quella seriosità che aveva da giovane.

Naturalmente l'incidente di Monaco e il senso di colpa che si portava dietro per esservi sopravvissuto dovettero avere un effetto notevole su di lui. Jackie una volta disse che suo fratello aveva smesso di sorridere dopo l'incidente aereo. Oggi ha imparato a rifarlo. Ma allora era quasi impossibile che noi fossimo amici.

Non essendoci alcun rimpiazzo immediato per Wilf, Sir Matt tornò a farci da allenatore, ma nessuno di noi credeva che le cose potessero tornare come prima. La squadra stava peggiorando e tutti noi speravamo solo che arrivasse un allenatore di prestigio prima che fosse troppo tardi.

Non ho mai pensato di andarmene perché allo United avevo avuto dei momenti bellissimi e non riuscivo a immaginare di poter giocare in qualsiasi altra squadra. Ma quando Jimmy Murphy nel 1971 venne messo a fare l'osservatore, sembrò davvero la fine di un'epoca.

In campo ero sempre più fuori e dopo avere messo insieme tre ammonizioni mi beccai una squalifica. I risultati continuavano a essere contro di noi, io trovavo sempre più difficile tenere a bada le mie frustrazioni e me la prendevo con gli altri giocatori e con gli arbitri. L'ultima ammonizione fu per un fallo su Glyn Pardoe nel derby di Manchester. Nonostante fossi bravo nei tackle, non ero mai stato considerato un giocatore falloso, ma l'entrata su Pardoe probabilmente apparve più dura di quanto fosse veramente perché l'avevo inseguito per tutto il campo e poi lo avevo messo fuori gioco con un tackle in scivolata. Sfortunatamente il campo era bagnato e scivolai molto più velocemente di quanto mi fossi aspettato. Si sentì un rumore terribile e capii subito che gli avevo rotto una gamba. In effetti si trattava di una doppia frattura che pose fine alla sua carriera. Immediatamente il mio vecchio avversario Mike Doyle si mise a urlarmi in faccia, insultandomi e minacciandomi.

Fu assolutamente accidentale e io mi sentii malissimo. Quando ti succede una cosa del genere non hai nessuna voglia di continuare a giocare, vuoi soltanto andartene.

Joe Mercer, l'allenatore del Manchester City, mi fece stare un po' meglio quando mi si avvicinò alla fine della partita.

«Non ti preoccupare», mi disse. «È stato solo un incidente.»

In seguito anche Pardoe mi disse la stessa cosa. Diciamoci la verità: se davvero vuoi rompere una gamba a un avversario, entri direttamente a gamba alta e non in scivolata. Fu colpa del campo bagnato, che diede più velocità alla mia entrata.

Quell'ammonizione significò anche dover fare un viaggetto a Londra nel gennaio del 1971 per comparire di fronte alla commissione disciplinare della Federazione, come uno scolaretto disobbediente, e promettere che non l'avrei fatto più. Mi sollevava il fatto che Sir Matt mi avrebbe accompagnato per perorare la mia causa, ma sfortunatamente la seduta della commissione era la mattina, il che voleva dire prendere un treno molto presto da Manchester. Per me era sempre più difficile alzarmi presto, in quel periodo, soprattutto dopo una nottata pesante.

Il risultato fu che il povero Matt si trovò a viaggiare da solo su quel treno, anche se alla fine riuscii anch'io ad arrivare alla sede della Federazione a Lancaster Gate. Quando misi insieme le forze per uscire dal letto, saltai sul primo treno e arrivai due o tre ore dopo Matt, che aveva accampato qualche scusa con la commissione disciplinare per giustificare la mia assenza.

Se consideriamo il fatto che avevano dovuto rimandare la seduta, è incredibile che abbiano mostrato una certa generosità nei miei confronti: mi diedero una sospensione di sei settimane. La multa era invece piuttosto alta, 250 sterline, ma date le cifre che guadagnavo per me questo era l'ultimo dei problemi.

Io non ho mai sofferto dei classici sintomi da doposbronza, ma in quell'occasione mi sentivo assolutamente a pezzi e il fatto di passare la giornata in un ambiente soffocante non migliorava certo le cose. Più tardi, mentre io e Sir Matt eravamo nell'ascensore del nostro albergo, vomitai. In una situazione normale sarebbe stato estremamente imbarazzante, ma all'epoca io non ero affatto normale: non me ne importava nulla. Era quasi come se io fossi un bambino con suo padre e Sir Matt mi dovesse dire: «Non ti preoccupare, pulisco tutto io. Andrà tutto bene».

A dire la verità ero arrivato a un punto in cui non mi importava nulla nemmeno di essere sospeso per due mesi, tre mesi o anche un anno. Avevo perso ogni interesse per il calcio e quando inizi a dover fare la commedia vuol dire che è giunto il momento di farla finita, un'idea che stavo iniziando ad accarezzare sempre più spesso.

Sir Matt sicuramente si aspettava che ora che lui era tornato al proprio posto io rientrassi nei ranghi, ma non ero più lucido, o perlomeno non lo ero quasi mai. All'inizio uscivo raramente il giovedì sera, ma la settimana seguente lo feci e il giorno dopo non ero in grado di andare agli allenamenti. Sir Matt non mi fece nemmeno chiamare, sperava soltanto che il sabato mi presentassi alla stazione per andare a Londra a giocare contro il Chelsea.

Non lo feci.

Il Chelsea era la squadra contro la quale preferivo giocare. Grande squadra, grandi giocatori, stadio pieno. Ma quella settimana non me ne fregava niente, anche se non mi dispiaceva l'idea di un weekend a Londra. Così, avendo perso il treno che portava il resto della squadra, ne presi uno più tardi per andare a trovare l'attrice irlandese Sinead Cusack, che avevo conosciuto da poco.

Era una follia totale. Ero uno dei calciatori più famosi del mondo, aveva appena deciso di non giocare in una partita importante e me ne andavo a un appuntamento galante. Per me è difficile anche solo provare a spiegare in quale stato mentale fossi per fare una cosa del genere. Mi sentivo come se tutto il mondo mi stesse dando addosso e quando quella mattina mi svegliai e capii di avere perso il treno, non pensai che valesse la pena di preoccuparsene più di tanto. Se fossi stato lucido avrei potuto prenderne uno più tardi e arrivare a Londra in tempo, ma mi convinsi che non ce l'avrei potuta fare e mi dissi che anche se fossi riuscito ad arrivare laggiù mi sarei soltanto preso una lavata di capo dal Mister, che probabilmente non mi avrebbe fatto giocare in ogni caso.

Avevo telefonato a Sinead all'inizio della settimana per darle appuntamento dopo la partita e non vedevo perché avrei dovuto cambiare i miei piani. Non mi sembrava una cosa importante. Ma quando la stampa seppe che non avrei giocato e che ero con Sinead, un weekend tranquillo a North London si trasformò nell'assedio di Costantinopoli.

L'appartamento di Sinead era in Noel Street, a Islington, e uno dei suoi vicini dovette avvisare la stampa, oppure qualcuno ci vide quando uscimmo a cena il sabato sera. Così quando la domenica mattina ci svegliammo per il rumore che proveniva dalla strada, Sinead si affacciò alla finestra, vide cosa stava succedendo e restò a bocca aperta.

«Che diavolo hai combinato, George?» mi disse mentre saltavo giù dal letto, la raggiungevo e vedevo una massa di giornalisti e troupe televisive accampata sul marciapiede.

«Ho saltato una partita di calcio, tutto qui», le risposi.

Sinead – che in seguito come tutti sanno avrebbe sposato Jeremy Irons – era una ragazza adorabile e con lei sentivo di riuscire ad aprirmi. Avevamo molte cose in comune: anche lei era una star, anche lei veniva dall'Irlanda e anche lei stava cercando di convivere con il fatto di essere famosa, anche se lei non era sempre sotto i riflettori come lo ero io. Era capitata in quella situazione per caso e a me dispiaceva che fosse rimasta invischiata in una faccenda che non aveva nulla a che fare con lei. Si aspettava di passare un weekend tranquillo e invece, grazie a me, passò quattro giorni asserragliata in casa sua.

Mi stava sfuggendo tutto di mano. A me sembrava che la mia vita fosse in crisi, ma per tutti gli altri era solo una barzelletta, qualcosa da dare in pasto alla nazione perché si facesse un risata. Così dopo che al telegiornale vennero trasmesse le immagini prese dall'esterno dell'appartamento di Sinead, la gente iniziò ad assieparsi fuori dalla porta e a urlare il mio nome. E quando chiudevamo le tende e accendevamo il televisore per cercare di non pensare alla situazione in cui ci trovavamo, eravamo costretti a sentire gli aggiornamenti di ciò che stava accadendo dai notiziari.

Era surreale e decisamente incredibile il fatto che, con tutte le cose che succedevano nel mondo, la storia di due persone libere e maggiorenni che se ne stavano a scopare in un appartamento di Islington fosse in tutti i telegiornali e sulle prime pagine di tutti i quotidiani. I giornalisti di fama scrivevano dei pomposi editoriali su di me, un calciatore viziato che aveva proprio esagerato, mentre le pagine sportive filosofeggiavano chiedendosi se Sir Matt dovesse vendermi o cacciarmi via a calci in culo.

L'enormità della situazione non fece altro che peggiorare la confusione e la depressione che provavo sul modo in cui stava andando la mia vita. La povera Sinead non riusciva a capirlo. Si doveva sentire come se stesse nascondendo un serial killer.

Qualcuno potrebbe dire che incidenti come quello erano delle grida d'aiuto – e probabilmente lo erano – ma io all'epoca non la vedevo così. Agivo per puro istinto, l'istinto di un *ubriacone*. E la cosa interessante, con il senno di poi, è che il Manchester United non mi tirò mai fuori da queste situazioni. Furono sempre i miei amici a farlo, i miei amici che non c'entravano nulla con il calcio.

Waggy era uno dei più bravi a rimettermi in piedi quando mi ritrovavo a terra. Gli mancava la sua vocazione da detective, anche se fu Malcolm Mooney a venire a salvarmi dall'appartamento di Sinead dopo quattro giorni d'inferno.

La gente parla spesso di Matt come di una grande figura paterna, ma per me fu più una specie di preside. Un simbolo di autorità. Sì, mi aveva fatto i suoi discorsetti e aveva cercato di farmi rigare dritto, ma lo aveva fatto più nell'interesse della squadra e della sua immagine. Certamente avrebbe ritenuto poco dignitoso contattarmi direttamente o rivolgersi a me attraverso la televisione. L'avrebbe indubbiamente visto come un segno di debolezza, sia a livello personale sia come Mister di una squadra come il Manchester United.

Sir Matt lasciò semplicemente che la situazione si sgonfiasse e aspettò che tornassi per conto mio, come aveva sempre fatto. E quando tornai a Manchester non mi chiamò per fare una chiacchierata e per chiedermi perché mi stessi comportando a quel modo. Mi disse semplicemente che mi avrebbe sospeso per due settimane. Non so se avesse rinunciato a lottare o se semplicemente non riusciva a capirmi. Io stesso spesso facevo una gran fatica a dare un senso alle mie azioni, quindi suppongo che per lui dovesse essere impossibile. Sir Matt era decisamente un tipo all'antica, mentre io ero il Quinto Beatle. Lo United non aveva mai avuto a che fare con una star del calcio in passato e Sir Matt non aveva idea di come gestirmi o di quello che mi succedeva intorno. Volente o nolente io rappresentavo una generazione che gli risultava aliena. In quel senso per me avrebbe potuto essere più un nonno che un padre.

Dal mio punto di vista, io stavo cercando di convivere con un livello di fama e di attenzione dei mezzi di comunicazione che nessun giocatore aveva mai dovuto affrontare in passato. Ero giovane e dovevo trovare da solo il modo di far funzionare le cose. Così naturalmente facevo un sacco di errori, ma la squadra non ne faceva di meno.

Spero che lo United abbia imparato qualcosa dall'esperienza fatta con me: se si pensa a come Alex Ferguson ha protetto giocatori come David Beckham e Ryan Giggs, bisogna dire che oggi sono molto più consci dei problemi causati dalla fama. Non voglio nemmeno pensare a cosa sarebbe potuto succedere a Beckham se avesse giocato ai miei tempi. Ferguson lo ha lasciato in panchina quando ha saltato gli allenamenti perché – a suo dire – era stato con il figlio Brooklyn ammalato, ma Fergie è riuscito comunque a non scontrarsi con lui. Se fosse successo negli anni Sessanta, la maggior parte degli allenatori lo avrebbero mandato affanculo e gli avrebbero indicato la porta.

In fin dei conti credo che se un giocatore sta facendo il suo lavoro per la squadra, allora la squadra dovrebbe fare qualche sforzo per lui quando le cose vanno male. Nessuno avrebbe mai potuto accusarmi di non fare la mia parte per lo United e se qualcuno della squadra fosse venuto a cercarmi e a parlarmi quando sparivo, io sarei stato ad ascoltare. Anche se forse il fatto che soffrissi di una malattia chiamata alcolismo avrebbe potuto voler dire che le cose sarebbero andate comunque allo stesso modo.

Ma non venne mai nessuno a cercarmi.

Probabilmente la gente dell'ambiente del calcio non poteva fare più niente per me, ma la mia situazione era ben diversa da quella in cui Eric

Cantona lasciò lo United nel 1996. Era evidente che lui voleva tornare sui propri passi, voleva giocare ancora per lo United, ma era troppo orgoglioso per ammettere di aver fatto un errore. Così Alex andò a trovarlo in Francia e gli parlò. Ci voleva un grand'uomo per fare una cosa del genere. Non mi vengono in mente molti allenatori che avrebbero fatto lo stesso. Certamente Sir Matt non ci avrebbe nemmeno pensato.

Sir Alex ha detto spesso che non sarebbe stato in grado di gestirmi, ma è bello chiedersi come avrebbero potuto andare le cose tra noi due. Se lui avesse allenato la squadra quando ci giocavo io forse sarebbe venuto a prendermi per la collottola quando scomparivo e le cose avrebbero potuto andare in modo diverso.

La situazione avrebbe potuto cambiare se avessi avuto più responsabilità in squadra. Girava voce che con il secondo arrivo di Busby avrei potuto diventare capitano. Erano in molti a pensarla così e a me l'idea non dispiaceva affatto. Essere capitano dello United è una cosa speciale e un giorno presi il coraggio a due mani e dissi al Mister che mi sarebbe piaciuto assumermi quella responsabilità. Dalla sua reazione non mi sembrò che gli sembrasse l'idea migliore che avesse mai sentito.

Dopo la mia squalifica di due settimane, una punizione decisamente poco severa, rigai dritto per un po', saltai una sola partita e per la quarta volta di seguito fui capocannoniere della squadra, con 18 goal in 40 partite.

Non male per uno che passava più tempo nei pub e nei locali che sul campo, pensai. Ma per me stava diventando sempre più difficile non subire le conseguenze degli eccessi delle mie notti brave.

Chiusi la stagione in bellezza segnando di testa per l'Irlanda del Nord in una partita contro il Cipro, ma riuscii a diventare protagonista di un'azione insolita nella partita degli Home Internationals contro l'Inghilterra. Mi è sempre piaciuto provare delle cose nuove sul campo di gioco, cercare di segnare dal calcio d'angolo, direttamente dal calcio d'inizio o dalla linea di metà campo. Tra l'altro avevo sempre pensato che con un tempismo perfetto si poteva riuscire a rubare la palla a un portiere nell'istante preciso tra quello in cui l'aveva alzata e quello in cui l'avrebbe calciata per un rinvio. E contro chi avrei potuto provare a dimostrarlo se non contro Gordon Banks, che all'epoca era considerato il miglior portiere del mondo?

Quando Gordon alzò la palla per rinviarla in profondità, io mi buttai, la alzai sopra la sua testa, corsi alle sue spalle e la infilai in rete di testa. Inspiegabilmente l'arbitro annullò il goal.

«Cosa c'era che non andava, arbitro?» protestai.

«Gioco pericoloso», rispose lui.

Ma all'epoca i portieri venivano massacrati senza che venisse nemmeno assegnato un calcio di punizione. Nella finale di coppa del 1958, per esempio, Harry Gregg venne spinto in rete insieme alla palla da Nat Lofthouse del Bolton, e il goal venne convalidato.

Ironicamente, venne fuori che avevo agito troppo velocemente. Se avessi aspettato che la palla arrivasse più vicina a terra, il goal non sarebbe stato annullato.

In quel periodo, per cercare un po' di pace e tranquillità, decisi finalmente di comprare una casa tutta mia a Bramhall, nel Cheshire, che chiamai *Que Sera*. Mi comprai anche un cucciolo di setter. Ma avrei potuto avere più privacy se fossi andato a vivere in un acquario gigante. Il tizio che aveva progettato la casa era un vero e proprio maniaco degli optional e tutto quanto era controllato elettronicamente. Se mi sedevo sul letto con il telecomando, potevo aprire e chiudere le tende, accendere le luci in anticamera o aprire la porta del garage. In sala, schiacciando un altro pulsante, potevo far scomparire il televisore su per il camino. Quando la facevo ridiscendere mi aspettavo sempre che comparisse Babbo Natale.

All'inizio mi piacevano tutti quegli optional, ma poi una sera tornai a casa verso le tre di notte – non avevo voglia di fare tardi – e trovai il garage aperto. Naturalmente pensai che qualcuno vi fosse entrato e presi in mano una chiave inglese prima di introdurmi in casa in punta di piedi ed esplorare le varie stanze.

Al pianoterra non c'era nulla di strano. Quando salii le scale ed entrai nell'ultima stanza, la mia camera da letto, trovai il cane nascosto in un angolo. Pensai che avesse pestato per sbaglio il telecomando, aprendo così la porta del garage, e dopo che l'ebbi tranquillizzato me ne andai a letto. Nel giro di pochi minuti le tende iniziarono ad aprirsi e a chiudersi, il televisore in sala iniziò a fare su e giù come uno yo-yo per il camino e la porta del garage prese ad aprirsi e chiudersi facendo un gran casino. Era un incubo.

Quando il giorno dopo venne qualcuno a visionare l'impianto elettrico, risultò che il meccanismo di controllo subiva delle interferenze da parte degli aerei in volo, e dato che la casa era nei pressi dell'aeroporto di Manchester, tutti gli optional dovettero essere eliminati.

Stavo cercando una casa tutta per me dopo che io e Mike Summerbee ci eravamo disfatti del nostro piccolo rifugio di Crumpsall. Io lo avevo tenuto ancora per qualche tempo dopo che Mike si era sposato, ma il padrone di casa decise di alzare l'affitto in modo indegno. Noi avevamo messo a posto benissimo l'appartamento e lui sperava probabilmente di fare un affarone con un nuovo cliente, pensando che avremmo lasciato lì tutte le cose che avevamo portato. Io invece misi insieme un po' di amici, andai all'appartamento con un furgone e portai via i mobili, le tende, i tappeti, tutto quanto. Mi portai via addirittura la tela antiscivolo dei tappeti.

Col senno di poi avrei fatto probabilmente meglio ad accettare l'aumento di affitto del mio padrone di casa, perché quando i fan scoprirono dove vivevo a Bramhall, finii per essere prigioniero in casa mia. C'erano sempre gruppi di curiosi davanti alla mia porta e se andavo a comprare il giornale all'angolo mi ritrovavo trenta persone alle costole, tutti a chiedermi degli autografi. Era un incubo, dovevo tenere le tende chiuse ventiquattr'ore su ventiquattro… sempre che riuscissi a trovare il telecomando.

A ripensarci oggi, quella casa era il simbolo perfetto della mia vita in quel periodo. Caotica, imprevedibile. Non c'era nulla che funzionasse come avrebbe dovuto.

Fuori dai binari

Sapevamo tutti che la carriera di allenatore di Sir Matt sarebbe finita una volta per tutte al termine della stagione 1970-71. Molti dicevano che grazie alle sue insistenze lo United sarebbe riuscito a ingaggiare Jock Stein, che aveva vinto sei campionati di seguito con il Celtic, portando la squadra al trionfo nella Coppa dei Campioni del 1967. In Scozia era considerato un semidio almeno quanto Sir Matt e a me sarebbe piaciuto molto vederlo arrivare all'Old Trafford. Aveva fama di un allenatore dalla disciplina ferrea e forse sarebbe anche riuscito a farmi rigare dritto e io avrei potuto restare in squadra per altri dieci anni. Naturalmente però non posso esserne certo, sono pure ipotesi.

Purtroppo si rivelò altrettanto ipotetica anche la notizia che Jock sarebbe stato il nostro nuovo allenatore. Non se ne fece nulla, e a quel punto venne avanzato il nome di Don Revie del Leeds, il che era abbastanza strano se si pensa all'odio che c'era tra noi e il Leeds. Dopo l'esperienza con Wilf, la squadra sembrava decisa a prendere un pezzo grosso, ma non so se a spaventarli fosse la presenza di Sir Matt.

In ogni caso alla fine venne ingaggiato Frank O'Farrell, del Leicester. Era un uomo tranquillo. Molti giocatori non si trovarono bene, ma chiunque fosse arrivato avrebbe avuto il problema del confronto con Matt. Io non avevo problemi con Frank, anche se con lui non partii nel migliore dei modi: a Chelsea, nella seconda partita che giocammo con lui nella stagione 1971-72, venni espulso per avere insultato l'arbitro, Norman Burtenshaw.

A Chelsea avevo sempre dei guai, ma riuscii a evitare una squalifica quando dissi alla Federazione che in realtà stavo insultando un mio compagno di squadra, Willie Morgan! È vero che io e Willie non siamo mai stati grandi amici, ho sempre pensato che fosse geloso di me e che cercasse di imitarmi, con i capelli lunghi e lo stile di gioco. Molti giocatori che venivano alla ribalta in quel periodo venivano indicati come «il nuovo George Best», soprattutto se mi assomigliavano fisicamente. In ogni caso – ma che resti fra noi – io stavo effettivamente insultando Burtenshaw e non Willie, ma una volta tanto la commissione disciplinare della Federazione mi concesse il beneficio del dubbio.

Come se non bastassero i grattacapi che mi creavo da solo, ci si misero anche gli altri a rendermi la vita difficile. A Belfast i disordini erano andati ben oltre i cortei folcloristici che avevo visto da ragazzino e prima di una partita che dovevamo giocare a Newcastle nel 1971 qualcuno che sosteneva di rappresentare l'IRA disse alla polizia che se fossi sceso in campo mi avrebbero sparato.

Mi ritrovavo sulle spalle una pressione enorme e avevo già abbastanza problemi a tenere in piedi la mia vita senza questa bella novità. E non era solo la minaccia a preoccuparmi, ma anche l'effetto che avrebbe avuto sulla mia famiglia. Dovevano convivere tutti i giorni con i disordini, e per loro era già dura così. Per quanto fossero preoccupati per me, fino a quel momento avevano pensato che stando in Inghilterra sarei stato al sicuro. Pare che la minaccia fosse correlata a una voce che girava a Belfast, secondo la quale avevo fatto una donazione a delle organizzazioni protestanti, cosa peraltro assolutamente falsa.

Telefonai a mio padre per rassicurarlo e cercai di sembrare su di morale.

«Probabilmente è solo uno scherzo di cattivo gusto», dissi.

«Non puoi esserne certo», rispose lui.

Era impensabile che non fosse preoccupato. Lo eravamo anch'io e la squadra, così non venni colto di sorpresa dalla convocazione di Frank O'Farrell.

«Se deciderai di non giocare ti capiremo», disse. «La decisione spetta a te e noi la accetteremo in ogni caso.»

Gli dissi che ci avrei pensato, e in effetti ci pensai parecchio. Ma fondamentalmente *sentivo* che non avrei potuto non giocare. Dove saremmo andati a finire, altrimenti? Avrebbero potuto arrivarmi minacce di morte tutte le settimane e io non avrei più giocato. È vero, stavo considerando l'idea di appendere le scarpe al chiodo, ma non avrei permesso a nessuno di dirmi come e quando. Era un classico da parte mia: avevo abbandonato la squadra un sacco di volte, ma quando l'allenatore mi offriva un sabato di vacanza ero io a insistere per giocare.

Fu dura anche per i miei compagni di squadra, che non dovevano essere entusiasti all'idea di salire sul pullman insieme a me. Ero scortato da un paio di poliziotti che non mi lasciarono sedere al mio solito posto vicino al finestrino, nel caso che qualche cecchino mi tenesse sotto tiro. Il giorno della partita scoppiò un gran casino quando scoprirono che nel corso della notte qualcuno era entrato nel pullman, parcheggiato nel sotterraneo dell'albergo. Dovettero controllarlo con dei rilevatori di esplosivi e quella notizia non allietò particolarmente i miei compagni di squadra. Come avrebbe fatto la maggior parte dei calciatori, continuarono comunque a scherzarci sopra, dicendo cose del tipo: «Mi sa che questo è un lavoretto dei tuoi amici irlandesi, eh, Bestie?»

Il St James Park di Newcastle era il luogo ideale per un cecchino, perché lo stadio era circondato da palazzi alti. C'erano un sacco di poliziotti ovunque. Tenevano sott'occhio i tetti dei palazzi con dei binocoli. Non era l'atmosfera migliore per prepararsi psicologicamente a una partita, ma quando tirammo il calcio d'inizio mi dimenticai di tutto e pensai solo a giocare. Fortunatamente l'unico colpo che andò a segno quel giorno fu il goal della vittoria che segnai io. La minaccia non era venuta da un terrorista dell'IRA, ma da qualche matto. Ma come si fa a saperlo? Andate a chiederlo a John Lennon: l'uomo che l'ha ucciso, Mark Chapman, era un suo fan.

Anche dopo la partita la polizia non volle correre rischi e ci scortò fino a Manchester, anche se l'allenatore del Newcastle Joe Harvey ruppe il ghiaccio alla conferenza stampa dicendo: «Mi piacerebbe che gli avessero sparato, a quel rompiballe».

Grazie, Joe!

Tutto questo era ancora più difficile da sopportare per la mia famiglia, soprattutto adesso che i problemi con l'alcol di mia madre si stavano facendo più seri. Furono costretti a vendere il *fish and chips* e ci guadagnarono solo qualche centinaio di sterline. Ma anche per me non era facile convivere con la mia fama.

Il fatto di essere un'icona, di essere il Quinto Beatle, era davvero pazzesco. Ero solo un ragazzino di Cregagh Estate, Belfast, che cercava di dare un senso alla propria vita come calciatore e come persona, ma tutti mi consideravano una specie di star che influenzava la vita delle altre persone. Naturalmente *era* vero che influenzavo la vita degli altri, se qualcuno arrivava a minacciarmi di morte. Ma in ogni caso era una cosa talmente incredibile che non riuscivo ad accettarla. Era come se stesse accadendo a qualcun altro.

Era strano anche guardarmi giocare in televisione, perché non riuscivo a identificarmi con la persona che vedevo sullo schermo, anche se stavo guardando una partita che era finita solo poche ore prima. È la stessa cosa per certi attori che dicono di non potersi guardare in tivù, sentono dentro di sé come due persone diverse. E, ve lo assicuro, non è un'esperienza salutare.

Venivano a vedermi giocare anche grandi nomi del mondo dello spettacolo. Nella stagione precedente (1970-71), dopo aver segnato un goal contro lo Huddersfield, che era appena risalito dalla seconda divisione, ricevetti un biglietto dall'ex primo ministro Harold Wilson. Era una grande tifoso dello Huddersfield Town e mi scrisse che il mio era stato il primo goal segnato contro la sua squadra che aveva guardato con piacere. In precedenza mi aveva scritto da Downing Street per congratularsi dopo i sei goal segnati contro il Northampton in FA Cup, nel gennaio del 1970. Io pensai: ma cosa fa il primo ministro, scrive a me?

Il senso di irrealtà si faceva sempre più forte.

Il tutto divenne ancora più surreale qualche settimana dopo la minaccia di morte, quando Eamonn Andrews mi incastrò con il programma televisivo *This Is Your Life*. Io avevo a che fare con un'azienda di abbigliamento chiamata Lincroft, che aveva prodotto una nuova linea di vestiti a cui io avevo prestato il nome. Avremmo dovuto annunciare l'accordo in una conferenza stampa.

Era lì naturalmente che Eamonn avrebbe fatto la sua mossa. E per essere certi che non me la svignassi il giorno della conferenza – come se ne avessi intenzione – l'azienda organizzò una festa la sera prima in un appartamento di Londra, con una riserva infinita di champagne e belle ragazze dalle gambe chilometriche. L'idea era che se avessi avuto lì tutto quello di cui potevo aver voglia, non avrei avuto motivo per uscire da quell'appartamento. Per precauzione comunque misero un paio di detective privati fuori dalla porta.

Ma si sa che anche i piani migliori possono avere delle falle. Intorno all'una di notte decisi di portare una delle ragazze al Tramp e, dato che volevo fare bella figura, mi misi il mio nuovo vestito color crema che la Lincroft aveva confezionato apposta perché lo indossassi alla presentazione e poi durante *This Is Your Life*.

Quando uscii dalla porta vidi i due piedipiatti nella loro auto e pensai che fossero giornalisti.

«Pensi di poterli seminare?» chiesi alla ragazza che stava guidando.

Lei ci riuscì, ma si perse e ci mettemmo un po' ad arrivare al Tramp, dove restammo per qualche ora. Fortunatamente per i piedipiatti riuscii a tornare all'appartamento, anche se il mio vestito non era più nelle sue condizioni migliori. E non solo il vestito.

Ero così a pezzi che mi addormentai immediatamente con ancora addosso il vestito, una cosetta di tessuto leggero che si sgualciva con grande facilità. Quelli della Lincroft restarono di sasso quando mi videro arrivare con addosso qualcosa che assomigliava più a uno straccio slavato che a una nuova creazione di moda. Qualcuno si diede da fare con un ferro da stiro, dopodiché andammo allo studio televisivo con Eamonn e – avendo sentito dei miei exploit della sera precedente – misero qualcuno di guardia a tutte le vie d'uscita per tutto il tempo della registrazione.

Come la maggior parte di quei programmi, si trattava di una trasmissione alquanto insulsa. E tra l'altro io pensavo che avrebbero dovuto chiamarlo *These Are Your Lives*, perché nei 25 anni precedenti a me sembrava di averne vissuta più d'una, di vita. C'era tutta la mia famiglia, nonostante avessero giurato di non tornare mai più di fronte alle telecamere dopo la pubblicità delle salsicce Cookstown. I miei erano tesi come una corda di violino finché non entrai nello studio e ricordo che in chiusura, come sorpresa finale, entrò mio fratello Ian, che aveva solo cinque anni.

Io continuavo a segnare, il che era abbastanza incredibile se si considera la vita che facevo e l'atteggiamento che tenevo nei confronti del gioco. Riuscii anche a metterla dentro di testa contro il West Ham, il che mi fece molto piacere perché dall'altra parte c'era il fantastico Bobby Moore. E il modo in cui riuscii a superarlo per segnare uno di quei goal è uno dei miei migliori ricordi.

Non erano molti gli attaccanti in grado di cavarsela contro Bobby. La gente blaterava sempre della sua lentezza, ma lui non aveva bisogno di correre troppo perché aveva un tempismo perfetto nelle entrate e una visione di gioco assolutamente cristallina. Non c'è mai stato un calciatore con la sua stessa capacità di comprensione del gioco e l'anno prima – non dimenticate che stiamo parlando del 1970 – ai Mondiali aveva giocato una partita fantastica contro Pelé. Pelé gli dimostrò la propria ammirazione scambiandosi la maglia con Bobby alla fine della partita e mettendosi in posa con lui per quella famosa fotografia. Sapevamo tutti che Bobby era bravo, ma quando Pelé ti dimostra di apprezzarti come giocatore, allora sai di avere qualcosa di speciale.

Bobby tra l'altro aveva un gran sangue freddo, sia in campo sia fuori, e una cosa che scoprii nel corso degli anni fu che si sbilanciava molto raramente. Preferiva lasciare all'attaccante tutte le decisioni difficili. Con altri difensori io potevo fare una mossa con la spalla o fingermi di buttarmi sulla destra e loro ci cascavano quasi sempre, dopodiché a me restava solo da spostarmi sulla sinistra e tirare. Bobby era troppo intelligente per questo genere di trucchetti, ma in quella partita all'Old Trafford ricevetti la palla da un calcio d'angolo e tagliai verso l'interno con l'intenzione di tirare in porta. Lui si avvicinò per bloccarmi e mentre lo faceva io mi fermai per un secondo e – per una volta – lui non seppe resistere alla tentazione di lanciarsi sulla palla. Io non feci altro che spostarla di lato all'improvviso e tirare. Ero felicissimo di essere riuscito a fregarlo.

Se avessi potuto avere momenti come quelli tutte le settimane, forse mi sarei sentito meglio. Ma perdevamo più spesso di quanto riuscissimo a vincere e se non riuscivo a trovare motivazioni sufficienti per le partite, figuratevi quante ne potevo trovare per gli allenamenti. Nel gennaio del 1972 non riuscii ad andare ad allenarmi al Cliff per una settimana di seguito e O'Farrell mi multò per due settimane di stipendio. Inoltre mi ordinò di tornare dalla signora Fullaway, il che non mi dispiaceva granché dopo il circo che si era creato davanti alla mia casa di Bramhall. E almeno in casa sua c'erano delle tende che non si tiravano da sole ogni volta che passava un aereo nelle vicinanze.

O'Farrell mi lasciò in panchina, il che significava che non potevo trovare alcun sollievo alle mie pene in altri goal come quello che avevo segnato contro Bobby Moore. Il calcio era stato la mia fuga da tutti i problemi legati alla fama, ma ora l'alcol e le donne l'avevano sostituito. E divenne tutto un gioco folle, come un ragazzo disobbediente che vuole dimostrare di potersela cavare in ogni occasione. E a mano a mano che la facevo franca, alzavo sempre più la posta in gioco.

Se qualcuno mi diceva: «Non hai bisogno di un altro bicchiere, George», io immediatamente ne volevo ancora. E se qualcuno mi diceva a proposito di una ragazza che mi piaceva: «Stalle alla larga, è sposata», non riuscivo più a chiudere occhio finché non me la portavo a letto.

Me la cavavo sempre grazie alla mia fama, o perlomeno grazie a quella del mio alter ego. Se avessi fatto il macellaio, il postino o un altro lavoro qualsiasi e avessi provato a fare le cose che facevo con le mogli e le fidanzate degli altri uomini, mi sarei preso un pugno in faccia. Ma io ero George Best e la facevo quasi sempre franca. Facevo arrivare in volo ragazze da tutto il mondo, solo per dimostrare che potevo farlo. Per esempio facevo arrivare una ragazza dall'Australia, una che avevo incontrato da qualche parte, e dopo un paio di settimane, quando mi stancavo di lei, la rispedivo a casa.

Sapevo che in campo non offrivo più le prestazioni di un tempo. A volte ci riuscivo, ma quando sei abituato a segnare 99 volte su 100, scendere a 70 è già dura. E la cosa che mi faceva veramente male era venire criticato dai vecchi tifosi dell'Old Trafford quando perdevamo contro squadre che in passato avremmo massacrato. Non me ne era mai importato nulla degli insulti da parte dei tifosi delle squadre avversarie, faceva parte del gioco. C'erano tifosi che lanciavano in campo lattine di birra: io le raccoglievo e facevo finta di bere.

A Liverpool intonavano un coro che diceva: «Georgie Best, superstar, cammina come una donna e porta il reggiseno». Così un giorno ad Anfield presi in prestito la borsetta di una cameriera ed entrai in campo tenendola sotto braccio. Era tutto uno scherzo e i loro insulti erano una forma di rispetto, volevano dire che ero un giocatore pericoloso. Ma quando i tuoi tifosi cominciano a darti addosso e a prenderti in giro, quello sì che fa male.

Iniziai a chiedermi: «Ho bisogno di tutto questo?» e iniziai a rispondermi che non era così. Ma non sapevo che altro fare della mia vita. Cosa potevo fare dopo una carriera da calciatore di fama mondiale? Non conosco ancora la risposta a questa domanda, ma quando finì quella stagione sapevo che non avevo il fegato per affrontare l'Home International tra le squadre inglesi e non me la sentivo di dirlo all'Irlanda del Nord. Così mi limitai a saltare su un aereo per Marbella.

Naturalmente non appena i giornalisti lo scoprirono, balzarono anche loro sul primo aereo. Le cose erano cambiate parecchio dai tempi in cui potevo fare tre mesi di vacanza senza vedere l'obiettivo di un fotoreporter. Spesso pensavo che forse avrei dovuto passare a un'altra squadra e giocare per loro per qualche anno. A volte un cambio d'ambiente e di compagni di squadra può modificare tutto il contesto di una situazione, e si sono viste molte squadre trasformarsi dopo l'arrivo di un nuovo allenatore o di un nuovo giocatore. Ma in realtà sapevo di non voler giocare per nessun altro, il che non faceva che confondermi ancora di più.

Così avevo deciso di staccare la spina per qualche mese e andarmene a Marbella a pensare a tutto questo, quando l'intero ordine dei giornalisti inglesi calò su di me come un'onda anomala e il 20 maggio del 1972, senza che nemmeno me ne rendessi conto, annunciai che avrei appeso le scarpe al chiodo. Avevo solo 26 anni.

In realtà non avevo la minima idea di cosa avrei fatto, ma pensai che se avessi dato ai giornalisti una notizia sensazionale mi avrebbero lasciato in pace. Dissi loro che la mia decisione era assolutamente irreversibile, ma non penso che mi credettero perché avevo minacciato già in passato di mollare tutto. Quantomeno se ne andarono e anche se nemmeno io credevo alla notizia del mio ritiro, mi ero concesso a quel modo la licenza di comportarmi come un ex calciatore.

Stranamente, dato che a quel punto potevo bere quanto volevo, non tracannai moltissimo alcol, per quanto sempre in quantità enormi rispetto a qualsiasi standard normale.

Non dovevo più sentirmi in colpa quando bevevo. Nessuno sarebbe venuto a dirmi: «Non dovresti bere... un atleta come te...» o «Non dovresti essere agli allenamenti?» Non ero più un calciatore professionista, almeno per un paio di settimane o fino a quando avrei deciso di porre fine alla mia vacanza.

Avevo preso alloggio allo Skol Hotel, di cui sarei diventato un cliente abituale, e feci amicizia con il barista Juan, che era lì da più di trent'anni. Le mie giornate erano abbastanza abitudinarie: mi alzavo a metà mattina e iniziavo la giornata con un paio di *shandy*, tanto per liberarmi dei postumi della notte precedente. Mi facevo qualche altra birra stravaccato ai bordi della piscina per poi passare al vino bianco all'ora di pranzo.

All'inizio della serata ingollavo delle *tapas* con qualche birra in un baretto spagnolo accanto all'albergo. Era un posto carino, con una decina di posti a sedere e io mi piazzavo sempre in mezzo a dei vecchietti spagnoli. Dovevo sembrare fuori posto, ma non mi interessava. Io con lo spagnolo me la cavo appena appena, ma con il passare dei giorni chiacchieravo sempre più spesso con quei vecchietti e mi convincevo di padroneggiare perfettamente la lingua. In realtà parlavo un linguaggio mezzo inventato, ma loro erano troppo educati per farmelo notare.

Dopo un'ora o due in quel baretto andavo a Puerto Banus e mi buttavo sulla roba forte, soprattutto vodka. A volte – cosa abbastanza ironica – mi infastidivano tutti quei turisti ubriachi e idioti, così me ne tornavo al bar dello Skol, che restava aperto fino alle tre o alle quattro del mattino. Lì mi facevo un certo numero di bicchieri della staffa, poi quando il bar chiudeva barcollavo fino al mio letto. Il mattino dopo mi alzavo, bevevo un paio di *shandy* e ricominciavo tutto da capo. Era una vita a cui mi ero abituato ed è una cosa che ti sembra sempre fantastica finché non ti esplode il fegato. Ma all'epoca non avrei mai immaginato che mi potesse accadere una cosa del genere.

Passai un bel paio di settimane, bevevo quanto volevo e rimorchiavo ragazze a destra e a manca. Ma come la maggior parte dei turisti, alla fine ero stufo. Mi sembrava una buona idea passare tutto il giorno a prendere il sole e a fare quello che mi pareva, ma poi ti senti un vegetale. Fai tutti i giorni le stesse cose, senza alcun obiettivo in vista. Non hai stimoli. E tra l'altro la noia mi spingeva a mangiare. Mangiavo sei o sette volte al giorno, e quasi sempre delle schifezze. Mi rimpinzavo stravaccato ai bordi della piscina, poi quando andavo a Puerto Banus mi facevo hamburger e patatine e, una volta tornato allo Skol, ordinavo una bistecca al servizio in camera.

Avevo pensato, come al solito, che cambiare ambiente mi avrebbe aiutato a risolvere i miei problemi, ma non aveva funzionato. Quell'esperienza servì però a convincermi che volevo continuare a giocare e dare uno scopo alla mia vita. Anche questa volta nessuno dello United era venuto a cercarmi per farmi cambiare idea. Forse sapevano che sarei tornato quando fossi stato pronto, e avevano ragione. Andai a trovare O'Farrell e tornai ad allenarmi come un matto per la stagione successiva.

Era sempre così dopo che mi ero preso una pausa, scambiavo una paura con un'altra, gli eccessi del bere con gli eccessi dell'allenamento. Credo sia un altro esempio della mia personalità ossessiva. In ogni caso mi era sempre piaciuto allenarmi ed essere in forma, il che sembrerebbe contraddittorio se si pensa al modo in cui trattavo il mio corpo fuori dai campi di gioco. Ma sono sempre stato competitivo e amavo la sensazione di rimettermi in forma e vedere il mio peso calare.

Penso ci fosse dietro anche un po' di senso di colpa: hai permesso a te stesso di perdere la forma fisica, così quando torni ti alleni il doppio pensando di poter riparare a tutti i danni che hai fatto. A quel punto avevo già iniziato a fare abbastanza male al mio corpo perché allenarmi fosse una vera fatica. Era diventato come un lavoro, mentre prima era stato più un divertimento, una cosa che mi veniva assolutamente naturale.

Le mie buone intenzioni non durarono a lungo. La stagione 1972-73 iniziò in modo orribile e non riuscimmo a vincere fino alla decima partita di campionato.

Cercai di dirmi che non dovevo fare come in passato, che dovevo restare in forma e andare ad allenarmi tutti i giorni. E quando O'Farrell mi prese da parte per parlarmi fu chiaro come il sole che stava ormai perdendo la pazienza.

«Devo pensare al resto della squadra», mi disse. «Non posso lasciarti affossare il morale di tutti.»

«L'unica cosa che voglio è tornare a giocare e dare una mano alla squadra, farla vincere», lo rassicurai. E in quel momento dicevo la verità, perché il calcio era sempre stata l'unica cosa della mia vita su cui potessi fare affidamento.

Ma andava tanto male che presto tornai alle mie vecchie abitudini alcoliche per affogare la tristezza. Non pensai mai che il mio comportamento potesse essere alla base delle cattive prestazioni della squadra. Davo la colpa alla scarsa qualità dei giocatori che mi stavano attorno e alle tensioni che c'erano negli spogliatoi. La maggior parte dei componenti della squadra del 1968 se n'erano andati e Bobby Charlton era alla sua ultima stagione.

La mia vita uscì completamente dai binari in quello che fu il mio novembre nero del 1972. I pessimi risultati avevano minato la mia decisione di rigare dritto, non mi presentai agli allenamenti per un paio di volte e venni lasciato in panchina.

Almeno potevo ancora giocare con l'Irlanda del Nord, ma in una partita contro la Bulgaria mi stancai del trattamento che stavo ricevendo da uno dei difensori avversari e gli tirai un calcio. Fu un gesto di pura e semplice frustrazione e considerando l'andazzo della partita fino a quel momento la squalifica per tre partite da parte della FIFA mi parve una punizione eccessiva. Certamente lo fu per l'Irlanda del Nord.

Per alcuni anni mi ero fatto bastare i miei problemi, ma ora erano loro che mi venivano a cercare. Avevo sempre cercato di condurre una vita il più normale possibile, nonostante la mia celebrità. Non volevo nascondermi dal pubblico. Volevo poter uscire e andare a divertirmi nei club e nei bar che avevo sempre frequentato, ed ero gentile con le persone che venivano a chiedermi degli autografi. Ma stava diventando più difficile, come avrei scoperto una sera al Rubens, un locale il cui comproprietario era un mio amico, Colin Burne.

Vi entrai con un altro mio amico proprietario di un locale, Doug Welsby. Era presto, più o meno le dieci, decisamente troppo presto per un night club. Ci sedemmo al bar. A parte noi c'era solo un gruppo di ragazze sedute a un tavolo dall'altra parte del locale. Facevano un po' troppo casino, ma sembravano a posto. Poi due ci passarono accanto per andare al bagno e mi riconobbero. Vidi che mi indicavano e ridevano e quando uscirono dal bagno una di loro mi si avvicinò barcollando e mi chiese se mi andava di ballare.

Gli uomini di Belfast non ballano, perlomeno non quelli che conosco io, e in ogni caso lei era ubriaca fradicia. Rifiutai educatamente. Lei allora mi afferrò e cercò di tirarmi giù dallo sgabello.

«Senti», le disse Dougie nel tentativo di farla ragionare, «stiamo cercando di parlare d'affari. Ti dispiacerebbe andartene?»

Lei aveva un bicchiere di bumba in mano, una bella pinta da signora. Me la tirò in faccia e girò i tacchi.

Per fortuna non portavo quel famoso vestito della Lincroft. Ma decisi di lasciar perdere. Non mi sembrava che valesse la pena di fare una scenata, così presi uno straccio da dietro il bancone e mi asciugai. Pensammo fosse tutto finito, ma venti minuti dopo lei, ancora più sbronza, tornò da noi con un altro bicchiere in mano. Era ovvio che non aveva più alcuna intenzione di invitarmi a ballare e quando capii che voleva tirarmi in faccia un altro bicchiere saltai giù dallo sgabello e la colpii con il dorso della mano. Non le diedi un pugno, le tirai solo una sberla per tenerla a distanza come si farebbe con una vespa o una mosca. Ma – grazie alla mia tipica fortuna – le causai una microfrattura al setto nasale.

A prescindere dalle circostanze o dal fatto di essere stato provocato, una cosa del genere non fa mai una buona impressione e sapevo che quando lei avrebbe chiamato la polizia mi sarei ritrovato in guai seri e avrei beccato un'accusa per lesioni personali. Casi simili erano all'ordine del giorno nei tribunali, ma trattandosi di me l'attenzione della stampa non sarebbe certo mancata.

Così mi procurai un ottimo avvocato e quando ricostruimmo i fatti pensai che potessimo stare tranquilli. Era ovvio che questo non cambiava il fatto che io l'avessi colpita. Ed era altrettanto ovvio che lei si presentò in tribunale vestita come una suora.

Venni giudicato colpevole: non finii in carcere grazie alla condizionale, ma dovetti pagare 25 sterline per danni e 75 per i costi legali. Il mio superavvocato, tra l'altro, era il povero George Carmen, che all'epoca aveva lo studio a Manchester. Credo che il mio sia stato l'unico caso che abbia mai perso.

Grazie alla preoccupazione per l'udienza – che era stata fissata per il gennaio del 1973 – cominciai a bere ancora di più. A dicembre saltai un allenamento per andare a Londra a cambiare aria e mi divertii tanto che non tornai prima di qualche giorno.

Per una volta sentivo che O'Farrell avrebbe potuto avere un po' di comprensione per me, ma lui era sotto pressione per il suo lavoro e ovviamente non aveva tempo per preoccuparsi di dove stavo io. Evidentemente non pensava che fossi particolarmente utile né a lui né alla squadra, e io stavo facendo di tutto per far sembrare una sciocchezza la sua decisione di farmi tornare. Si rivolse al consiglio d'amministrazione e mi dissero che non solo mi avrebbero sospeso per due settimane, ma che mi avrebbero messo a disposizione per un trasferimento per 300.000 sterline. Considerato che sarebbero passati altri cinque anni prima che lo United fosse disposto a pagare di più per un calciatore, si trattava di una cifra alta. E nelle condizioni in cui ero in quel periodo, probabilmente non valevo nemmeno 3000 sterline.

Ma anche così fui ferito nell'orgoglio e andai a trovare Sir Matt e il presidente Louis Edwards. Anche Sir Matt doveva averne ormai abbastanza di me, e dato che non ero più la risorsa principale della squadra, non mi doveva più fare delle concessioni. I goal avevano iniziato a diradarsi e se solo avessero fatto altrettanto anche le mie sbronze, le cose forse avrebbero potuto avere un altro corso. Ma Sir Matt e Edwards mi stettero ad ascoltare.

«Dobbiamo assolutamente prendere dei giocatori nuovi», dissi, «perché quelli che abbiamo in squadra al momento non sono abbastanza bravi.»

«Ma tu vuoi lasciare lo United, George?» mi chiese Matt. «Ci tieni davvero alla squadra?»

Gli dissi che non potevo immaginare di giocare da nessun'altra parte.

Forse Sir Matt temeva che ricominciassi in qualche altra squadra e tornassi alla mia forma migliore. In quel caso lui e il Manchester United avrebbero fatto la figura degli scemi. Così accettò di togliermi dalla lista dei giocatori in trasferimento dopo soli nove giorni che vi ero entrato.

O'Farrell si infuriò quando gli giunse la notizia.

«Mi hai scavalcato», mi disse nello spogliatoio la mattina seguente.

Cosa potevo dire? Era vero, per cui scrollai le spalle. Sapeva perfettamente che se Sir Matt e il consiglio d'amministrazione avevano iniziato a scavalcarlo, voleva dire che il suo contratto stava per finire nel cestino della carta straccia come era successo a Wilf. Per lui arrivò la fine dopo che la squadra perse per 5 a 0 col Crystal Palace a metà dicembre, la sconfitta più pesante subita dallo United da cinque anni a quella parte. E il Palace, che era arrivato in prima divisione solo nel 1969, quell'anno sarebbe stato retrocesso.

O'Farrell venne silurato qualche giorno più tardi. Fu sostituito dalla coppia Bill Foulkes-Paddy Crerand. Se c'era qualcuno che mi poteva convincere a restare, erano quei due. Ma sapevo che sarebbero rimasti per poco e non avevo voglia di aspettare per scoprire se il nuovo allenatore mi avrebbe voluto in campo. Sapevo anche che gli ci sarebbe voluto un po' di tempo per mettere in riga la squadra, e non potevo essere certo che non si sarebbe rivelato un altro fiasco. Così scrissi al consiglio d'amministrazione e dissi loro che non volevo più giocare per la squadra, scusandomi per avere offuscato il nome dello United.

Nei pochi giorni in cui rimasi nella lista dei trasferibili qualche squadra si era fatta avanti con delle proposte, se non proprio con i libretti degli assegni. Malcolm Allison disse che sarebbe stato felicissimo di avermi nel Manchester City, e aggiunse che tutti i suoi giocatori sarebbero stati lieti di dare il benvenuto a George Best. Be', so che sarebbe stato così per Mike Summerbee, ma Allison non fece alcuna offerta dopo che il suo presidente, Eric Alexander, disse che Big Mal aveva «parlato senza pensare». E poi non credo che allo United sarebbero stati entusiasti di vedermi giocare per il loro principale rivale.

Il buon vecchio Brian Clough, che stava trasformando il Derby, vincitore della stagione precedente, in una delle migliori squadre del Paese, disse che stava pensando di provare ad acquistarmi e John Bond disse che sarebbe stato fantastico avermi nel Bournemouth. Sono certo che dicesse la verità, ma non ritengo che all'epoca fossi pronto per giocare in terza divisione.

L'offerta più interessante arrivò da Clive Toye, direttore generale del New York Cosmos, la squadra che aveva vinto la North American Soccer League. La NASL stava iniziando proprio allora a ingrandirsi e, spalleggiate da alcuni pezzi grossi dell'industria, le squadre cominciavano a spendere un sacco di soldi per acquistare calciatori famosi provenienti da tutto il mondo. La cosa mi attraeva anche perché mi sembrava un taglio netto con il passato. Se fossi entrato in un'altra squadra inglese, mi sarei ritrovato in mezzo al solito vecchio circo, ai soliti vecchi problemi. Andare in America invece avrebbe voluto dire ricominciare da capo, trovarmi in un posto dove potevo andarmene in giro senza che nessuno mi riconoscesse. Ricominciai a pensare che i miei problemi avrebbero potuto svanire se avessi cambiato aria.

Il Cosmos era di proprietà della Warner Communications e uno dei loro dirigenti di punta, Gordon Bradley, mi invitò a fare un salto da lui per dare un'occhiata. Così scesi al Wessex House Hotel, davanti a Central Park, e vi rimasi per quasi una settimana mentre quelli del Cosmos mi scarrozzavano in giro e mi spiegavano i loro piani. Era tutto fatto in grande e la cifra che erano pronti a scucire per me era più che accettabile. Ma volevano che prestassi la mia immagine a molte campagne pubblicitarie e, come era ragionevole aspettarsi, che mi trasferissi a New York in pianta stabile. La cosa non mi andava. New York è una città fantastica, adoro immergermi per qualche giorno nella sua follia. Ma l'idea di andarci a vivere non mi attraeva granché.

Si interessò a me anche la World Indoor Soccer League di Toronto, una città tranquilla almeno quanto New York è rumorosa. Così presi un aereo e ci andai con Waggy nel gennaio del 1973. L'offerta sembrava buona e volevano che restassi lì solo per tre o quattro mesi. Ma io non ero sicuro di essere pronto per una scelta del genere. Lasciai che fosse Waggy a spiegare loro che avevo cambiato idea e ci demmo appuntamento all'aeroporto di New York per tornare a casa.

Quando arrivò la primavera mi venne un gran voglia di vacanze, così tornai a Marbella e questa volta portai con me una ragazza, che era un po' come portarsi dei ghiaccioli al Polo Nord. Almeno però questo rese più normale la mia vacanza. In ogni caso fummo costretti a interrompere in anticipo il nostro soggiorno dopo un'esperienza da incubo.

Una sera ero all'International Bar e sentii un dolore alla gamba destra, appena sotto il pube. All'inizio lo ignorai, ma poi peggiorò e quando tornai in albergo la mia gamba iniziò a gonfiarsi. Non ho mai amato molto i dottori, ma il gonfiore mi spaventò e chiesi all'albergo di chiamarmene uno. Il dottore si presentò con un'aria annoiata, mi spruzzò sulla gamba uno spray anestetico, mi diede degli antidolorifici e mi disse che sarebbe andato tutto a posto nel giro di un paio di giorni.

Penso che anche il buon vecchio Ted Dalton, il massaggiatore dello United, avrebbe capito che avevo bisogno di cure più serie. Provavo così tanto dolore da non riuscire a dormire e quando la mattina presto mi alzai per andare in bagno la gamba era il doppio del normale.

«Mi dispiace, ma devo farmi visitare da un vero dottore», dissi a Chris, la mia ragazza. «Torniamo a casa.»

Chiamai il mio medico di Manchester perché mi venisse a prendere all'aeroporto e poi mi imbarcai sul volo più tremendo che abbia mai fatto. Come tutti sanno, anche in condizioni normali i piedi e le gambe si possono gonfiare durante un viaggio aereo, e la mia gamba ormai aveva le dimensioni di una mongolfiera. Il volo naturalmente era pieno di turisti inglesi, tutti volevano parlare con me e chiedermi degli autografi e io me ne stavo lì seduto a sudare come una fontana.

Quando ero salito sull'aereo mi ero tolto la scarpa e quando atterrammo non riuscii più a infilarmela. Dovevo avere un aspetto tremendo quando passai il controllo dei passaporti. Fortunatamente era già arrivato il mio medico, che vedendo quanto stessi soffrendo mi disse subito di abbassarmi i pantaloni.

Mi diede un'occhiata e disse: «Porca troia!»

Capì immediatamente che si trattava di una trombosi che – come si scoprì in seguito – era partita dall'interno della gamba e aveva ormai raggiunto il polpaccio. Se si fosse spostata nella direzione opposta, verso il cuore o il cervello, ci sarei probabilmente rimasto secco. Il mio medico si era reso conto della gravità della situazione dalla descrizione che gli avevo dato al telefono e mi aveva già fatto preparare un letto all'ospedale: nel giro di mezz'ora ero ricoverato. Per quanto il volo da Marbella fosse abbastanza breve, ripensarci oggi fa una gran paura perché ora so che prendere un aereo in quelle condizioni è probabilmente la cosa più pericolosa che avrei potuto fare.

Sir Matt venne a trovarmi in ospedale e mi chiese come andava e se mi ero preso cura di me stesso, ma penso che conoscesse già la risposta a quest'ultima domanda. Poi, quando se ne stava ormai andando, si voltò.

«Sarebbe ora che tu tornassi a giocare, non ti pare?» disse come per caso.

Era un momento strano per dirmi una cosa del genere, dato che non riuscivo nemmeno ad alzarmi dal letto. Ma ero felicissimo di sentire che, per quanto mi riguardava, non aveva ancora perso ogni speranza.

Nonostante io non sia particolarmente religioso, mi venne da pensare che il fatto che me la fossi cavata aveva forse a che fare con l'intervento divino, come se io fossi sopravvissuto per poter tornare a giocare. Ma quella volta decisi che l'avrei fatto alle mie condizioni. Quando uscii dall'ospedale annunciai che avevo intenzione di ricominciare a giocare solo per l'Irlanda del Nord, e non per il Manchester United. Era una cosa un po' ironica, se si pensa a quante partite della mia nazionale avevo saltato, ma nelle mie condizioni pensavo che non sarebbe stato male fare il calciatore part-time.

Tommy «The Doc» Docherty era diventato allenatore dello United poco prima del Natale del 1972 e salvò la squadra dalla retrocessione, anche se fu una corsa al fotofinish e lo United totalizzò solo sette punti più del Crystal Palace, la prima fra le retrocesse. Non sapevo se Docherty fosse al corrente dell'offerta di Sir Matt, ma avrei dovuto fare attenzione quando rispose alla mia dichiarazione dicendo: «George Best è registrato alla FIFA con il Manchester United e non può giocare da nessun'altra parte senza il nostro permesso».

Docherty disse anche che avrei dovuto allenarmi con lo United prima di poter andare in un'altra società.

Nel giro di una settimana affermò che per quanto mi riguardava avrebbe preso in considerazione qualsiasi offerta ragionevole, e il QPR – che era appena stato promosso in prima divisione – espresse il proprio interesse.

Non se ne fece nulla.

Naturalmente la mia idea di giocare solo per l'Irlanda del Nord era ridicola, anche se di fatto erano anni che ero ormai un calciatore part-time.

Il mio atteggiamento aveva evidentemente spaventato tutte le altre squadre. Ero in vendita per quattro soldi e nessuno sembrava interessato a prendermi a bordo.

La fine di un'epoca

La trombosi poteva essere la scusa perfetta per andarmene in pensione una volta per tutte a 27 anni, dopo due falsi allarmi e parecchie minacce di mollare il calcio. E invece, vista la mia testardaggine, divenne un buon motivo per rimettermi a giocare e vedere se sarei riuscito a tornare alla forma fisica e al rendimento di prima. Ero ancora giovane e non avevo deciso cosa volevo fare nella vita dopo aver smesso di giocare. Così quando nella primavera del 1973 Paddy Crerand venne a tastare il terreno circa il mio ritorno all'Old Trafford lo ascoltai. Paddy era il braccio destro di Doc e faceva da tramite fra lui e me.

Avevo sempre ammirato Paddy, sia come persona sia come giocatore con una vera passione per il calcio e per il Manchester United. E anche se non ero affatto sicuro di voler tornare a giocare, lui mi convinse che Docherty era un vero uomo dello United, che avrebbe acquistato nuovi giocatori per riportare la squadra ai suoi giorni di gloria e, cosa ancora più importante, che la sua formazione avrebbe giocato in puro stile United.

Alla fine acconsentii a incontrare Doc. Era noto per il suo senso dell'umorismo tagliente e per avere sempre la battuta pronta, ma prendeva il gioco anche molto seriamente.

«So che hai avuto qualche problema e se salti gli allenamenti non sarò certo io a dirlo in giro. Ma se non ti alleni dovrai rientrare solo con le tue forze e recuperare in qualche modo. Che ne dici?»

«Per me va bene», risposi. «Però mi servirà del tempo per tornare in forma e non voglio che mi si metta fretta.»

Ci stringemmo la mano, anche se probabilmente accettai di tornare all'Old Trafford più per Paddy che per lui. Dato che però non ho mai fatto le cose a metà, ancora una volta mi misi ad allenarmi come un pazzo. Smisi di bere – almeno per un po' – e presi a seguire gli allenamenti due volte al giorno, tornando in campo nel pomeriggio per le sessioni con Paddy e Bill Foulkes, che era stato assunto come allenatore in seconda.

Dopo essere stato tutti quei mesi fermo dovevo perdere anche un bel po' di peso. Ero più di sei chili sopra il mio giusto peso, che era di 68 chili. Ma a 27 anni non avevo ancora fatto al mio corpo danni tali da non riuscire a tornare nella mia forma migliore. O almeno così pensavo.

Il calcio non era più stato così fondamentale nella mia vita dai primissimi tempi in cui ero entrato nello United, ma non avevo abbandonato i miei progetti di carriera fuori dal campo. Allora i giocatori guadagnavano un decimo di quelli di oggi e per la maggior parte di noi la più grande ambizione era mettere da parte abbastanza per poter aprire un pub. Oppure sposare una bella tettona che ne possedesse uno!

Ebbene, io facevo di meglio: più di una volta avevo parlato agli amici dell'idea di aprire un night club. Nei locali ci avevo passato un sacco di tempo, tanto da sapere cosa funzionava e cosa no, e così quando Colin Burne propose di aprirne uno in società con me e Waggy gli risposi che era un'ottima idea. Colin era già un gestore di successo e lui e Waggy erano miei grandi amici.

Colin trovò un posto, il Costa del Sol, in Bootle Street, a Manchester. Ci portò a vederlo, a Waggy e a me, una sera di novembre. Per fortuna ci aveva avvisato di non aspettarci granché, perché il posto era veramente un cesso. Mi ricordo l'impatto con la cosiddetta cucina: i fornelli brulicavano di vermi. C'era uno strato di unto su ogni singola superficie, muri compresi. Come avesse mai passato un'ispezione sanitaria era un mistero.

Quel posto era sbagliato da capo a piedi. Tanto per cominciare all'esterno tutte le strade erano coperte da doppia linea gialla, il che significava che parcheggiare sarebbe stato un incubo. C'era una stazione di polizia all'angolo (cosa che in genere i frequentatori di locali notturni non considerano un *plus*) e il locale era al secondo piano. Sarà stato a causa del Cavern Club, dove i Beatles avevo cominciato la loro carriera, o di posti come il Tavern di Londra: resta il fatto che tutti i posti di successo erano seminterrati. Un'inezia, si potrebbe pensare. Ma non quando stai per investire parecchi soldi in un affare.

La sera che andammo a fare la nostra ricognizione c'erano solo un paio di persone e alla fine delle tre ore del nostro giro turistico – se così si può chiamare – c'erano ancora solo loro. Mi era difficile immaginarlo come un locale di prim'ordine, ma Colin ci lanciò uno sguardo di incoraggiamento.

«Che ne pensate?» chiese.

«È tremendo. Ma sei tu l'esperto», risposi io. «Quanto vogliono?»

Lui tossicchiò e disse che per dieci pezzi da mille i proprietari ce lo mollavano in quattro e quattr'otto.

«Diecimila sterline per questo porcile? Va bene, io ci sto.»

Tremila sterline non mi sembravano poi una fortuna e avevo già deciso di lasciarmi guidare dall'intuito di Colin. Waggy, poi, aveva voglia di divertirsi, per cui sganciammo un terzo a testa e ci mettemmo a ristrutturare il locale.

Io suggerii di chiamare la disinfestazione, ma in realtà tutto quello di cui c'era bisogno era una bella ripulita e qualche mano di vernice. Visto il successo della catena Yates Wine Lodge, che per la prima volta aveva scatenato l'entusiasmo dei giovani per il vino, decidemmo anche di metterci un *wine bar* con roba leggermente più esclusiva di quella dello Yates.

L'altro elemento chiave del nostro successo fu assumere un deejay. Dovevamo anche pensare a un nuovo nome per il locale e ne sparammo di ogni tipo finché io non proposi Slack Alice. Era un personaggio del comico Larry Grayson, il cui programma aveva un enorme successo. Agli altri due piacque e pensammo di fare un'insegna con Alice nel paese delle meraviglie in giarrettiere. Scrissi a Larry Grayson per chiedergli se potevo usare il nome. Mi rispose con un telegramma: «Sarà un onore se userete il nostro nome per un locale!»

Tutti in quel periodo citavano i tormentoni di Larry, ma sarebbe stato difficile chiamare un locale notturno «Chiudete quella porta».

Docherty aveva accettato di non rimandarmi in campo troppo in fretta, ma lo United non aveva iniziato bene la stagione e così nell'ottobre del 1973 mi chiese di giocare contro il Birmingham all'Old Trafford. Io non mi sentivo ancora in gran forma ma la cosa fece leva sul mio vecchio orgoglio e accettai di giocare. Quando uscii dal tunnel e sentii il rumore della folla che mi stava dando un fantastico benvenuto mi sentii come al mio secondo debutto. L'adrenalina mi tenne in piedi per un po' e cercai di fare qualche dribbling e qualche trucchetto di troppo per il mio pubblico.

Avevo giocato soltanto in un paio di partite non ufficiali e in due o tre amichevoli. Non ce la potevo fare. Alla fine del primo tempo ero ormai a pezzi e venni sostituito. Vincemmo la partita 1 a 0. Il portiere Alex Stepney segnò su rigore e per un po' si trasformò in uno dei nostri capocannonieri, il che la dice lunga su come era messa la squadra.

Io stavo cominciando a recuperare la forma e misi dentro anche un paio di goal. Ma nonostante tutte le promesse e tutti i nuovi giocatori portati da Docherty – gente come George Graham, Jim Holton e Lou Macari – la squadra non riusciva a ingranare.

Iniziavo a chiedermi se non avessi fatto un errore ad accettare di tornare allo United, soprattutto perché ormai ero molto occupato con i preparativi per l'inaugurazione dello Slacks, prevista per Natale. Il calcio per me era deprimente quanto prima e anche se non avevo ancora messo alla prova la promessa di Doc di non rompermi le scatole se avessi saltato gli allenamenti, non sempre quando mi presentavo ero in forma smagliante.

Paddy era una brava persona e anche se non eravamo grandi amici era molto protettivo nei miei confronti. Durante gli allenamenti mi rompeva i coglioni, soprattutto se Docherty era presente, ma in privato cercava di incoraggiarmi. Una mattina però, quando mi presentai pieno d'alcol, mi disse: «Puzzi», e mi ordinò di fare una doccia prima di iniziare l'allenamento.

I progetti per lo Slacks invece andavano alla grande e sistemammo l'ultimo pezzo del puzzle quando convincemmo un tizio fantastico, Felix Izquierdo-Moreno, a venire dalla Spagna per gestirlo.

Felix lavorava in un ristorante di Maiorca, il Gomilla Grill, in cui ero entrato per caso qualche giorno dopo la finale della Coppa dei Campioni del 1968. Saltò fuori che lui era un mio grande fan nonché uno di quei tipi con cui non puoi non andare d'accordo al volo. Era il classico stereotipo hollywoodiano del cameriere spagnolo, cantava serenate ai clienti mentre schizzava da un tavolo all'altro e sembrava fare sempre almeno tre cose contemporaneamente, tipo servire da bere, preparare da mangiare e lavare i piatti.

Naturalmente portai tutti i miei amici al Gomilla, che col tempo divenne un ritrovo per la maggior parte dei giocatori dello United. Non avemmo alcun dubbio che fosse lui l'uomo giusto per lo Slacks. Felix non era del tutto convinto, ma il fatto che sua moglie venisse da Manchester fu l'argomento vincente. Il locale fu un successo fin dal giorno dell'inaugurazione. E anche se il mio nome come coproprietario contribuì sicuramente alla sua popolarità fu Felix a dare personalità a quel posto.

Per quanto fossi felice di essermi lanciato nell'avventura dello Slack Alice, la gestione di un night club non era esattamente l'attività ideale per uno sportivo professionista. Come coproprietario del locale – e data la mia fama – ci si aspettava che mi facessi vedere quasi tutte le sere e, naturalmente, che mi facessi qualche drink con i clienti, soprattutto nel primo periodo dopo l'inaugurazione. Era fantastico vedere quel posto sempre affollato e, dopo un veglione di capodanno che io riuscii a far durare fino al 2 gennaio 1974, non fui in grado di presentarmi agli allenamenti del giorno dopo, un giovedì.

Docherty mantenne la sua promessa non parlandone con la stampa e io mantenni la mia chiamando Paddy e andando ad allenarmi con lui e Bill quel pomeriggio. Il sabato avremmo dovuto affrontare il Plymouth per il terzo turno della FA Cup. Non proprio la partita del secolo. Dopo aver aiutato Doc scendendo in campo quando non ero ancora del tutto in forma, sentivo di essere assolutamente pronto per quella partita e lui non mi disse nulla sull'allenamento saltato né il venerdì né durante il pranzo pre-partita del sabato. Poi, più o meno un'ora prima di entrare in campo, lui e Paddy mi portarono nella stanza dell'arbitro.

«Oggi non ti faccio giocare», disse Docherty.

«Perché no?» risposi scioccato.

«Perché giovedì hai saltato gli allenamenti.»

Gli ricordai il nostro accordo e il fatto che io vi avevo tenuto fede allenandomi da solo nel pomeriggio. Ma lui fu irremovibile, girò i tacchi e se ne andò.

Mi sentii profondamente umiliato.

«Se non sono abbastanza bravo per giocare contro il Plymouth Argyle», dissi a Paddy, «allora non giocherò più.»

«Non fare lo scemo», rispose. «Non fare stupidaggini. Vieni ad allenarti lunedì mattina e sarà tutto dimenticato.»

«No, Paddy, basta. È finita.»

Paddy era un po' in imbarazzo a lasciarmi così, perché mi sentivo a pezzi, ma doveva tornare negli spogliatoi per dare le ultime istruzioni ai giocatori. Quando se ne andò mi sedetti su una panchina e mi misi a piangere. Sapevo che questa volta era finita per davvero.

Quando riuscii a darmi un contegno andai nella *lounge* dei giocatori per farmi una tazza di tè, mi sedetti, ascoltai il ruggito della folla e mi misi ad autoaccusarmi. Non mi interessava stare a guardare la partita; in seguito arrivò Sammy McIlroy e mi disse che noi avevamo vinto 1 a 0.

«Non c'è più nessun "noi", Sammy», gli dissi. «Sono finito.»

Lui non sapeva cosa dire e non aveva modo di sapere che quella volta dicevo sul serio, perché avevo detto un migliaio di volte che me ne sarei andato.

Dopo che il pubblico ebbe lasciato lo stadio andai sulle gradinate e restai lì seduto da solo per almeno un'ora. Me ne restai semplicemente lì e pensai a tutti i bei momenti che avevo vissuto e a tutte le grandi occasioni che avevo avuto. Le gradinate erano deserte e silenziose, ma nella mia testa potevo sentire il ruggito dei 50.000 tifosi che mi avevano accolto la prima volta che ero uscito da quel tunnel a 17 anni. Mi rivedevo segnare quel goal contro Bobby Moore e lo sguardo sorpreso sul volto di Pat Jennings quando lo superai con una mossa spettacolare.

Ricordavo tutte quelle fantastiche serate in Europa sotto i riflettori, la teatralità spettacolare di quelle grandi occasioni. Mentre me ne stavo lì, perso nei miei pensieri, tutti quei bellissimi ricordi mi inondarono la mente e mi misi a piangere.

Le mie erano anche lacrime di rabbia, non potevo credere che fosse tutto finito. Come può essere successo, mi chiedevo, come posso essere stato lasciato fuori in una partita contro una squadra che avremmo dovuto battere 7 a 0. E senza di me si erano portati a casa un misero 1 a 0. Due anni prima, quando ero andato in Spagna, in realtà sapevo che non facevo sul serio, che sarei tornato all'Old Trafford. Ma questa volta non avevo dubbi e avevo bisogno di starmene sulle gradinate per dire addio a quel posto.

Alla fine venne un inserviente e mi disse: «È ora di andare, George», così mi alzai e uscii dallo stadio.

E passò molto, molto tempo prima che riuscissi a tornarvi.

La cosa che mi infastidì di più fu che Docherty disse alla stampa che mi ero presentato alla partita ubriaco e con una ragazza sotto braccio, una vera stronzata. Non mi sono mai presentato ubriaco a una partita dello United e sicuramente non sono mai entrato negli spogliatoi con una ragazza.

Paddy magari pensava che io non fossi più nelle condizioni di giocare, ma conosce la verità e ha sempre sostenuto la mia versione dei fatti. Ho lavorato con Doc alle riunioni delle vecchie glorie e penso sia una persona divertente. Ma è anche uno che può dire un sacco di puttanate.

Dopo che i miei giorni all'Old Trafford erano finiti in modo tanto straziante, per un po' non ebbi più nessuna voglia di pensare al calcio, così mi buttai completamente sullo Slacks, che stava già diventando uno dei locali più alla moda della città. Scoprii veramente quanto lo fosse un mese dopo avere lasciato l'Old Trafford, quando ricevetti una telefonata da uno degli organizzatori del concorso di Miss Mondo. La detentrice del titolo era un'americana, Marjorie Wallace, e lei aveva chiesto all'organizzazione cosa c'era da fare di divertente a Manchester il sabato sera. La risposta a una domanda del genere in quell'epoca era: «Non molto».

Noi eravamo più o meno l'unico locale aperto il sabato sera a causa delle rigidissime leggi sulle licenze: la maggior parte degli altri locali non aveva la licenza giusta e non si dava da fare per ottenerne una. Così quelli di Miss Mondo, che erano tizi intelligenti, mi telefonarono e mi chiesero se Marjorie poteva essere nostra ospite.

«Ma certo», dissi io, che sono un tipo generoso.

«Naturalmente dovrà essere pagata», risposero loro.

«Noi non paghiamo nessuno per venire da noi», sbottai scoppiando a ridere. «Normalmente sono loro che pagano noi, ma visto che lei è Miss Mondo potrà essere mia ospite e sarà la benvenuta.»

«No, dovete pagarla», ripeterono loro. «Sono 150 sterline. Pensi solo alla pubblicità che ve ne verrà.»

Una battuta fantastica. Io sarei stato disposto a pagare ben più di 150 sterline per poter sfuggire alla pubblicità che avevo avuto negli ultimi anni. Così scoppiai ancora a ridere e dissi loro che se voleva poteva venire e io sarei stato lieto di posare per una fotografia con lei. Ma non avrebbe preso un centesimo.

Detto questo riagganciai ma loro mi richiamarono dicendomi che Marjorie sarebbe stata felice di venire da noi. In seguito posammo per quella famosa fotografia e lei si fece un calice di champagne mentre io mi ingollavo due o tre vodke. Non si fermò molto, ma comunque abbastanza perché mi potesse dare il suo numero di telefono di Londra. Le avevo detto che passavo spesso per la capitale, il che non era nemmeno una bugia. Ora, per quanto riguardava il calcio, ero un uomo libero e potevo passare tranquillamente passare un weekend a Londra senza che una trentina di giornalisti si accampassero davanti alla casa della mia ragazza.

Scoprii dai giornali che Marjorie era teoricamente fidanzata con il pilota Peter Revson e che aveva avuto una relazione con Tom Jones e con il tennista Jimmy Connors. La cosa non spense i miei entusiasmi. In realtà non fece altro che renderla una preda ancora più ambita, così la chiamai un paio di giorni dopo e mi autoinvitai a Londra.

Quando il venerdì sera mi presentai alla sua porta lei diede un'occhiata alla mia borsa da viaggio.

«In quale albergo stai?» mi chiese.

«Non lo so ancora», risposi. «Lo deciderò più tardi.»

Naturalmente non avevo nessuna intenzione di trovarmi una stanza d'albergo e una volta che la natura ebbe avuto il suo corso l'argomento cadde nell'oblio.

Il giorno seguente fu la classica giornata londinese alla George Best: pranzo al San Lorenzo, cinema nel pomeriggio, serata al Tramp, notte a letto con una donna bellissima. Purtroppo andò tutto a rotoli quando Marjorie ricevette una telefonata nelle prime ore del mattino, mentre stavamo ancora poltrendo sotto le lenzuola.

All'inizio pensai fosse Revson ma capii che forse era la madre del pilota quando Marjorie disse: «Mi manca, lo sai. Digli che mi manca. Sto facendo la brava e non vedo l'ora di riabbracciarlo».

Sto facendo la brava! Non ci potevo credere. Sapevo di Revson e degli altri tipi, ma mi sembrava che Marjorie ci tenesse un po' troppo a farmelo notare. Non è che stessi per chiederle di sposarmi, ma stavamo insieme solo da ventiquattr'ore e mi stava trattando come un bastardello raccolto per strada.

Quando riattaccò io diedi di matto.

«Come fai a fare una telefonata simile mentre sei a letto con me?» urlai. «Non potevi trovare una scusa e dire che avresti richiamato, oppure rispondere da un'altra stanza?»

«Chi cazzo sei tu per dirmi cosa posso o non posso fare?» Dopodiché fu *lei* a dirmi cosa dovevo fare: «Forse è meglio che tu te ne vada».

Era la fine di una grande storia d'amore. Le dissi che avevo intenzione di andarmene comunque. A quel punto fu lei a uscire e a lasciarmi da solo a letto.

Mi alzai verso mezzogiorno. Qualcuno suonò al citofono ma io non andai a rispondere. Per pura curiosità diedi un'occhiata dalla finestra e vidi una Rolls-Royce parcheggiata di sotto. Qualche ora più tardi suonò il telefono e, pensando che fosse Marjorie, risposi.

«Sì, sono ancora qui», dissi, «ma non ti preoccupare, sto per andarmene.»

Sbattei giù la cornetta senza aspettare una risposta e, con il senno di poi, fu la cosa migliore che potessi fare perché per quanto ne sapevo dall'altra parte potevano esserci Revson o sua madre.

Il giovedì sera un paio di poliziotti di Manchester vennero allo Slacks e mi dissero che stavano arrivando due investigatori da Londra per arrestarmi per furto. Dissi loro che mi sembrava una cosa ridicola ma loro si scusarono e mi portarono alla stazione di polizia all'angolo. Nonostante tutte le mie preoccupazioni sul potere deterrente che poteva avere sui clienti, quantomeno non dovetti fare molta strada.

Al momento però non la presi con filosofia. Mi infuriai terribilmente quando mi dissero che ero accusato di avere rubato una pelliccia, un passaporto, un libretto degli assegni e dei gioielli dall'appartamento di Marjorie. Dissi loro che era assolutamente ridicolo e mi arrabbiai ancora di più quando la polizia perquisì la casa della signora Fullaway, dove vivevo all'epoca. Nonostante avessi lasciato lo United, ufficialmente ero ancora un loro giocatore e non vedevo alcun motivo per cambiare le mie abitudini. Ero ragionevolmente certo che non avrebbero trovato né pellicce né gioielli nascosti a casa della signora Fullaway.

I poliziotti mi tennero dentro finché non arrivarono gli sbirri di Londra, che mi portarono nella capitale senza dirmi una parola. In ogni caso ero riuscito a telefonare al mio avvocato, Geoffrey Miller, che mi aveva detto di non dire nulla finché non fosse arrivato lui. Non me ne importava granché, perché ero innocente e non avevo niente da nascondere. Ero ben felice di essere interrogato a Londra.

Gli investigatori mi fecero ricostruire ciò che avevo fatto quel sabato.

«Lei è andato al cinema con la signora Wallace e ha visto il film Tal dei Tali. Conferma?»

«Sì.»

«Poi siete andati a cena e al Tramp e in seguito all'appartamento della signora?»

«Sì.»

Sembravano compiaciuti dalle mie risposte. «E tutto questo è accaduto venerdì 16?»

«No.»

Restarono sbalorditi. «Ma lei ha appena ammesso di avere fatto tutte queste cose.»

«Sì», dissi. «Ma era sabato, non venerdì.»

Dissero che Marjorie era certissima che quegli eventi avessero avuto luogo il venerdì, al che mi chiesi di cosa si fosse fatta. E sostennero anche, presumibilmente sulla base di quanto affermato da Marjorie, che il furto aveva avuto luogo tra la notte di sabato e martedì, quando ero tornato a Manchester.

Geoffrey, il mio avvocato, si preoccupò un po' quando scoprì che avevo accettato di farmi interrogare dalla polizia senza di lui, ma gli raccontai le stesse cose.

«Sono andato al cinema con lei», gli dissi. «Sono andato al Tramp e poi nel suo appartamento. Ma stanno sbagliando giorno. Per essere stato io, avrei dovuto tornare a Manchester la domenica e poi tornare a Londra la notte stessa o quella dopo, entrare nel suo appartamento e rubare quella roba.»

Il tutto naturalmente dando per scontato che io sapessi come scassinare una serratura, perché certamente non avevo la chiave. E tanto per dare un ulteriore tocco di follia a tutta la faccenda, non c'era alcun segno di scasso. Quindi chiunque fosse il ladro, doveva avere la chiave dell'appartamento di Marjorie.

«La domenica e il lunedì sera ero nel mio locale, e ci sono più o meno cinquecento o seicento persone che possono testimoniarlo», dissi alla polizia. «Anche se fossi riuscito a sgusciare via e saltare su un treno per Londra, qualcuno mi avrebbe visto, no? La mia è una faccia abbastanza conosciuta.»

Le loro argomentazioni erano illogiche, ma venni comunque accusato ufficialmente e quando apparvi davanti alla Marylebone Magistrates Court nel febbraio del 1974 venne fissata una cauzione di 6000 sterline, che Waggy pagò per me.

Mi venne intimato di non mettermi in contatto con Marjorie, ma ero tanto arrabbiato che non riuscii a resistere. Le telefonai un paio di volte e le dissi quello che pensavo di lei, anche se mi sentii molto meglio quando ammise che non aveva alcuna intenzione di portare il caso in tribunale.

Peter Revson morì il 22 marzo, quando la sua Shadow da Formula Uno si schiantò a Kyalami durante le prove del Gran Premio del Sudafrica. Il mio processo avrebbe dovuto iniziare cinque giorni dopo. Marjorie tornò in America per il funerale. Il suo passaporto e i suoi gioielli erano stati ritrovati in un pacchetto inviato al «Sunday People».

Il processo venne rimandato al 24 aprile, ma lei non riuscì a presentarsi nemmeno quella volta. L'accusa venne fatta cadere. Il giudice disse che ero stato prosciolto con la fedina penale pulita.

La morte di Revson fu un evento triste, ma anch'io avevo ricevuto delle notizie tragiche solo tre giorni dopo il mio arresto.

La violenza a Belfast era andata peggiorando costantemente e mio padre mi chiamò per dirmi che mio cugino, Gary Reid, che aveva solo 17 anni, era stato colpito alla testa da un proiettile. Era una delle migliaia di vittime innocenti che non erano minimamente coinvolte nel terrorismo di qualsiasi colore ma si erano ritrovate nel posto sbagliato al momento sbagliato. Era un ragazzo adorabile il cui unico crimine fu quello di uscire di casa una sera per andare a comprare del *fish and chips* per i suoi genitori e di farsi incastrare tra due fuochi. A quanto pare fu ucciso da un proiettile dell'esercito, la qual cosa ha un che di tristemente ironico se pensiamo che uno delle mia famiglia lavorava per i servizi di sicurezza.

Non credo che vi sia qualcuno che ha vissuto a Belfast senza essersela vista brutta in un modo o nell'altro, ma fino ad allora nella nostra famiglia non era stato ucciso nessuno. Ci sentivamo abbastanza fortunati. La mia famiglia era protestante ma tutti quanti – i miei nonni, mio padre, mia madre, le mie sorelle Carol e Barbara – avevano un approccio aperto alla questione irlandese.

Dovevi essere decisamente ingenuo se venivi da Belfast e pensavi che il torto stava tutto dalla parte di una sola religione, e che questa non fosse quella in cui credevi tu. C'è del buono e del cattivo in entrambe le parti e bisogna essere in due per fare una guerra. Ed è proprio una guerra quella che si è combattuta in Irlanda del Nord in tutti questi anni.

Quando ero un ragazzino dell'Orange Order l'anniversario della battaglia di Boyne, il 12 luglio, era una giornata importante per noi. Ci si insultava parecchio, ma non entravi nell'Orange Order perché odiavi i cattolici e non entravi nell'IRA perché odiavi i protestanti. Ora, naturalmente, è esattamente per questo che entri in quelle organizzazioni. L'accordo del Venerdì Santo avrebbe dovuto portare alla pace, ma nell'Ulster ci sono ancora pestaggi tutti i giorni e nessuno che viva a Belfast sarebbe tanto idiota da dire che va tutto bene.

Le cose sono migliorate negli ultimi anni, ma oggi sembra che alcuni terroristi siano spinti ad agire soprattutto dal profitto. Ci sono dei gruppi che non lo fanno più per principi religiosi, per quello in cui loro o le loro famiglie credono, per raddrizzare i torti del passato e per cercare di costruire un futuro migliore. Lo fanno solo per i soldi, tutto lì. E la droga ha un ruolo sempre più importante in questa situazione: entrambe le parti sono impegnate nel traffico di stupefacenti e combattono tra loro per mantenere il controllo, perché le cifre in gioco sono altissime.

Oggi non ci sono più i carri armati dell'esercito per le strade. Ma ci saranno sempre delle persone che vogliono che i disordini continuino, che non vogliono la pace. Ed è questa la tragedia. Anche se il 90 per cento delle persone vuole che tutto questo finisca, non succederà nulla finché ci sarà un 10 per cento di irriducibili a cui non importa nulla dei diritti umani.

Quello in cui Gary venne ucciso fu un periodo difficile per mio padre, mio fratello e le mie sorelle, perché stavano anche cercando di fare qualcosa per i problemi sempre più seri che mia madre aveva con l'alcol. Carol era ormai diventata praticamente la madre delle sue sorelle e dei suoi fratelli.

«George», mi disse, «oggi mamma non ti sembrerebbe più la stessa donna con cui siamo cresciuti. Noi abbiamo avuto il meglio di lei.»

Secondo Carol era diventata molto petulante e lunatica, e diceva delle cattiverie ai bambini. Carol diceva di avere paura di tornare a casa la sera e aveva preso l'abitudine di avvicinarsi di soppiatto alla finestra sul davanti della casa per sbirciare dentro e controllare in che stato fosse la mamma, in modo da sapere cosa si doveva aspettare.

Io mi sentivo in colpa perché sapevo che mia madre era preoccupata per me e io da qualche anno gliene avevo dato decisamente motivo. Fui comunque scioccato di scoprire che una sera aveva preso a pugni una donna in un locale. A quanto pare lei e papà stavano bevendo qualcosa in tutta tranquillità e quando mamma andò al bagno una donna la seguì e le disse: «Lei è la signora Best, la madre di George Best?»

Mia madre disse di sì e quella donna iniziò a insultarmi dicendo peste e corna di me. Mia madre le tirò un cazzotto, poi tornò da mio padre e disse: «Andiamo, dobbiamo uscire di qui».

Ricordavo mia madre come una persona tranquilla e posata: doveva non poterne proprio più per fare una cosa del genere. Mi sentivo in colpa ma non sapevo cosa fare per risolvere quella situazione e in ogni caso forse non ero la persona più qualificata per farlo.

Probabilmente bevevo più di lei, ma io non lo consideravo un grosso problema, anche se accettavo l'idea che l'alcol inducesse dei comportamenti sbagliati. E allora chi ero io per dirle di non bere? Non ero lì e non potevo sapere quanto fosse brutta la sua situazione, ed essendo anch'io un alcolista sapevo che mio padre e le mie sorelle erano molto più preparati di me ad affrontare la cosa. Mi sentivo triste, ma anche inutile.

La differenza tra mio padre e mia madre era che mentre a lui non disturbava che la gente lo avvicinasse per parlare di calcio e di me, mia madre lo detestava, soprattutto dopo quell'incidente nel locale. Se qualcuno le chiedeva: «Lei è la signora Best?» lei restava di sasso oppure negava. E tutte le storie e le stronzate che scrivevano su di me non facevano che peggiorare la sua situazione. Purtroppo sembrava che per quanto mi riguardava mamma fosse molto più sensibile di quanto noi avessimo pensato.

Stavo ancora cercando di costruirmi una vita al di fuori del calcio, quando venni convinto a staccare le scarpe dal chiodo nel maggio del 1974, quando ricevetti un'offerta principesca per giocare in Sudafrica, per una squadra di Johannesburg che si chiamava Jewish Guild. Da non crederci. Mi offrirono 11.000 sterline per giocare per otto settimane, ma io non volevo andare da solo, così chiesi a Waggy di venire con me e dopo qualche insistenza lui accettò.

Furono due mesi fantastici e quando tornai a casa ricevetti una telefonata da Barry Fry, che ai vecchi tempi era stato con me all'Old

Trafford. Barry era diventato allenatore del Dunstable Town, una squadra che non faceva parte della Lega, ed essendo sempre stato uno con il pallino per i soldi facili, mi chiese se volevo giocare con la sua squadra contro le riserve dello United.

Il compenso era buono, così accettai e il Dunstable ci guadagnò molto: lo stadio era pieno fino agli ultimi posti. Battemmo lo United per 3 a 2, il pubblico entrò in campo alla fine della partita e io venni portato in trionfo.

Da un punto di vista burocratico io appartenevo ancora allo United, così dovetti chiedere a Doc il permesso per giocare quelle partite, anche se lui avrebbe potuto difficilmente negarmelo, perché non avevo alcuna possibilità di tornare in campo con i Reds.

E poi Docherty aveva problemi più gravi di cui occuparsi. L'estate precedente aveva permesso a Denis Law di tornare al Manchester City con un trasferimento gratuito. Fu un altro dei suoi grandi errori. Alla fine della stagione Denis segnò con un colpo di tacco all'Old Trafford, fece vincere per 1 a 0 il City e mandò lo United in seconda divisione. La partita venne sospesa quando il pubblico invase il campo, ma dato che mancavano solo otto minuti alla fine e che erano stati i tifosi dello United a bloccare la partita, la Lega decise di confermare il risultato parziale.

Denis oggi ci scherza sopra nei suoi discorsi dopocena, ma per la prima volta nella sua carriera non festeggiò un goal e disse in seguito che quello per lui era stato il momento più deprimente di tutta la partita. Potevo capire come si doveva essere sentito. Io non provavo alcuna solidarietà per Docherty, ma mi rattristava il fatto che sei anni dopo avere vinto la Coppa dei Campioni lo United fosse caduto tanto in basso.

Il ritorno dei demoni

Ormai ero un calciatore in pensione, quantomeno ufficiosamente, e non mi restava altro da fare se non divertirmi. Dicono che l'ozio è il padre dei vizi, così io per non restare ozioso riuscii a scoprire un terzo vizio che venisse a tenere compagnia all'alcol e alle donne.

Il gioco.

Nel corso degli anni ci avevo provato di tanto in tanto, ma Colin Burne era un giocatore incallito e, dato che dopo la chiusura dello Slacks alle due del mattino non avevamo nulla da fare, prendemmo l'abitudine quasi quotidiana di andarcene al casinò. Il povero vecchio Waggy, che non giocava, veniva lasciato a chiudere il locale perché noi eravamo proprio come due ragazzini, non vedevamo l'ora di uscire appena suonava la campanella.

Andavamo in un posto che si chiamava Soames, di proprietà del francese Emile Semprèse. Lo Slack faceva ogni sera soldi a palate, così io e Colin andavamo alla cassaforte, prendevamo 500 sterline a testa dall'incasso e ce ne andavamo al Soames, uno dei casinò più eleganti. La prima cosa che facevamo era ordinare e pagare un paio di bottiglie di champagne, in modo che anche se avessimo perso il resto dei soldi alla fine non ci sarebbe mancata la bumba per festeggiare o affogare la tristezza.

Io pensavo che stavo iniziando a darci dentro un po' troppo con il gioco, ma Colin era di un'altra categoria. Una notte, quando annunciarono l'ultimo giro di roulette, a lui restava in tasca a malapena qualche penny. Puntò tutto quello che aveva sul numero 22 e lo coprì con tutte le combinazioni vincenti possibili. Quando la ruota iniziò a girare io trattenni il respiro. Non avevo il coraggio di guardare. Quando il croupier lanciò la pallina fu come se una grande mano fosse uscita dal nulla e l'avesse guidata: finì dritta sul numero 22.

Colin, che con quella giocata aveva vinto migliaia di sterline, si limitò a sorridere. La nostra era però un'abitudine pericolosa: giocavamo con soldi che non avevamo. Qualche mese dopo stavamo giocando a dadi e – nel giro di mezz'ora – ci ritrovammo sotto di 17.000 sterline. Se mi fossi fermato a pensare, mi sarei terrorizzato. Ma con l'adrenalina che pompava nelle vene continuammo a lanciare: due ore dopo avevamo ancora i dadi in mano e avevamo trasformato la nostra perdita in una vincita incredibile: 26.000 sterline.

Al momento mi parve fantastico, una di quelle cose che succedono solo nei film, ma quando ci ripensai in seguito mi spaventai a morte immaginando cosa sarebbe potuto succedere se non fosse andata a quel modo. Naturalmente tutti i croupier del casinò ci conoscevano e probabilmente pensavano che, dato che eravamo lì tutte le sere, non dovevamo avere problemi di soldi e potevamo perdere quanto ci pareva.

Emile in quell'occasione si comportò come se fosse contento per noi e mentre stavamo bevendo il nostro champagne ci disse qualcosa del tipo: «Complimenti, ragazzi».

Colin giocava d'azzardo anche negli affari, ma fortunatamente era una specie di genio quando si trattava di gestire un pub, un locale notturno o un ristorante. Aveva un sesto senso per capire cosa voleva la gente. Lo portai da Geales, un ristorante specializzato in pesce a Notting Hill Gate, e gli dissi che era il migliore *fish and chips* di Londra. Lui allora aprì un *fish and chips* di lusso – qualcuno l'avrebbe definito addirittura pretenzioso – a Manchester. Le pareti erano rivestite in legno, al bancone c'erano ragazze bellissime e lo champagne scorreva a fiumi. Era geniale, assolutamente geniale.

Così quando propose a me e a Wally di comprare il vecchio Waldorf Hotel e trasformarlo in un nuovo locale, chi ero io per contraddirlo? Lo Slacks aveva un successo enorme e ci andavano tutti quelli che contavano qualcosa. Jimmy Tarbuck naturalmente era un cliente abituale quando era in città, come anche Bruce Forsyth e Dave Allen. Mick Jagger veniva a bere da noi, e come lui tutte le altre rockstar che suonavano a Manchester. E poi c'erano altri fantastici personaggi locali, come Frank Evans, il torero di Manchester, e Brian Hafferty, un uomo d'affari che organizzava partite a carte. Lo Slacks era sempre tanto affollato che non ti potevi quasi muovere. Così pensammo che sarebbe stato sensato dare un'alternativa alla gente.

Aprimmo l'Oscar's nel novembre del 1974 e Colin, come sempre, aveva escogitato un piano perfetto per farne un locale versatile che piacesse a tutti. Il primo piano era il vero e proprio Oscar's, dove venivano serviti piatti tipici da pub, salsicce con purè di patate, bistecche e pâté di fegato. C'era anche un grande camino che dava al posto un'atmosfera piacevole e nel giro di poco tempo a pranzo il locale fu sempre pieno di uomini d'affari. Al piano superiore c'era una sala banchetti privata che chiamammo Dorian Gray, e tra questa e il pub c'era il Saville's, la discoteca, che in realtà non ebbe lo stesso successo dello Slacks.

Ma la vera gallina dalle uova d'oro era il *wine bar* al pianoterra. Lo aprivamo solo due ore dopo le undici, l'orario di chiusura del pub. I bevitori hanno una mentalità strana. Non importa cosa si sono scolati nel corso della serata: se gli dici che hanno solo altre due ore cominciano a darci dentro più che possono. Se ne stavano in coda là sotto agitando biglietti da venti sterline da quando aprivamo fino all'orario di chiusura.

Se fossimo stati saggi, con i soldi che stavamo facendo con i due locali io, Colin e Waggy avremmo potuto andarcene in pensione nel giro di quattro o cinque anni. Ma pensavamo di avere trovato una miniera inesauribile e io e Colin ci fottevamo un sacco di soldi col gioco. Di giorno, quando non c'erano casinò aperti in cui sperperare un po' di sterline, andavamo alle corse dei cavalli ad arricchire gli allibratori. Puntavamo 500 sterline a testa e facevamo le nostre scommesse ognuno per conto proprio, d'accordo che a fine giornata avremmo diviso quello che avevamo in tasca. Di solito ce ne andavamo prima dell'ultima corsa per evitare il traffico.

Un pomeriggio all'Haydock le cose erano girate piuttosto bene e prima dell'ultima corsa avevamo in tutto 1500 sterline.

«Fantastico», disse Colin. «Tieni tu i soldi. Io vado un attimo al cesso e poi ce ne andiamo.»

Dopo qualche minuto fu di ritorno: «Si va, George?»

«No», risposi. «Ho fatto un'ultima puntata.»

Era una corsa a due cavalli: Lester Piggott e Joe Mercer.

«Qual è il tuo?» chiese Colin.

«Guardiamo la corsa. Te lo dico dopo.»

Non ci fu bisogno di dirglielo: Piggott cadde circa 20 lunghezze prima dell'arrivo.

«Andiamo», dissi tirando Colin per un braccio.

«Quanto avevi scommesso?» mi chiese mentre schizzavamo verso il parcheggio.

«Tutto quanto», risposi io.

Come ho già detto anche Colin era un giocatore incallito, per cui non diede di matto. Ci fece su una risata: «Sei un pazzo bastardo».

Tutti i miei impegni calcistici si riducevano alla partitella del sabato mattina con i camerieri dello Stanneylands Hotel di Wilmslow.

Mettevamo insieme un gruppetto di giovanotti: Danny Burks, un tifoso sfegatato dello United, Colin, io e chiunque altro riuscissimo a raccattare. Peccato che dopo pochi minuti di gioco la maggior parte di noi stesse vomitando le bevute della sera prima. Con noi giocava un tipo che si chiamava Cliff Harold. Era un vero fanatico del fitness, si allenava tutte le mattine al Midland Hotel e non toccava alcolici neanche a pagarlo. Ironia della sorte, è schiattato d'infarto qualche mese fa, poveraccio. Waggy era uno dei pochi del nostro gruppo a non essere appassionato di calcio. Un sabato mattina, però, lo convincemmo a giocare. Si ruppe una gamba. Fu la sua prima e ultima partita.

Non avevo più pensato di giocare da professionista finché non mi arrivò un'offerta dallo Stockport County, che giocava in quarta divisione e mi voleva pagare per ogni partita sapendo che si sarebbero rifatti di tutte le spese con gli incassi. All'inizio lo United rifiutò di darmi il permesso e protestò presso la FIFA, la polizia interplanetaria del calcio, dicendo che avevano ancora loro il mio cartellino. La FIFA annunciò immediatamente che io ero sospeso, ma dopo qualche giorno prevalse il buonsenso e lo United accettò di lasciarmi libero.

Firmai per un mese con lo Stockport. Non mi interessava giocare per loro in pianta stabile, ma mi davano un sacco di soldi e io ne avevo spesi un bel po' per l'Oscar's. Esordii in un'amichevole contro lo Stoke il 10 novembre del 1975. Il pubblico dello Stockport all'epoca si aggirava in media intorno alle 3000 persone, ma la curiosità spinse più di 8000 tifosi a vedere se io sapevo ancora fare il mio lavoro. Dimostrai che era così segnando il nostro unico goal in un dignitoso pareggio per 1 a 1. Lo Stoke allora era una buona squadra di prima divisione, mentre lo Stockport stava lottando per la salvezza e alla fine della stagione dovette chiedere di essere riammessa in Lega.

Debuttai in campionato con loro contro lo Swansea e segnai il goal della vittoria: la partita finì 3 a 2 in nostro favore. Per quella partita si vendette il considerevole numero di 9000 biglietti e anche se per le mie ultime due presenze il pubblico diminuì un po', era sempre il doppio di quello a cui era abituato lo Stockport.

La cosa divertente era che io mi ero preparato per quelle partite allenandomi con Colin allo YMCA. Colin era grande e grosso, ma non aveva un filo di grasso ed era in grado di correre per un giorno intero. C'era un parcheggio accanto allo YMCA con una discesa ripida lunga almeno 80 metri. Mi ricordava un po' la discesa che c'era davanti alla casa delle vacanze dei miei nonni, a Crossgar. Quando correvamo giù per quella discesa, riuscivo a staccare Colin di parecchio, ma sulla lunga distanza non gli stavo proprio dietro.

Quelle partite con lo Stockport non significavano nulla per me, erano soltanto un modo per procurarmi dei soldi. Ma le mie prestazioni fecero drizzare le antenne ad altre squadre, soprattutto perché ora ero padrone di me stesso mentre qualche anno prima se una squadra fosse stata interessata a me avrebbe dovuto pagare 300.000 sterline per il trasferimento. Cominciai a pensare a un mio possibile rientro, così quando mi chiesero di giocare per il Chelsea in una partita in onore di Peter Osgood, decisi che volevo fare una buona impressione e che quegli scatti da 80 metri al parcheggio dello YMCA non sarebbero stati sufficienti per tornare al massimo della forma.

Così entrai in una *health farm* per qualche settimana e in quella partita riuscii a segnare due goal, anche se i match di quel tipo non sono ferocemente competitivi come quelli di campionato o di coppa.

L'allenatore del Chelsea Eddie McCreadie rimase favorevolmente colpito dalla mia prestazione e mi offrì un contratto a partita. Mi sembrava abbastanza giusto, viste e considerate tutte le assenze dal campo che avevo accumulato in passato. E poi il Chelsea mi attirava. Era una grande squadra e io avevo degli ottimi ricordi delle partite giocate contro di loro. Tra l'altro in quel periodo passavo un sacco di tempo a Londra, per cui questa prospettiva non era male neppure da un punto di vista mondano. Pensai che se lo Stockport poteva permettersi 300 sterline a partita, il Chelsea ne avrebbe sicuramente potute sganciare 1000. Senza contare che non pagare il mio trasferimento equivaleva ad avere 300 partite gratis! Ma loro pensarono che stessi chiedendo troppi soldi e non se ne fece nulla nonostante il Chelsea fosse l'unica squadra inglese con la quale avrei accettato di giocare in pianta stabile.

Quando la North American Soccer League mi ricontattò nel 1976 decisi che il gioco valeva la candela. Quando avevo rifiutato l'ingaggio con il New York Cosmos, loro avevano preso Pelé. Niente male come sostituto! La cosa però tornò a mio vantaggio perché il Los Angeles Aztecs voleva un grosso nome da contrapporgli e pensava che io fossi l'uomo giusto. Andai a conoscere il loro direttore generale, John Chaffetz, e quando mi dimostrai interessato alla cosa lui mi chiese se conoscevo altri giocatori inglesi da poter ingaggiare.

Io non avevo nessuna voglia di andare da solo a Los Angeles, per cui dissi che avevo sottomano la persona perfetta: Bobby McAlinden.

«Bobby Macca chi?» chiese. Chaffetz naturalmente non l'aveva mai sentito nominare.

«Be'», dissi, «è un ottimo mediano. Giocava per il Manchester City, ha presente?»

Chaffetz – altrettanto naturalmente – conosceva il City e tanto gli bastò. Io tralasciai di dirgli che Bobby aveva giocato una sola volta nella prima squadra del City prima di essere trasferito al Port Vale e poi allo Stockport. Era strano: quando avevo giocato contro Bobby nei derby delle giovanili di Manchester avevo sempre pensato che fosse uno stronzetto senza personalità. Non avrei mai immaginato che un giorno gli avrei chiesto di venire negli Stati Uniti con me.

Le nostre strade probabilmente non si sarebbero mai più incrociate se non fosse stato per il nostro comune amore per il gioco d'azzardo. Dopo avere lasciato lo Stockport, lui aveva fatto qualche partita con il Glentoran, una curiosa coincidenza se pensate che era la squadra per cui tenevo da ragazzino. Quando tornò a Manchester iniziai a incontrarlo di quando in quando nei casinò. Lui faceva l'autista per uno che giocava parecchio e veniva spesso allo Slacks.

Man mano che imparai a conoscerlo apprezzavo sempre più la sua compagnia e nel giro di poco tempo diventammo ottimi amici. Finì per unirsi alla banda dello YMCA, cosa che sicuramente avrebbe colpito Chaffetz se l'avessimo messa nel suo curriculum vitae. Bobby fu felice per me quando ricevetti l'offerta da Los Angeles, ma probabilmente mi invidiava anche un po'.

«Perché non vieni con me?» gli chiesi un giorno. «Ti andrebbe?»

«Dici sul serio? Ci sguazzerei come un pesce nell'acqua», mi rispose.

Così con gli Aztecs era tutto deciso e per passare il tempo fino all'inizio del contratto, che sarebbe partito dal febbraio del 1976, giocai tre partite per il Cork Celtic nel campionato irlandese. Anche in quel caso le partite non significavano nulla per me, ma mi aiutarono a tornare in forma e il Cork fu più che felice della pubblicità e degli incassi.

Per Bobby l'avventura americana era un grande passo avanti da un punto di vista calcistico e ne era così felice che all'inizio giocò a meraviglia. Se anche come calciatore poteva avere dei limiti, nessuno avrebbe mai potuto accusare Bobby di non metterci il cuore o di non essere un tipo entusiasta, e la mia scelta si rivelò più che giusta. Non credo che i tifosi americani l'avessero mai sentito nominare prima, ma dato che dava il massimo in tutte le partite divenne ben presto uno dei loro giocatori preferiti.

Per me l'America era un nuovo inizio. Mi portò lontano dalla gabbia dorata che mi ero costruito a casa, dal bere, dal gioco, e mi permise di giocare a calcio senza l'enorme pressione che mi ero sentito addosso quando giocavo per lo United. Naturalmente il livello qualitativo non era lo stesso e i tifosi non avevano idea di ciò che stavano guardando, ma all'inizio fu fantastico perché lì giocavano alcuni dei più bravi giocatori del mondo: Pelé, Franz Beckenbauer, Johan Cruyff, Gordon Banks, Carlos Alberto. E naturalmente Bobby McAlinden.

Come per tutti i miei rientri, all'inizio mi allenavo come un matto, lavoravo duro e per tenermi in forma giocavo anche tutti i giorni a racchette, a volte addirittura per tre o quattro ore di seguito. Diedi un bel taglio anche all'alcol e riuscii a tenere a bada i miei demoni.

Bobby non era mai stato un gran bevitore, il che probabilmente mi aiutò. Ci piaceva vivere con stile, per cui affittammo insieme una casa a Hermosa Beach, un po' a sud rispetto al centro di Los Angeles e alla sua follia. Mi piaceva sentirmi di nuovo in forma, ero contento che la squadra giocasse bene e non avevo né motivo né desiderio di scomparire come mio solito o di scatenarmi in una baldoria alcolica di due o tre giorni. Per pura coincidenza anche Charlie Cooke, con cui avrei potuto giocare nel Chelsea, firmò un contratto con gli Aztecs. Io e lui formammo una gran bella linea d'attacco insieme a Ron Davies, l'ex centravanti del Galles.

Nell'ultima partita della stagione dovevamo non solo vincere, ma anche segnare almeno tre goal per entrare nei play off della nostra divisione. Gli americani, come sempre per quanto riguarda lo sport, volevano mantenere vivo l'interesse dei tifosi di tutte le squadre fino all'ultima giornata della stagione, così avevano escogitato un metodo complicato in base al quale per ogni goal venivano assegnati dei punti aggiuntivi. Non era certo un evento tipo le partite contro il Benfica o il Real Madrid, ma mi trovavo di nuovo a dover affrontare una sfida come quelle del passato. Segnai due volte e vincemmo per 4 a 1 contro i Dallas Tornado. Dovemmo affrontarli di nuovo durante i play off e perdemmo per 1 a 0, ma la squadra era soddisfatta dei risultati di quella stagione e io ero felicissimo di avere segnato 15 goal in 23 partite.

Non era il Manchester United, ma mi stavo comportando bene in campo ed ero tornato a divertirmi a giocare a calcio.

Ben presto iniziammo ad avere una vita mondana anche lì, grazie a Waggy che conosceva un milionario di nome Ed Peters, che aveva un appartamento a Beverly Hills accanto a una delle case in cui la banda Manson aveva compiuto una delle sue stragi. Ho usato la parola «milionario», ma a giudicare dal suo appartamento Ed doveva essere ben più che milionario: era di un lusso sfrenato, con una terrazza che portava alla piscina, una sala con un tavolo da biliardo, mobili e oggetti bellissimi. E le feste che dava facevano sembrare una cosetta da poco il buon vecchio Selwyn Demmy di Manchester.

Non ho mai saputo che lavoro facesse Ed, ma aveva un sacco di conoscenze. Nei weekend la sua casa era sempre aperta e ci capitava gente del calibro di Hugh O'Brian e James Caan, il che voleva dire che non c'era mai penuria di belle donne. E se ci andava di uscire Ed ci portava nei locali e nei ristoranti più esclusivi di Los Angeles, posti in cui una persona normale non sarebbe mai riuscita a entrare. Sul terreno della sua casa c'era anche una dépendance per gli ospiti, che veniva utilizzata da Liz Taylor quando doveva vedere uno dei suoi flirt. Era il loro nascondiglio dai giornalisti ficcanaso.

Erano incredibili le cose che succedevano a casa di Ed. Avete presente la parola «baccanale»? Sembrava di essere in un film sugli ultimi giorni dell'Impero romano. C'erano le creature più belle che possiate immaginare nude intorno alla piscina, intente a parlare con questi attori famosi come se fosse una cosa del tutto normale. Lo champagne scorreva a fiumi e, a parte me e Bobby, tutti si facevano le canne.

«Adesso sei contento di essere venuto in America?» chiesi a Bobby quando passammo la prima serata a casa di Ed.

Presto iniziammo a frequentarla regolarmente e un venerdì sera entrò una bellissima bionda che non avevo mai visto prima. Era con un'amica e l'espressione che assunsero dopo essersi date un'occhiata in giro mi fece capire che non era quello che si erano aspettate. Dopo cinque minuti stavano già per andarsene.

«Perché non tornate domenica?» dissi alla bionda. «È un po' più tranquillo, una cosa più intima.»

«Ci penserò sopra», rispose lei, ma quella domenica non si fece vedere e io scoprii che si chiamava Angela Macdonald Janes.

Fui immediatamente attratto da lei, non solo per il suo aspetto ma anche perché era completamente diversa dalle altre ragazze che avevo incontrato a Los Angeles. Tanto per cominciare era inglese, e poi era una ragazza intelligente e indipendente, non una testa vuota californiana che pensava solo a divertirsi. Non era strano che fosse un tipo tanto indipendente, visto che se n'era andata di casa a diciott'anni per fare la modella a New York. In quel periodo lavorava come assistente personale di Cher. Uscimmo qualche volta insieme, perlopiù a cena, e come mi capitava spesso divenne presto una relazione seria. Lei cominciò a dividere le sue giornate tra la villa di Cher e la casa da scapoli che io e Bobby condividevamo a Hermosa Beach. Doveva proprio essere innamorata se era pronta ad affrontare una cosa del genere.

Tutto girava alla grande, sia in campo che fuori. Dopo essere stato tanto tempo lontano dal calcio la mia prima stagione in America mi piacque più di quanto potessi immaginare. Era parecchio che non avevo così tanta voglia di giocare. Così quando il Fulham mi offrì un contratto per la stagione 1976-77 fui più che interessato. Bobby Moore nella stagione precedente li aveva aiutati a raggiungere la finale della FA Cup, dove avevano perso contro il West Ham. Il loro allenatore Alec Stock, le cui squadre giocavano sempre con grande stile, voleva mettere sotto contratto me e Rodney Marsh, che giocava in America con i Tampa Bay Rowdies.

Io e Rodney avevamo una gran voglia di giocare in Inghilterra nella stagione invernale e il trasferimento di Rodney andò a buon fine. Per l'ennesima volta mi trovavo in un limbo. C'era una sovrapposizione tra la stagione americana e quella inglese e gli Aztecs avevano una clausola in base alla quale era loro dovuto un indennizzo economico per ogni partita che avessi saltato. Questa comunque non era una scusa sufficiente per l'atteggiamento pomposo del segretario della Football League, Alan Hardaker. Non ero riuscito a chiudere le pratiche in tempo per la prima partita della stagione e Hardaker dichiarò: «Per quanto ci riguarda, George Best non esiste in questo Paese. Quando riceveremo le sue pratiche, potranno passare al Comitato Esecutivo, che non si riunirà fino al 19 settembre».

Non esistevo! Gli dimostrai il contrario dopo che il presidente del Fulham, Tommy Trinder, e il segretario, Graham Hortop, convinsero la Federazione ad accettare la mia registrazione e io e Rodney debuttammo insieme contro i Bristol Rovers al Craven Cottage. Misi dentro l'unico goal della partita dopo 71 secondi, anche se i funzionari del Fulham furono probabilmente ancora più emozionati quando contarono le matrici dei biglietti e scoprirono di averne venduti 21.000, il doppio del solito.

Continuammo a giocare davanti a un grande pubblico, con me e Marshy a fare i numeri per i tifosi e Bobby impeccabile come sempre in difesa. Era manna dal cielo per la stampa e, nonostante i miei precedenti rifiuti, una casa discografica contattò me e Rodney per proporci di incidere un disco.

«Non so cantare», dissi anche questa volta, «e per quanto ne so nemmeno Rodney.»

«Non importa», disse il dirigente della casa discografica. «Oggi possiamo far sembrare tutti dei grandi cantanti.»

Gli chiesi se aveva già una canzone in mente.

«Sì, *I'm a Pink Toothbrush, You're a Blue Toothbrush*.»* Era un vecchio successo di Max Bygraves.

«Io ho un quoziente d'intelligenza di 158 e lei vuole farmi cantare *I'm a Pink Toothbrush*?»

Lo prese come un no.

Quella con la mia nuova squadra fu una luna di miele molto breve, sia dentro sia fuori dal campo. Il Fulham mi aveva fatto un sacco

* Letteralmente: «Io sono uno spazzolino da denti rosa, tu sei uno spazzolino da denti blu».

di grandi promesse, che comprendevano un «appartamento di lusso» (in realtà decisamente distante da questa altisonante descrizione), un'auto che non ricevetti mai e una gratifica d'ingresso che – quando mi arrivò – avrebbe potuto anche essere una liquidazione. Angie non fu decisamente entusiasta della nuova casa quando mi raggiunse nel settembre del 1976. Questo creò immediatamente dei problemi al nostro rapporto, che finché eravamo rimasti negli Stati Uniti era andato a gonfie vele.

Fu forse a causa di tutte quelle frustrazioni che nell'ottobre di quell'anno mi misi a litigare con un arbitro per un calcio di punizione assegnato al Southampton e venni espulso per avere usato un linguaggio offensivo. Quel fatto entrò a suo modo nella storia del calcio, perché fu in quel giorno che vennero introdotti il cartellino giallo e quello rosso. Ma io non fui il primo a cui venne mostrato il cartellino rosso: quell'onore (o disonore) spettò a David Wagstaffe del Blackburn, che giocava contro il Leyton Orient.

La situazione cominciò a peggiorare, e quando le cose vanno a quel modo il divertimento tende a finire, almeno per quanto mi riguarda. Io però avevo almeno dimostrato di poter ancora giocare a un livello ragionevolmente alto e in ottobre l'allenatore dell'Irlanda del Nord, Danny Blanchflower, mi invitò a giocare a Rotterdam contro l'Olanda in una partita per la qualificazione ai Mondiali. Non giocavo in nazionale da tre anni, ma quello era proprio il tipo di occasione che faceva per me.

Cruyff era ancora la stella assoluta dell'Olanda, ma la maggior parte dei giornali disse che l'avevo messo in ombra in un pareggio per 2 a 2 che fece la gioia di Danny. Sull'onda del successo a novembre venni convocato a Liegi per una partita contro il Belgio, ma quella volta non potei fare granché. I belgi mi misero quasi sempre alle costole tre difensori e non trovai mai lo spazio per delle azioni pericolose. Il 22 ottobre del 1977 arrivai alla mia trentasettesima presenza in nazionale in una partita contro l'Olanda, che perdemmo 1 a 0.

Per quanto riguardava il Fulham le cose andavano di male in peggio. Quando a novembre affrontammo l'Hull in casa, sulle gradinate c'erano meno di 10.000 persone, e anche se in seguito il pubblico aumentò, non fu mai più lo stesso. Com'era già accaduto in passato, una partita contro il Chelsea, il principale rivale del Fulham, si rivelò piena di sorprese per me. Mentre uscivamo alla fine della partita, scambiai qualche parola con l'arbitro John Homewood e feci un gesto che riassumeva bene l'opinione che avevo della sue capacità arbitrali.

Lui citò l'accaduto nel suo rapporto, e la FA mi accusò di condotta antisportiva e mi diede una multa di 75 sterline. Come se tutto questo non bastasse, io e Angie avevamo discusso talmente tanto che lei se n'era andata dal nostro appartamento, anche se considerando lo stato in cui si trovava la casa non posso fargliene davvero una colpa. Quel posto era così orribile che spesso era all'origine dei nostri litigi.

Lei si lamentava della casa e diceva: «George, devi dire alla squadra che abbiamo bisogno di una casa migliore». Io me ne fregavo. Non pensavo che ci saremmo rimasti ancora per molto tempo e non volevo aggravare la situazione. Per sfuggire alle lamentele di Angie andavo a sbronzarmi e un giorno, di ritorno da una delle mie bevute, scoprii che aveva fatto le valigie e se n'era andata. Più tardi mi telefonò per dirmi che ne aveva avuto abbastanza.

Le chiesi come pensava di mantenersi e lei disse: «Me la caverò. Direi che sono capace di badare a me stessa». Naturalmente era così, ma non feci salti di gioia quando scoprii che aveva ottenuto un lavoro al Playboy Club, dove la pagavano quanto bastava perché si potesse permettere un appartamento tutto suo.

Dietro le quinte al Craven Cottage c'era aria di tempesta: in dicembre Tommy Trinder si fece da parte e venne nominato presidente a vita, mentre Guy Libby, un agente di cambio del Surrey, assunse la carica di presidente operativo. La notizia peggiore per me fu però che Alec Stock diede le dimissioni da allenatore della squadra per essere sostituito da Bobby Campbell. Alec era una delle ragioni per cui ero entrato in squadra. Era adorabile e spumeggiante, con un approccio romantico al calcio e al modo in cui lo si dovrebbe giocare. È stato lui a ispirare il personaggio dell'allenatore in *The Fast Show*: me l'ha detto Paul Whitehouse!

Bobby aveva una massa di capelli ricci e scuri ed era ben piantato, con una di quelle strette di mano che ti spappolano e una fama di sergente maggiore. Ma nonostante le mie paure il nostro primo approccio non fu malaccio, anche se non sarebbe passato molto tempo prima che ci trovassimo a incrociare le spade. Con la squadra che andava male e Angie che se n'era andata, l'euforia di quell'estate era ormai scomparsa e io tornai a cercare la risposta ai miei problemi in fondo a un bicchiere.

Quando al terzo turno della FA Cup affrontammo lo Swindon, proveniente dalla terza divisione, Bobby decise che, anche se giocavamo in casa, la squadra sarebbe andata a stare al Kingsway Hotel. Mi sembrava un'idiozia dovermi chiudere in un albergo quando stavo in un appartamento che – per quanto non fosse il massimo del lusso – si trovava a due passi dallo stadio. Così uscii e feci un salto al Duke of Wellington di Chelsea per farmi un bicchiere.

Verso l'ora di chiusura me ne stavo seduto a parlare con un paio di ragazze quando entrò Bobby. Sapeva che quel pub era uno dei miei locali preferiti, perché ci andavo spesso a bere con Mooro e Marshy.

«Hai intenzione di presentarmi o no?» disse guardando le due ragazze.

«Be', lo farei volentieri, ma non so come si chiamino», risposi.

«E allora fai portare qualcosa da bere.»

Bobby non beveva alcolici, per cui gli ordinai una Coca o qualcosa del genere. Quando ebbe finito di berla, disse: «Andiamo».

Pensai che si riferisse all'albergo, e invece finimmo in un ristorante greco dove la sua famiglia stava facendo una festa. Mi tenne lì fino alle quattro del mattino!

«Sarà meglio che domani tu giochi bene», mi disse quando tornammo in albergo.

Per quanto mi ricordi me la cavai dignitosamente, ma pareggiammo 3 a 3 e perdemmo la partita di ritorno.

Sembrava strano che Bobby mi tenesse fuori fino a tardi la sera prima di una partita. Ma credo avesse pensato di tenermi con lui finché non fossi stato troppo stanco per andare a fare baldoria. E finché stava con me, poteva almeno essere sicuro che non avrei bevuto.

Il mese seguente, dopo un'altra nottata di bevute colossali, fui tanto fortunato da sopravvivere al mio peggiore incidente automobilistico.

L'auto che mi era stata promessa dal Fulham non era mai arrivata, così mi avevano prestato l'Alfa Romeo della figlia del presidente, che dopo una notte alcolica spalmai contro un palo della luce davanti ad Harrods. Erano circa le quattro del mattino. Da quelle parti ti vengono a prendere ambulanze di gran classe. L'ultima cosa che ricordo è che dopo aver tagliato una curva e toccato il marciapiede cercai di mantenere il controllo sull'auto. Mi ritrovai a volare fuori dal parabrezza. Naturalmente non portavo la cintura di sicurezza e dopo essermi scorticato la faccia mi ruppi una spalla quando il mio corpo venne di nuovo catapultato dentro l'auto.

Fortunatamente c'era un tizio che stava portando il cane a fare un giro, vide cosa era successo e chiamò subito un'ambulanza. Ancora più fortunatamente questa arrivò prima della polizia, che mi raggiunse all'ospedale, dove però il medico disse loro che non ero nelle condizioni di ricevere visite. E tantomeno di subire il test del palloncino.

Quando vidi il mio volto il giorno dopo, assomigliava a una cartina stradale. Mi avevano dato 57 punti attorno agli occhi, avevo la spalla rotta e i medici dissero che mi ci sarebbero voluti tre mesi prima di ricominciare a giocare. Una parte del mio viso restò completamente insensibile per un annetto, ma ero ben deciso a dimostrare che si sbagliavano. Mi misi ad allenarmi molto duramente e dopo cinque settimane giocai a Hull, pensando che ormai era tutto a posto.

Fu allora che ricevetti delle brutte notizie da casa.

Mamma aveva avuto un infarto.

Appena stetti abbastanza bene da viaggiare, presi un aereo per Belfast.

Se lei fu scioccata dal vedermi con la faccia in quelle condizioni, la sensazione fu reciproca. Mia mamma era sempre stata una bella donna, ma ora aveva un'aria pallida, smagrita, consunta.

«Devi riposare di più, mamma», le dissi.

«Non ti preoccupare per me», rispose. «Andrà tutto bene.»

L'avevo già vista provata o stanca in passato, a chi non è mai successo? Ma questa volta era diverso. Sul suo volto c'erano tristezza e stanchezza e il cambiamento era stato radicale. Quando non vedi spesso una persona per qualche tempo, lo noti di più e io fui sconvolto dal suo aspetto, anche se naturalmente le dissi che stava benissimo.

Quando ci ritrovammo soli io e lei, cercai di affrontare l'argomento «alcol», ma non pensavo veramente che avrei potuto cambiare qualcosa. Era come quando Sir Matt mi parlava nel suo ufficio. Lui sapeva che me ne sarei rimasto lì seduto ad annuire, a dire: «Sì, Mister, no, Mister» e che non appena fossi uscito e avessi chiuso quella porta avrei fatto l'esatto contrario di quello che ci eravamo detti. Così, che parlassi a mia madre per due minuti o per due ore, non avrebbe fatto alcuna differenza. Sapevo che, esattamente come me, non avrebbe ascoltato i consigli di nessuno.

Pensando che avrei passato un sacco di tempo negli Stati Uniti, le dissi anche: «Perché tu e papà non venite a vivere al sole di Los Angeles?»

Ma lei rispose che quello era un posto pieno di gente strana. Io avrei voluto che si allontanassero da Belfast e mio padre si sarebbe trovato bene a Los Angeles, perché lui poteva adattarsi a qualsiasi posto. Ma è un tipo cocciuto, come me, e non si voleva sentire costretto a lasciare la sua casa.

Fortunatamente c'era anche qualche bella notizia. Pur avendo giurato di non tornare, dopo l'incidente Angie si era dispiaciuta per me e mi telefonò per sapere come stavo. Chiacchierammo, e lei fu molto colpita dal fatto che mi stessi ancora allenando. Ci vedemmo per pranzare insieme e dato che le cose sembravano procedere bene le dissi: «Cosa ne diresti di fare un altro tentativo?»

«Non faresti altro che tornare alle tue vecchie abitudini», rispose lei.

«No», le dissi. «Torna a casa e vedrai, sarà diverso.»

Lei accettò di tornare, ma non nell'appartamento ignobile che ci aveva dato il Fulham. Così comprammo un altro appartamento in zona, il che eliminò una parte delle tensioni dalla nostra vita quotidiana. Le cose per un po' andarono bene così quando le dissi che in estate sarei tornato a giocare con gli Aztecs, lei rispose che sarebbe venuta con me. Credo che in ogni caso fosse più felice negli Stati Uniti. Ci fu un altro casino con la mia registrazione, perché avrei dovuto tornare ad aprile per l'inizio della stagione americana. Ma lasciai che fossero le autorità a occuparsene, mentre io ci davo dentro con il gioco.

I miei demoni ormai erano tornati in pianta stabile, nonostante cercassi di tenerlo nascosto ad Angie. Per la prima volta in vita mia mi alzavo la mattina e avevo bisogno di bere per ingranare. In Spagna, ai tempi del mio primo «ritiro», bevevo anche la mattina, ma ora ne avevo veramente bisogno. Non so perché bevessi tanto. Forse per l'infarto di mia madre, forse perché non ero bravo a gestire le pressioni. Ma se devo essere sincero, non ho mai avuto veramente bisogno di un motivo per bere.

Il vero problema era che mi piaceva. Che male poteva esserci?

Nel giro di poco tempo mi creai una serie di piccole abitudini quotidiane che ruotavano perlopiù attorno al bere e, al momento, mi parve tutto perfetto. Mi alzavo a metà mattina, con il sole già alto (in quel periodo dell'anno non mancava mai), dopodiché uscivo per fare colazione e procurarmi la mia dose quotidiana di Jim Murray. Jim Murray era un bravissimo giornalista sportivo del «Los Angeles Times»: scriveva con uno stile assolutamente unico e io tutte le mattine non vedevo l'ora di leggere il suo articolo. Infilavo 25 centesimi nella macchinetta davanti al ristorante, prendevo il mio giornale, toglievo le pagine sportive e gettavo tutto il resto nel bidone della spazzatura. Poi mi sedevo, ordinavo crocchette di patate e cipolle, uova e una serie infinita di tazze di caffè, il tutto leggendo il pezzo di Jim.

Alle dieci e mezza non stavo più nella pelle per la voglia di una birra, ma a Los Angeles la maggior parte dei locali apre solo a mezzogiorno. Però conoscevo un posto, il Fat Face Fenners, in cui servivano quelli che come me avevano già sete a metà mattina, così me ne andavo lì per farmi qualche bicchierino. Poi andavo in spiaggia a farmi un hamburger e delle patatine con *tortillas* e ketchup. A quel punto ero pronto per il Mermaid, un bar sulla spiaggia, dove mi potevo sedere a guardare le ragazze che pattinavano in bikini, farmi un altro bicchierino e prendere il sole per un paio d'ore.

Dopo l'esperienza che mi ero fatto con lo Slacks e l'Oscar's, pensavo che avrei potuto mettere su un locale anche lì e un giorno decisi di proporre l'idea a Bobby McAlinden.

«Cosa ne diresti di metterci in società per un bar?»

«Non me lo posso permettere», rispose lui.

«Ma dai, guadagni bene qui e in fondo alla strada c'è un bar in vendita per quattro spiccioli.»

Quel posto si chiamava Hard Times. Dopo che Bobby ci ebbe pensato sopra per un paio di giorni, decise che ci stava, lo comprammo e con un guizzo di fantasia lo ribattezzammo Bestie's. A cosa serve avere un bar se non puoi essere il tuo migliore cliente? Per me era proprio così. Andavamo lì nel tardo pomeriggio per farci una partita a biliardo e qualche drink: era il paradiso.

Nell'estate del 1977 chiesi ad Angie di sposarmi. Non che fossi proprio pronto a mettere su famiglia... Le ragazze spuntavano dappertutto come funghi e chi eravamo io e Bobby per dire di no? Ci eravamo abituati a vivere alla grande grazie a Ed Peters e, sempre grazie a lui, potevamo entrare in tutti i locali migliori. Così a volte ci concedevamo di affittare una limousine e andare da Dan Tana's, un ristorante italiano di lusso.

Dan all'epoca era presidente di una squadra di calcio, il Brentford, e il suo ristorante era così alla moda che gli attori pagavano mance di centinaia di dollari per poter entrare, mentre io e Bobby saltavamo la fila. Venivamo trattati come dei re e il maître ci chiedeva: «Il solito tavolo, signor Best?»

Ordinavamo sempre le stesse cose: Caesar Salad seguita da spaghetti alla bolognese, il tutto innaffiato da vino a profusione. O meglio: io scolavo un paio di bottiglie, e Bobby un paio di bicchieri, che comunque bastavano a farlo sbronzare.

Gli Aztecs per quella stagione avevano trasferito il campo per gli allenamenti all'ippodromo di Hollywood. Ora, a me scommettere non dispiaceva affatto, ma Bobby era un fanatico assoluto delle corse e praticamente non tornava mai a casa dagli allenamenti. Dopo che avevamo finito e avevamo fatto la doccia, lui andava all'entrata dei palchi privati dell'ippodromo. Aveva fatto amicizia con un inserviente, che ogni giorno gli diceva quali palchi erano liberi. Così Bobby si ritrovava in questi palchi elegantissimi, ad ammirare le corse con un binocolo, nemmeno fosse Lord Astor. E soltanto pochi anni prima giocava per il Glentoran.

Mi stavo divertendo tanto che l'idea di tornare a Fulham e di sorbirmi un lungo inverno di calcio inglese non mi attirava affatto. In ogni caso saltai le prime partite per colpa del solito ed estenuante rituale della registrazione in FIFA. Dopo dieci partite decisi che ne avevo avuto abbastanza e tornai a Los Angeles. Lì naturalmente la stagione era finita, ma l'alcol e le donne non vanno mai in vacanza.

Non so come facesse Angela. Io scomparivo per giorni e giorni. Quando tornavo a casa avevamo delle liti furiose. Una volta, quando tornai da una delle mie peregrinazioni come se fossi uscito soltanto a fare la spesa, la trovai verde di rabbia. Entrai in cucina, dove lei stava affettando del pane.

«Allora ti ricordi ancora dove abiti?» disse sarcastica. «Cos'è successo, hai finito i soldi?»

«Mi dispiace», dissi avanzando le mie solite scuse. «Non succederà più. Sto morendo di fame. Cosa ne diresti di prepararmi qualcosa da mangiare?»

Ero in condizioni terribili e dovetti farle pena, perché andò al frigorifero per prendermi del cibo. Aveva ancora il coltello in mano e dopo aver aperto lo sportello del frigo, si girò di scatto e me lo puntò addosso.

«George, è ora di finirla.» Mi agitava il coltello sotto gli occhi. Io d'istinto le voltai le spalle e un istante dopo sentii un dolore acuto al fondoschiena.

«Cosa diavolo hai fatto?» urlai.

Lei iniziò a scusarsi e mi portò all'ospedale. Non credo intendesse pugnalarmi il culo, ma non ne poteva proprio più e quando mi vide voltarle la schiena non riuscì a controllarsi.

Ormai la nostra relazione, come forse avrete intuito, stava andando a rotoli e io andavo a letto con un sacco di altre ragazze. Ma quando vidi una fotografia di Angie con Ricci, il figlio di Dean Martin, con cui si diceva che lei uscisse, iniziai come sempre a volere ciò che non potevo avere. In un momento di totale follia, nel gennaio del 1978, le chiesi di nuovo di sposarmi e, in un momento di follia ancora peggiore, lei disse di sì. Pensavo che con il matrimonio avrei messo la testa a posto.

Decidemmo di andare a sposarci a Las Vegas, ma lì ci ripensammo entrambi. Soffrivamo tutti e due dei postumi della notte precedente e l'unico a stare bene era Bobby, che era venuto a farmi da testimone. Se fossi stato soltanto un po' più sobrio, avremmo potuto mandare tutto a monte anche se sarebbe stato un vero casino. Angie aveva venduto i diritti fotografici in esclusiva al «Sun». Un'idea romantica, ma gli altri giornali si misero a darci la caccia dappertutto. Noi avevamo dimenticato di prendere la licenza di matrimonio, così dovemmo fare il giro della città per procurarcene una.

Le fotografie del matrimonio furono una barzelletta. Angela era appena andata dal parrucchiere e sembrava Harpo Marx, mentre io indossavo una giacca che sarebbe sembrata troppo sgargiante anche a un pagliaccio. La cerimonia ebbe luogo alla Candlelight Chapel. Per le formalità servì solo qualche minuto, dopodiché il prete mi chiese di tirare fuori gli anelli.

«Non li abbiamo», dissi io, e restammo tutti lì a guardarci come degli idioti per qualche secondo, finché Bobby non si sfilò il suo.

«Tieni, usa questo per il momento», mi disse.

Così potemmo chiudere la cerimonia; poi andammo al Caesars Palace, dove io mi buttai direttamente sui tavoli da gioco e persi tutto quello che avevo in tasca. Tornammo a Los Angeles la sera stessa e io uscii per farmi una bevuta da solo, il che all'epoca mi sembrava una cosa normalissima. Il nostro matrimonio non era stato il coronamento di un lungo e tradizionale fidanzamento. Vivevamo già insieme, avevamo già i problemi di una coppia sposata e il matrimonio non aveva cambiato nulla. Io ero sempre un alcolista al 100 per cento e quando tornammo da Las Vegas continuai con la mia vita di sempre. Credo che la bevuta della mia prima notte di nozze sia durata un paio di giorni.

Telefonai ai miei genitori per dire loro che mi ero sposato, ma credo l'avessero già letto sui giornali o sentito alla televisione. Ormai erano abituati a vedermi fare di tutto senza che ci pensassi sopra più di tanto, e non fecero alcun commento su quanto il mio matrimonio fosse stato una sorpresa. Non criticavamo mai quello che facevo nella mia vita privata. Mi dissero qualcosa del tipo: «L'importante è che tu sia felice». E io dissi loro che lo ero.

Con gli Aztecs le cose stavano iniziando ad andare male, secondo il vecchio schema inaugurato con lo United e con il Fulham. John Chaffetz aveva venduto la squadra a un uomo d'affari del posto: questi mi chiese quali giocatori avrebbe dovuto comprare, dopodiché ignorò tutti i miei consigli. Pensava che per portare più giocatori allo stadio si doveva battere sul carattere latino della città e prendere dei giocatori messicani. Non sarebbe stata una cattiva idea se solo avessero preso dei bravi calciatori, ma quelli che la squadra acquistò erano dei veri e propri sfigati.

Ricominciai a bere per non pensare al calcio, e ci riuscii talmente bene che dimenticai anche di presentarmi agli allenamenti. Poi, quando la squadra mi sospendeva io promettevo che non sarebbe più successo e qualche giorno dopo ricominciavamo tutto da capo.

Alla fine dissi loro che non volevo più giocare per loro, così nel giugno del 1978 mi trasferirono agli Strikers di Fort Lauderdale. Arrivai in Florida solo poche ore prima della partita più importante della stagione, quella contro il New York Cosmos.

«Sei pronto a giocare, George?» mi chiese l'allenatore inglese degli Strikers, Ron Newman.

«Contro il Cosmos? Ci puoi scommettere», gli risposi.

Gli Strikers non avevano mai battuto il Cosmos, ma quello era proprio il palcoscenico giusto per me, una banda di brocchi contro la squadra più famosa del campionato. E fu un altro nuovo inizio. Come era successo con il Fulham, segnai appena toccai la palla e, con l'adrenalina rimasta, ne misi dentro un altro. Vincemmo 5 a 3. Fu un inizio fantastico, nonché un punto di svolta per la stagione degli Strikers. Continuammo a giocare alla grande e, contro ogni pronostico, ci qualificammo per i play off e vittoria dopo vittoria arrivammo al campionato della Conference.

Giocammo contro i Rowdies di Tampa Bay, la squadra di Rodney Marsh, in una finale a due turni. Pareggiammo in entrambe le partite, così si dovette giocare un terzo match, che alla fine dei tempi supplementari si stava anch'esso concludendo in parità. Noi avevamo cinque giocatori in lizza per i calci di rigore, e tra questi c'eravamo io, Ray Hudson, che aveva giocato per il Newcastle, e David Irving, un ex attaccante dell'Everton.

Qualche minuto prima della fine dei supplementari, Newman ci fece uscire tutti e tre dal campo per parlare di come avremmo calciato i rigori, che non venivano battuti dal dischetto ma dalla linea dei 30 metri: i giocatori avevano a disposizione 15 secondi per portare la palla in avanti e tirare o scartare il portiere. Mentre in campo proseguiva la partita, noi eravamo seduti in panchina con Newman e lui ci spiegava cosa pensava avremmo dovuto fare. Dovetti interromperlo.

«Perché ci stai dicendo queste cose? Noi non possiamo tirare i rigori.»

«Ma certo che potete», disse. «Siete i primi tre della lista.»

A quel punto gli ricordai che un giocatore doveva essere in campo alla fine della partita per poter tirare i rigori.

«Sei sicuro?» chiese lui.

«Certo che lo sono. Non l'hai letto il regolamento?»

Così dovette trovare altre tre giocatori per tirare i rigori e, come era ovvio, perdemmo. Ero furente: un allenatore che non sapeva le regole del calcio americano!

La stagione era finita e il Detroit Express mi chiese se volevo giocare con loro come ospite in un torneo europeo a settembre. Al momento mi sembrò una buona idea. I regolamenti negli Stati Uniti erano molto meno rigidi che in Europa, il che mi creò dei problemi con la registrazione. Al Fulham si arrabbiarono moltissimo quando seppero che avevo giocato per il Detroit e si appellarono alla Federazione. Questi, a loro volta, si rivolsero alla FIFA che mi sospese: non potevo giocare in nessun Paese sotto la loro giurisdizione, il che voleva dire praticamente dappertutto.

Il giorno dopo non avrebbe potuto importarmi di meno se anche mi avessero squalificato per sempre. Ero a letto con Angela, eravamo appena tornati a Los Angeles dall'Europa. Venni svegliato dalla telefonata più brutta di tutta la mia vita, nonché dalla chiamata più difficile che mio padre abbia mai dovuto fare.

Mia madre era morta.

Raccogliere i cocci

Ero consapevole che i problemi di mia madre con l'alcol si erano fatti seri perché nei mesi precedenti la sua morte avevo ricevuto parecchie telefonate da Carol, in cui mi chiedeva di venire a trovarla, ma mi aveva anche detto che sapeva che avrei potuto fare ben poco. Non c'è niente che chiunque possa fare per un alcolista. Credo che Carol volesse solo qualcuno che le fosse vicino; a meno che non l'abbiate sperimentato di persona, non potete sapere che cosa significhi vivere accanto a un alcolista.

Nel corso degli anni avevo perso l'abitudine di tornare a casa, perché ero troppo occupato a gestire la mia vita. E quando Carol cominciò a chiedermi di tornare, avevo già abbastanza problemi a tenere insieme i miei pezzi. Avevo sempre fuggito i problemi e non avevo alcuna propensione per andarli a cercare.

Fu molto dura per lei, per mio padre e per i miei fratelli. E a me risultava difficile capire perché riuscissi a ricordare solo la mamma amorevole della mia infanzia, quando ancora non beveva. Per fortuna anche Carol la ricordava in questo modo, così c'era qualcun altro che poteva dire alla gente che madre stupenda era stata e provare che non mi ero inventato tutto.

«La mamma ha un grosso problema», mi diceva al telefono, «ma le farebbe molto piacere vederti. Sarebbe bello se trovassi il tempo di venire.»

Due anni prima avevo fatto quel viaggio per vedere la mamma dopo il suo attacco di cuore. E ora mi trovavo su un volo per Belfast per il suo funerale, insieme ad Angela, che non aveva mai conosciuto mia madre, mio padre né il resto della mia famiglia. Non era facile nemmeno per lei, ma per tutto il viaggio da Los Angeles io vissi in una specie di trance. Fu solo quando arrivammo a casa dei miei e vidi lo stato di mio padre e delle mie sorelle che crollai davvero. Era la prima volta che partecipavo a un funerale o a un matrimonio di famiglia da quando era morto il nonno. Allora avevo undici anni, mi ero seduto sotto un lampione e avevo pianto. C'erano un sacco di parenti che non vedevo da anni e mi facevano sentire un estraneo quasi quanto Angela.

Rifiutai di vedere mia madre nella bara, dopo averla vista così giù durante la mia ultima visita. Volevo ricordarla come la mia mamma, la mia mamma bella e affettuosa, non come si era ridotta. Era già abbastanza difficile andare al funerale, cui partecipavano soltanto gli uomini come si usava ancora a quei tempi.

Angela, con i suoi modi da Hollywood e la sua superefficienza, dev'essere sembrata un essere di un altro pianeta alle mie sorelle e alle zie irlandesi. Ma quando tornammo dal cimitero, le aveva radunate tutte nella stanza principale a fare quegli esercizi stile Jane Fonda. Per quanto bizzarra potesse sembrare la scena, servì a distrarle per circa un'ora. Seppi che Angela aveva tormentato zia Lily chiedendole di ripetere più volte gli esercizi, finché lei, imbarazzata, aveva detto: «Non puoi prendertela con qualcun'altra?»

Alla fine ridevano tutte fino alle lacrime e la nonna commentò: «Chi avrebbe mai detto che avremmo riso ancora, e per di più in un giorno come questo?»

Mio padre, come mi aspettavo, cercava di mostrarsi forte per tutti, ma si capiva che dentro di sé stava crollando. Per lui era più difficile capire l'alcolismo che per chiunque altro, perché è sempre stato una di quelle rare persone che, se esce per farsi due bicchieri, ne beve due e torna a casa. Anche se esce con un amico che parte con le stesse intenzioni, ma poi si lascia trascinare, mio padre rimane fermo ai suoi due bicchieri. Se dice due sono due, e se attacca il secondo Bacardi con limonata alle dieci in punto e ha prenotato un'auto che venga a prenderlo alle undici, riesce a farselo durare.

Non ho mai visto mio padre sbronzo e sembrava a posto anche la notte dopo il funerale, quando rientrò dopo un paio di drink con uno dei suoi amici. Io lo aspettavo in salotto e avevo alimentato il fuoco nel camino, ma intuii che non era in vena di parlare. Si rannicchiò davanti al fuoco come un animale ferito e io capii che non c'era nulla che potessi dirgli. Restammo seduti in silenzio per quelle che mi parvero ore, finché, finalmente, emise un lungo sospiro e si alzò lentamente.

Mentre si avviava per andare a letto, inciampò in un paio di sedie e io mi resi conto che, probabilmente per la prima e unica volta della sua vita, mio padre era sbronzo. Allora scoppiai a piangere, sia per lui che per me.

Naturalmente mio padre e io finimmo col parlare. Come me, anche lui si sentiva in colpa per la morte della mamma. Credeva che avrebbe potuto fare di più per farla smettere di bere e si rimproverava di essere stato lui a portarla fuori le prime volte per un drink. Mia madre era una cliente assidua dello spaccio dietro l'angolo.

«Non sai quante volte ho pensato di uscire e dar fuoco a quel posto», mi confidò.

«Papà, non avrebbe fatto alcuna differenza», gli dissi, e io lo sapevo bene. «Sarebbe andata a bere da un'altra parte.»

La mamma aveva smesso per un anno dopo l'attacco di cuore.

«Eravamo davvero convinti di esserne usciti e di aver ritrovato la vecchia mamma», mi disse Carol. «Aveva preso l'abitudine di raccontare tutte le cose terribili che aveva fatto da sbronza e ripetere tutte le cattiverie che ci aveva detto, per riderci sopra. Che si stesse ingannando o meno, ricominciò a bere.»

Mio padre la portò anche in una clinica per alcolisti, ma lei non superò il primo colloquio. Si rifiutò di ammettere il suo problema, per cui il medico la rimandò a casa.

«Mi dispiace, signora Best», disse. «Non posso fare niente per lei.»

Alla fine, sembrava che mia madre avesse semplicemente rinunciato.

Carol mi riferì che il martedì prima della sua morte, aveva detto alla mamma: «Devi aver cura di te».

«No, ne ho abbastanza», le aveva risposto.

Morì il giovedì successivo, a 54 anni, e venne sepolta il sabato mattina.

Sembrava che tutti avessimo dei sensi di colpa dopo la morte della mamma. Mia sorella Barbara era venuta dal Sudafrica con il marito pochi mesi prima e la mamma era stata così contenta di averla con sé che le aveva chiesto di restare a Belfast. Ma Barbara e suo marito Jim erano dovuti rientrare e lei non era riuscita nemmeno a venire al funerale. Io mi sentivo in colpa a causa di tutta la cattiva pubblicità che mi ero fatto e sapevo che la mamma ne soffriva più di chiunque altro in famiglia.

E mi sentivo ancora più in colpa per non essere stato accanto a lei: non avrei potuto fare granché, ma mi sentivo ugualmente in colpa. Sentivo che era tutta colpa mia se era morta, che se non me fossi andato in Inghilterra, non avessi fatto tutto quello che avevo fatto e fossi tornato più spesso a casa, non sarebbe mai successo. È terribile, il senso di colpa, e sarebbe passato un bel po' prima che riuscissi a vedere le cose com'erano veramente e accettare il fatto che non c'era nulla che avrei potuto fare.

Tutti noi cerchiamo sempre delle risposte. Ma non c'è una risposta al perché uno diventa alcolista. Credete davvero che a me piaccia esserlo, o che mi sia svegliato un mattino dicendomi: «Ho avuto una settimana allucinante. Credo che diventerò un alcolista»?

Oggi l'alcolismo viene considerato alla stregua di una malattia, ed è un bene che sia così, perché trascina con sé un marchio sociale. Se sei un alcolista, la gente crede che tu sia un barbone ubriaco. Ma quel che è sicuro è che non esistono barriere di classe. Certo, puoi essere un emarginato che si arrabatta per le strade e beve robaccia, ma puoi essere anche un facoltoso dirigente a capo di un'azienda di successo. O una madre di Belfast. O un calciatore di fama mondiale.

Per mia madre era stata dura allevare sei figli. E in più aveva subito la pressione della mia fama, che sarebbe stata difficile per chiunque, la preoccupazione di che cosa sarebbe stato di me una volta lasciato il football. Ma se non avesse avuto quel gene responsabile dell'alcolismo – o qualsiasi cosa sia che rende un soggetto più predisposto – avrebbe fatto testa alle difficoltà come chiunque altro. Ma se uno possiede quel gene, può succedere in qualsiasi momento e i medici dicono che il problema maggiore per un alcolista è che ai primi stadi, quando avrebbe ancora una possibilità di smettere, non ne sente il desiderio. Poi, quando vuole smettere, è troppo tardi.

Mio padre, ligio al dovere, si recò al lavoro il lunedì successivo al funerale e insistette perché Ian e i gemelli andassero a scuola. Voleva che la vita riprendesse il più normale possibile, anche se nei mesi seguenti avrebbe dovuto fare i conti con molti ricordi dolorosi dell'alcolismo di mia madre. Ogni volta che trovava il coraggio di mettere ordine fra le sue cose, scopriva sempre più posti dove nascondeva il vino – nel guardaroba, nella scarpiera, tutti posti dove non avrebbe mai guardato quando lei era viva.

Io mi sentivo in colpa per la morte di mia madre ma, come tutti gli alcolisti (e lo ero già, anche se non me ne rendevo conto), non collegai il mio senso di colpa al bere. Può sembrare incredibile, ma a quel tempo non ammettevo ancora di avere qualche problema con l'alcol. Naturalmente sapevo che bevevo troppo, ma non mi sentivo molto diverso da altre persone che ci andavano giù pesante. Oltretutto ero ancora giovane e relativamente in forma, per cui non potevo paragonare la mia condizione a quella di mia madre, che aveva avuto una vita dura. Nonostante gli annebbiamenti e le crisi d'astinenza, non mi rendevo conto di quello che l'alcol stava facendo al mio fisico. E per di più pensavo con arroganza di poter smettere quando volevo.

Se avessi collegato la situazione di mia madre alla mia, avrei cercato già allora di affrontare il problema e forse avrei fatto uno sforzo serio per uscirne. Invece presi a bere ancora di più dopo la sua morte, in parte a causa dei sensi di colpa, immagino. Ma non posso affermare che non avrei bevuto altrettanto se lei non fosse morta. È un altro di quei casi in cui la gente vuole delle risposte, quando non ce ne sono. Sapevo che i miei eccessi erano anti-sociali e distruggevano la mia vita relazionale. Ma non capivo che mi facevano del male. Non mi consideravo un alcolista. Non a quel tempo.

Ero nei guai anche per quanto riguardava il football. Tornai a Los Angeles con Angela e affidai nelle mani dei miei avvocati il ricorso contro l'interdizione. Il che portò via un sacco di tempo e di denaro, che fortunatamente arrivò da Fort Lauderdale. Quando la causa contro il Fulham arrivò finalmente in tribunale, a marzo, la perdemmo, ma pochi giorni dopo la FIFA annullò l'interdizione e io tornai a essere un calciatore, anche se non in gran forma. E in breve tempo nemmeno molto felice.

A Fort Lauderdale non mostravo molto rispetto per l'allenatore, Ron Newman, e passai decisamente il segno dopo una partita contro i Cosmos, a New York. Nessuno aveva battuto i Cosmos su quel campo, ma noi avevamo ingaggiato il peruviano Cubillas, che aveva fatto a pezzi la Scozia nella finale dei Mondiali del 1978 e il tedesco Gerd Muller, uno dei migliori cannonieri al mondo. Con loro due in gran forma, oltre a Hudson e Irving, conducevamo per 2 a 0 a venti minuti dalla fine e prendevamo tempo, passandoci la palla tanto per divertirci. Poi, a quindici minuti dal termine, Newman fece uscire Hudson e Irving e mandò in campo un paio di ragazzini, un americano e un novellino che veniva dall'Australia. Inevitabilmente, la squadra perse tutto il suo smalto e i Cosmos ci batterono con tre goal negli ultimi quindici minuti.

Negli spogliatoi, Newman andava in giro dicendo «ben fatto» a tutti i giocatori.

«Come sarebbe"ben fatto"?» gli chiesi. «Abbiamo perso 3 a 2 solo perché hai fatto uscire due dei nostri migliori giocatori e hai mandato in campo due ragazzini.»

«Be', non è un disonore perdere su questo campo.»

Mi levai la maglia e gliela gettai in faccia. «Sai una cosa?» esclamai. «Comincio davvero ad averne le scatole piene.»

Ripetei la stessa cosa ai giornali locali, il che probabilmente non fu una mossa astuta per la mia carriera. Ma quando Newman mi sospese per non essermi presentato agli allenamenti, la stampa lanciò un sondaggio, chiedendo se gli Striker dovessero liberarsi di me o di Newman. La maggioranza votò perché se ne andasse Newman, ma lui godeva ancora del sostegno della proprietà, per cui, in giugno, lasciai la squadra.

Non fui il solo a fare un'uscita teatrale. Angela era rimasta al mio fianco dopo la morte della mamma, cercando continuamente di farmi staccare dall'alcol. Ma quando si rese conto che non si trattava semplicemente di una fase che stavo attraversando e capì che non avrei mai smesso di bere, fece i bagagli e mi lasciò un biglietto con scritto: «Stai buttando via la tua vita, George. Non ti permetterò di buttare anche la mia».

Tornò a Los Angeles e lì mi recai anch'io, questa volta per vivere da solo. Mi attaccai alla bottiglia ancora più di prima e non c'era nessuno a rompermi le scatole, perché nessuno sapeva chi ero. Questa è una cosa che mi è sempre piaciuta degli Stati Uniti: potevo entrare in un bar pieno di americani che gridavano guardando la partita e nessuno aveva la più pallida idea di chi fossi. E se mi capitava di rivolgere la parola a qualcuno e questi mi chiedeva che cosa facessi per vivere, mi inventavo qualcosa. Apprezzavo l'anonimato, perché significava anche che nessuno mi stava dando in pasto alla stampa.

Ero convinto che fosse tutto finito tra Angela e me, ma ci sentivamo di tanto in tanto e qualche volta la vidi. Nonostante i contrasti e le rotture, l'attrazione era ancora forte. Un giorno che uscimmo insieme, stavamo talmente bene che finimmo a letto, il che ci fece pensare che potevamo risolvere ogni cosa.

«Ascolta, George», mi disse quel giorno. «Se ti fai aiutare e te ne tiri fuori, potremmo avere un'altra chance.»

«Ok», risposi, «lo farò. Tornerò in Inghilterra, troverò un lavoro e ti dimostrerò che posso cambiare.»

Be', feci due cose su tre: non male. Tornai davvero in Inghilterra e trovai lavoro: giocavo per l'Hibernian, che era un gran sbattimento facendo il pendolare da Chelsea. Ma non cambiai. Semmai peggiorai.

«Non sei costretto a vivere qui in Scozia», mi disse il presidente della squadra di Edimburgo, Tom Hart, un tizio simpatico. «Prendi un volo il giovedì, ti alleni con i ragazzi il venerdì e torni a casa il sabato dopo la partita.»

Mi sembrò una buona soluzione, anche se in questo modo non avrei avuto la possibilità di conoscere veramente i miei compagni di squadra, né sul campo né fuori. Non che avrebbe fatto una gran differenza sul rendimento – se la società avesse avuto serie intenzioni di migliorare i risultati, non mi avrebbe mai ingaggiato a tali condizioni. Come tutte le altre società, dopo il Manchester United, si aspettavano da me che li aiutassi a fare il pienone allo stadio. Furono entusiasti quando più di 20.000 spettatori vennero ad assistere al mio debutto in casa contro il Partick Thistle, nel novembre del 1979.

Anche se Tom Hart aveva parlato di allenamenti con la squadra il venerdì, con il denaro che stava affluendo gli bastava che mi presentassi alla partita. Purtroppo non potevo garantire sempre nemmeno questo: a volte facevo marcia indietro e tornavo a Londra dopo essere atterrato a Edimburgo e a volte non mi davo nemmeno la pena di salire sull'aereo.

A essere sincero, non riuscivo a prenderla seriamente e con l'alcolismo ero arrivato al punto che se mi trovavo in un bar e mi stavo divertendo, non mi sarei mosso di lì per niente e per nessuno.

Il febbraio dell'anno seguente dovevamo giocare un'eliminatoria per il campionato scozzese di FA Cup, sfortunatamente di domenica, il che significò che passai la notte prima al bar dell'albergo. Avevo sinceramente intenzione di farmi solo un paio di drink, quando entrò la squadra di rugby francese. Avevano appena battuto la Scozia a Murrayfield e quando il grande Jean Pierre Rives mi vide, mi fece cenno di avvicinarmi.

È risaputo quanto riescono a bere i giocatori di rugby: dopo qualche drink non si sognavano di lasciarmi andare a letto. Non che io ne avessi voglia, una volta preso gusto alla cosa. Jean Pierre è una persona straordinaria e io persi qualsiasi cognizione del tempo e stetti lì tutta la notte. Credo che fossi ancora al bar quando i funzionari dell'Hibernian vennero a prelevarmi. Se avessero tardato ancora un po', avrebbero dovuto portarmi via di peso.

Ero chiaramente uno straccio, ma loro furono davvero gentili a chiedermi: «Credi di farcela a giocare domani, George?»

«Forse sarebbe meglio che saltassi per questa volta», dissi, o qualcosa di simile.

Tom Hart mi buttò fuori, ma mi riprese in squadra una settimana dopo. Era come Sir Matt, sempre disposto a concedermi un'altra occasione, il che mi convinceva che potevo andare avanti a quel modo. Inoltre mi allenavo poco e all'Hibernian acquistai peso come non avevo mai fatto prima. Ormai non me ne fregava niente. Anche se pensavo che gli Hibs fossero scarsi, erano dei campioni in confronto a quella che fu la mia squadra successiva.

Firmai per gli Earthquakes di San José nell'aprile del 1980. Ero contento di tornare al sole della California. E, cosa ancor più importante, da Angela, che aveva accettato di venire con me. Non so perché decise di darmi un'altra possibilità. Credo che una parte di lei fosse convinta che un giorno tutto sarebbe cambiato, che io sarei cambiato e che da quel momento avremmo vissuto felici e contenti. Non so davvero che cosa ci tenesse insieme perché, anche se all'inizio c'era stato molto amore, non poteva durare.

Se c'era una speranza che riuscissimo a sistemare le nostre vite insieme, non sarebbe stato a San José, che si rivelò il posto peggiore per me, in quasi tutti gli aspetti della mia vita. Anche la NASL stava cambiando, per trasformarsi in una federazione più americana. Quando arrivai per la prima volta negli Stati Uniti, le società dovevano avere almeno tre giocatori americani, ma gradualmente aumentarono a cinque e poi a otto; la maggior parte delle squadre non aveva otto giocatori americani abbastanza bravi per giocare agli standard cui si era abituato il pubblico. Così il gioco divenne più un calcio da giardinetti pubblici e quella che era stata una federazione quasi decente cominciò a essere composta praticamente da dilettanti.

Oltre alla scarsa forma fisica, il ginocchio destro mi dava più problemi di quanto avesse fatto per anni. I campi duri degli Stati Uniti non erano d'aiuto e spesso dovevo drenare il ginocchio anche tre volte nei giorni in cui giocavo. Mi infilavano un ago prima della partita per far uscire tutto il liquido e ripetevano l'operazione dopo il primo tempo e alla fine. Di tanto in tanto cercavo ancora di dare il massimo e in quella stagione segnai otto goal, il che non era niente male per una squadra che risultò in coda alla classifica.

Non potei riposarmi, finita la stagione, perché avevo accettato di giocare per il San José anche nella North American Indoor Soccer League, un campionato con sei giocatori per squadra, per il quale i miei compagni erano molto più adatti: vincemmo lo spareggio contro il San Diego. A volte lasciavo il campo distrutto, anche se in un gioco a sei si entra ed esce continuamente. Mi ero pure fatto male alle dita dei piedi, ma ci tenevo a giocare contro il San Diego così, per la prima e unica volta, accettai che mi facessero un'iniezione di cortisone per reggere fino in fondo.

Fu un po' come quando avevo problemi alle cartilagini, nel 1966, e accettai di giocare per lo United fino alla fine della Coppa dei Campioni. Il mio sacrificio sembrò comunque inutile, quando ci trovammo a perdere 6 a 0. Ma ci demmo dentro e riuscimmo a rimontare 6 a 5, con quattro goal segnati da me. Poi, quando eravamo quasi al termine, uno dei nostri giocatori jugoslavi fece un cross nella mia direzione, ma invece di far scorrere il pallone, lo calciò a cento all'ora. L'effetto del cortisone stava diminuendo e io pensai: «Se lo prendo di destro, non potrò mai finire la partita». Così spostai rapidamente il peso e colpii di sinistro: la palla centrò il palo e finì fuori campo. Questo mi buttò a terra più del dolore.

Avrei avuto bisogno di un lungo periodo di riposo, ma dovevo rientrare a Edimburgo per giocare con l'Hibernian. Sentivo che non mi restava molto tempo per giocare e avevo bisogno di mettere insieme quanti più soldi potevo in quei pochi anni. Tra l'altro erano soldi facili, perché nessuno si aspettava il George Best dei tempi migliori, anche se provavo ancora una grande soddisfazione quando giocavo bene. Un campo di calcio è sempre stato l'unico posto dove tutti gli altri miei problemi scomparivano, per cui probabilmente avevo anche paura di perdere quella stampella.

Rientrai in tempo per la quinta partita degli Hibs, fuori casa contro il Dundee, in settembre. Vincemmo 2 a 1. Ma nei mesi successivi giocai solo cinque partite e, per ironia della sorte, dato che ero lì apposta per richiamare pubblico, soltanto due in casa. L'ultima fu contro il Falkirk: vincemmo 2 a 0 ma il pubblico non arrivava a 7000 persone.

L'Hibernian era retrocessa in prima divisione dopo che ero partito per l'America la stagione precedente – non che la mia presenza li avesse aiutati molto. E senza appuntamenti di grande richiamo come contro Celtic e Rangers, le presenze erano drasticamente calate; sembrava che non fossi più un trascinatore di folle. Tom Hart aveva sopportato di buon grado le mie frequenti assenze finché facevo arrivare denaro nelle casse, ma ora che era finita non gli servivo più. Avevo pensato di trasferirmi in Scozia e di combinare qualcosa di buono con la squadra, ma prima che avessi il tempo di cercarmi una casa, Hart e io concordammo di farla finita. La mia situazione era drasticamente cambiata e sembrava la soluzione migliore per tutti che tornassi in California. Angela era incinta.

Quando Angela mi disse che aspettava un bambino, poco prima che partissi per la Scozia, ne fui felice come qualsiasi futuro padre e da parte sua lei pensò che questo mi avrebbe finalmente aiutato a trovare una certa stabilità. So che sembra terribile a dirlo, ma la gravidanza complicò ancora di più le cose. Odiavo San José e, anche se avevamo una bella casa, che avevamo arredato con splendidi mobili, era nel mezzo di una terra di nessuno. E pur cercando di rendermi utile nei preparativi per il futuro bebè, ben presto mi annoiavo e uscivo per un'altra bevuta.

Ci davo dentro più che mai a quell'epoca e anche se Angie aveva conosciuto i problemi legati alla dipendenza lavorando per Cher, il cui marito Gregg Allman aveva guai con le droghe e con l'alcol, non credo che capì mai veramente la presa che può avere su una persona. Credo che pensasse che uno può semplicemente riprendere il controllo.

Ma non è così. A quel punto *avevo bisogno* di bere – non riuscivo ad averne abbastanza. E niente mi avrebbe fermato, nemmeno quando Angie cominciò a nascondere le chiavi della macchina e tutti i nostri soldi.

Se non li trovavo, uscivo a piedi e camminavo anche per undici o dodici chilometri per trovare un bar e se non avevo soldi in tasca, mi sedevo lì e aspettavo finché uno degli habitué non mi riconosceva e mi offriva da bere. Diventai un vagabondo da spiaggia: c'erano delle notti che dormivo veramente sulla spiaggia.

I medici dicono che gli alcolisti devono toccare il fondo prima che siano in grado di riconoscere il loro problema e cercare aiuto per riprendere il controllo della loro vita. Io ero passato attraverso momenti veramente difficili, arrivando al punto di rubare i soldi dalla borsa di Angela o di prelevarli dal bottiglione in cucina, dove mettevamo la moneta. Era un po' come quando ero bambino e rubavo dalla bottiglia degli spiccioli della mamma, ma la situazione era molto più disperata.

Un giorno toccai il fondo: me ne stavo in casa, morivo dalla voglia di un bicchiere e trovai solo pochi dollari nella bottiglia. Angie doveva essersi accorta della cosa e nascondeva la moneta. Quel denaro non mi sarebbe durato a lungo in un bar e, dato che Angie aveva preso l'auto, mi aspettava una lunga camminata. Nonostante tutto, raccolsi le monete e uscii.

Decisi di andare in un bar che conoscevo sulla spiaggia, dove andavo spesso. Era uno di quei locali tipici della California, che sembrano più che altro baracche di legno con una tettoia all'esterno e un arredamento sommario. C'erano pochi tavoli e sedie in legno grezzo per chi voleva mangiare qualcosa e un lungo bancone dove mi piaceva sedere su uno degli sgabelli. In questo modo era più facile attaccare discorso con qualcuno che poteva offrirmi da bere quando ero a corto di denaro. Era il caso di quel giorno, ma la situazione non sembrava promettente. C'erano solo un paio di altri clienti: un giovanotto all'estremità del banco e una ragazza a un paio di sgabelli da me. Non conoscevo nessuno dei due.

Lei era una ragazza assolutamente normale, dall'aspetto insignificante, leggermente sovrappeso; dimostrava una trentina d'anni e aveva l'aria di aver lavorato in un bar. Mi pare che lei, il barman e io scambiammo qualche parola sul tempo e sulla squadra di football locale. I soliti discorsi da bar: tanto per fare due chiacchiere.

Dopo un'ora mi erano rimasti solo pochi centesimi, non abbastanza per un'altra birra. Me ne stavo seduto a centellinare quel che restava nel mio bicchiere e riflettevo se era il caso di chiedere al barman di farmi credito, dicendogli che avevo lasciato a casa il portafoglio o qualcosa del genere. Mi conosceva bene e sapeva che ero un cliente abituale. Stavo rimuginando questi pensieri quando la donna si alzò dallo sgabello e si diresse verso la toilette. Mi girai istintivamente al cigolio dello sgabello e notai che aveva dimenticato la borsetta. Alzai lo sguardo e vidi che il barman stava parlando con l'altro cliente all'estremità del bancone; in un attimo vi infilai la mano. Rovistai dentro e presi una banconota, che nascosi subito in tasca. Il cuore mi batteva all'impazzata al pensiero di quello che avevo fatto e non osai guardare in volto la donna quando tornò al suo posto. Così vuotai il bicchiere, salutai il barman e uscii.

Una volta fuori dal locale, tirai fuori la banconota e scoprii di aver rubato ben dieci dollari. Questo mi fece sentire ancora peggio: pensai che forse erano gli ultimi dieci dollari che restavano a quella donna per sbarcare il lunario, mentre io ne guadagnavo migliaia a settimana. Ma non li restituii. Ne avevo bisogno per bere ancora e camminai fino a un altro bar, a pochi isolati di distanza.

Se mi sentivo in colpa una volta ubriaco, mi sentii anche peggio quando mi ripresi, un paio di giorni dopo. Così tornai in quel bar e lei era seduta sullo stesso sgabello.

Mi avvicinai e le tesi un biglietto da dieci dollari, dicendo: «Credo che le appartenga».

«Che cosa sta dicendo?»

«L'altro giorno, quando era qui e si è alzata per andare alla toilette, li ho presi dalla sua borsa», confessai.

«Che diavolo...» cominciò, ma io la interruppi prima che potesse terminare la frase.

«Senta», le dissi, «so che è una cosa orribile, ma mia moglie è incinta e non avevo i soldi per pagare un taxi. Ero troppo imbarazzato per chiederle un prestito, così li ho presi, ma avevo tutte le intenzioni di restituirglieli.»

Stranamente mi perdonò, ma io rifiutai di lasciare che mi pagasse un drink. Non vedevo l'ora di andarmene. La cosa peggiore è che, dopo essere caduto così in basso, non avevo ancora il coraggio di ammettere che avevo preso quei soldi per pagarmi da bere. Ero dovuto ricorrere a una patetica scusa.

Se Angela fosse stata lì ad ascoltarmi, non avrebbe saputo se ridere o piangere.

Dopo questo episodio, cominciai ad ammettere, almeno con Angela, di aver bisogno di aiuto per liberarmi della dipendenza dall'alcol. Angela mi aveva proposto più volte di rivolgermi a un centro di riabilitazione, ma la cosa non mi attirava, così, quando qualcuno suggerì le pastiglie di Antabuse, che ti fa sentire malissimo se bevi, pensai che fosse la soluzione migliore. Qui non c'entrava la forza di volontà: le pastiglie mi avrebbero semplicemente aiutato a stare lontano dall'alcol.

Cominciai a prenderle e mi sentivo bene quando Milan Mandaric, il generoso proprietario jugoslavo degli Earthquakes, invitò Angie e me a un weekend sul lago Tahoe. Stavamo trascorrendo una vacanza piacevole e rilassante ma la seconda sera, mentre Angie si preparava per la cena, le dissi: «Esco a prendere una boccata d'aria. Ci vediamo al ristorante».

Mi diressi spedito al bar del casinò dell'albergo e ordinai una vodka doppia. Mi sentivo così bene che ero davvero convinto che non potesse farmi alcun male. Ma dopo un paio di sorsi cominciai a provare una certa nausea e prima di averne bevuta metà, avevo il cuore che pompava a mille e mi sentivo bruciare le guance. Mi precipitai alla toilette e vidi che mi stavano esplodendo delle chiazze rosse in faccia.

Tornai in camera e appena Angela mi vide, esclamò: «Hai bevuto?»

«No», dissi, «credo che sia una reazione allergica alle pillole.»

Ero stato fuori così poco tempo che mi credette e in qualche modo riuscii a reggere durante la cena, anche se mangiai pochissimo.

Non potevo credere di non riuscire a smettere di bere pur sapendo che l'alcol mi faceva stare malissimo. A quel tempo penso che mi giustificassi in parte dicendomi che stavo solo provando le pillole.

Ma che fossi pronto a riconoscerlo o meno, avevo un disperato bisogno d'aiuto.

Una sera feci una cosa veramente assurda.

Di tanto in tanto tornavo a Los Angeles e mi fermavo in un piccolo motel lungo la spiaggia. A quell'epoca Bobby e io avevamo già venduto il bar, ma io ero solito andare in un locale chiamato Hennessy, dove qualcuno del posto mi conosceva. Non che parlassi molto con loro. Mi piaceva starmene seduto per conto mio, bere qualche birra e guardare il mondo passarmi davanti. E ho sempre apprezzato l'anonimato che potevo avere in America.

Ma quella sera mi seccai perché il barman non sapeva chi fossi. Mi servì un paio di volte e mi domandò: «È qui in vacanza?»

«No, un tempo vivevo qui», gli risposi e lui si limitò a commentare «Ah, sì?» o qualcosa del genere, così pensai fra me: gli farò capire chi sono.

«Si ricorda del Bestie's Bar?» gli chiesi quando tornò verso di me.

«Sì, me lo ricordo.»

Era colpa dell'alcol. Non riuscii a trattenermi. Mi scappò detto: «Ecco. Io sono Bestie».

La sua espressione diceva tutto.

Ormai ero lontano mille miglia dall'essere il Quinto Beatle.

«Il mio nome è George...»

Se c'è una cosa che mi può cambiare, ricordo di aver pensato, è la paternità.

Ho sempre amato i bambini e continuavo a promettere ad Angela: «Sarà tutto diverso quando ci sarà il bambino. Cambierò, vedrai». Naturalmente queste cose lei le aveva già sentite e forse nemmeno io ci credevo. Ma la gravidanza procedeva bene e, dopo un paio di falsi allarmi in cui Angela credette di essere vicina al parto, mi trovavo in un bar un giorno di febbraio del 1981 quando Angie chiamò.

«George, vieni, presto. Sta per nascere.»

«Sei sicura?» le chiesi. «Sono nel pieno di una partita a freccette.»

«Certo che sono sicura! Vieni più presto che puoi.»

Mi precipitai a casa e la portai in ospedale. Nostro figlio Calum nacque alle sette in punto del mattino dopo, il 6 febbraio. Lo chiamammo Calum Milan Best: il secondo nome era in onore di Milan Mandaric, che ci era stato di grande incoraggiamento.

Mentre assistevo alla nascita di Calum e poi quando recisi il cordone ombelicale, sperai sinceramente che avrebbe potuto cambiare la nostra vita. E non avrei potuto essere più orgoglioso, dato che era un maschietto. Credo che siano in molti i padri che desiderano un figlio maschio e per qualche giorno, dopo che Angela e il bambino furono usciti dall'ospedale, rimasi a casa e cercai di rendermi utile come meglio potevo.

Purtroppo non durò a lungo. L'arrivo di Calum provò un dato di fatto: l'alcol era diventato la cosa più importante della mia vita. Più importante di mia moglie e persino di un figlio appena nato. Mi sentivo in colpa per il fatto di non riuscire a smettere di bere nemmeno per lui e probabilmente bevevo ancor di più proprio a causa del senso di colpa: il peggior circolo vizioso in cui si possa cadere.

Sparivo per più giorni di seguito e quando tornavo a casa e smettevo di bere, venivo colto da attacchi di brividi e da sudori caldi e freddi.

Angela aveva già il suo da fare con Calum senza che dovesse preoccuparsi anche per me. Così ci rivolgemmo a Milan per dirgli che avevamo dei problemi e che io avevo accettato di chiedere aiuto all'unità di riabilitazione del Vesper Hospital. L'assicurazione della squadra avrebbe coperto l'80 per cento del costo dei trattamenti; mi presentai in ospedale il 2 marzo 1981.

Tanto valeva che andassi in prigione. Ti chiudevano a chiave per le prime due settimane, dopo di che ti lasciavano uscire solo un'ora al giorno, accompagnato da due secondini – *pardon*, due infermieri. In questo modo era escluso che potessi procurarti un drink, ma io morivo ancora dalla voglia. Avevo accettato il ricovero perché sembrava la cosa giusta da fare, ma perché funzioni devi essere veramente convinto di smettere. Io non lo ero, per cui non mi impegnavo e probabilmente ero un caso difficile anche per loro.

Trascorsi ore e ore in gruppi terapeutici, in cui ognuno doveva confessare le cose più terribili e ascoltare le critiche degli altri pazienti. Mi fecero anche scrivere sei esempi di come l'alcol mi avesse procurato noie con la polizia. Solo sei? Be', era un bello sconto. Questo genere di terapia si è mostrato efficace con molti pazienti e io non ho niente in contrario. È solo che non sono il tipo di persona a cui piace parlare dei propri sentimenti e mi riesce praticamente impossibile farlo davanti a un gruppo di estranei.

Riuscii a bluffare per poco più di due settimane e alla fine mi dimisero prima del previsto. Il trattamento doveva durate 30 giorni ma io li convinsi di essere stato «guarito», anche se uno dei terapeuti, un americano di origine irlandese che forse mi capiva meglio degli altri a causa del suo passato, mi disse un giorno: «Puoi prendere in giro chiunque, ma non me, George».

Non disse altro e aveva assolutamente ragione.

I medici stesero un profilo personale prima che uscissi. Dissero che entro dodici mesi sarebbe successa una di queste tre cose: o mi sarei tenuto lontano dall'alcol, o sarei morto, o sarei tornato in ospedale. Mi stava bene. «Starò lontano dalla bottiglia per dodici mesi», mi dissi, «dopo di che potrò ricominciare e tutto andrà bene. Riuscirò a tenerlo sotto controllo.»

E fu quello che feci. Persino Angela sembrava credere al suo nuovo marito, che stava a casa a cambiare i pannolini e a fare lavoretti, come tutti i padri e mariti normali. La accompagnai perfino a fare shopping e passai due settimane a dipingere un murale con i disegni della Disney sulla parete della stanza di Calum. Ma non fui altrettanto capace con altri doveri paterni.

Era sempre Angela che dava il primo pasto del giorno a Calum, il che capitava a ore impossibili come le quattro o le cinque di mattina. Io mi offrivo sempre di prendere il suo posto dicendo: «Lascia tutto pronto e glielo darò io. Tu resta a letto».

Naturalmente non lo faceva mai, ma dopo qualche settimana era così stanca che mi disse: «Ok. Alzati e dagli da mangiare».

Eravamo soliti mettere il seggiolino del bambino sul tavolo di cucina, che era vicino alla stufa. Angela mi elencò una serie di cose da fare e da non fare.

«La cosa più importante», mi raccomandò, «è legarlo bene al seggiolino, e tenerlo fermo con un braccio mentre lo imbocchi, perché è molto vivace e non sta mai fermo.»

«Non preoccuparti, non preoccuparti», dicevo, «non sono un idiota, lo sai.» Ma uno stupido sì, perché dimenticai l'avvertenza del braccio e appena mi voltai per riempire il cucchiaio, udii un tonfo, seguito da strilli acuti. Il bambino era caduto dal tavolo battendo la testa. Angela accorse dalla camera da letto gridando: «Lo sapevo che non avrei dovuto lasciarlo fare a te!»

A dire la verità, dopo aver accettato che mi occupassi io della pappa, non credo che fosse riuscita a riprendere sonno. E quella fu la prima e ultima volta.

Mio padre e il resto della mia famiglia erano entusiasti per la nascita di Calum e forse ancor più elettrizzati dalla notizia che io avevo accettato di curarmi. Come me, erano ancora addolorati per la mamma, che era morta dopo aver rifiutato qualsiasi aiuto. Ora che ero andato al Vesper, speravano che mi sarei dedicato alla famiglia e avrei dato ascolto ai segnali d'allarme.

Papà aveva grandi soddisfazioni anche da Ian, che si stava rivelando un bravo calciatore. Dopo quattro femmine, era passato molto tempo da quando papà aveva potuto giocare a calcio con uno dei suoi figli e, come spesso accade ai figli minori, Ian era un ragazzino di buon carattere. Papà mi teneva informato per lettera dei suoi progressi e io ero felice di sapere che aveva trovato un nuovo motivo di interesse.

Naturalmente anch'io avevo visto giocare Ian e sapevo che aveva tutte le doti di un professionista: velocità, forza e, come me, occhio per il goal. Aveva quindici anni a quel tempo e la sua squadra era arrivata in finale in un campionato locale. Tutta la famiglia era eccitata. Ma sfortunatamente la stampa londinese cominciò a occuparsi di lui: il nuovo Best, il fratellino di Georgie.

Appena Ian comparve e vide tutti quei fotografi, disse all'allenatore che non avrebbe giocato, ma poi si lasciò convincere e giocò da dio, segnando due goal. Ma non sopportava di essere al centro dell'attenzione e non ce la faceva proprio a pensare che la stampa gli avrebbe dato la caccia per il resto della sua vita, come aveva fatto con me. Inoltre sapeva che in ogni cosa l'avrebbero paragonato a me. Così, dopo la partita, annunciò che non avrebbe più toccato un pallone e, anche se da allora furono in molti a cercare di fargli cambiare idea, rimase irremovibile. Per papà fu un gran dispiacere; quanto a me, aumentò il senso di colpa che già provavo per mia madre. Era come se il mio comportamento avesse impedito a Ian di avere la carriera che meritava. E prendendo una decisione del genere, con tale determinazione, aveva dimostrato di avere un carattere forte.

Questo fatto non mi portò a ricominciare a bere, ma il più delle volte morivo dalla voglia di un drink. Mi sforzavo di tenermi il più possibile occupato per distrarre la mente dall'alcol e in quel periodo provai un grande spavento a causa di un brutto incidente. Poco prima di entrare al Vesper, ricevetti una telefonata da un detective di San José, che mi disse che doveva discutere con me qualcosa di importante.

«So che in questo momento ha qualche problema», mi disse. «Verrò a trovarla appena uscirà dalla clinica.»

Non avevo idea di che cosa volesse, ma venne davvero a trovarmi dopo che fui dimesso e fu la visita più sgradevole che avessi mai avuto.

«Conosce la signora che abita qui di fronte?» iniziò col chiedermi. «Quella che ha una figlia adolescente?»

Risposi di sì e lui mi chiese se le conoscessi bene.

«Non molto», dissi. «Le ho viste qualche volta in piscina e ci scambiamo un cenno di saluto, ma non credo di aver mai parlato con loro.»

Mi disse che, poco prima del mio ricovero al Vesper, un uomo si era introdotto nella loro casa, vestito con una giacca a vento e il volto nascosto da un passamontagna e avvolto in una sciarpa.

«E io cosa c'entro?» chiesi.

«Be', la ragazza afferma che era lei».

Non sono certo Rumpole,* ma dissi: «Se l'intruso aveva il volto coperto da una sciarpa e da un passamontagna, che cosa le fa pensare che si trattasse di me?»

Disse che aveva riconosciuto la mia voce.

«E come può essere, se non le ho mai rivolto la parola?»

«Senta», mi disse, quasi in tono di scusa, «lei capisce che devo fare qualche indagine, dato che la ragazza insiste che si tratti di lei.»

Potevo dire in tutta onestà di non essere stato io? Forse ero ubriaco fradicio, forse ero stato *davvero* io, perché prima di andare in ospedale avevo perso il controllo così tante volte che *avrei potuto* essere stato io. La cosa mi spaventò a morte: dovevo sapere che rischi correvo. Così, prima che fosse lui a parlarne, gli chiesi: «Quest'uomo… ha fatto qualcosa alla ragazza?»

Provai un enorme sollievo quando, dopo una breve pausa, mi disse che no, l'intruso si era limitato ad andarsene dopo pochi minuti.

Domandai come fosse entrato.

«Be', questo è quello che non sappiamo e non c'è alcun indizio. Chiunque fosse, è uscito dalla porta principale facendo scattare l'allarme, ma non abbiamo idea di come sia entrato. Se è stato lei, o è uno scassinatore molto esperto, o è molto fortunato. Ma stiamo facendo ulteriori indagini e può darsi che debba disturbarla ancora.»

Madre e figlia erano una strana coppia e, poco dopo, la madre bussò alla mia porta e mi chiese se avessi del latte da prestarle. Mi aveva praticamente accusato di essermi introdotto in casa sua e ora, senza che ci fossimo mai rivolti la parola, veniva a chiedermi del latte. Molto strano. A quel tempo non ero certo in lizza per il premio come miglior vicino. Oltre al fatto che rientravo alle ore più strane, avevamo un cane feroce,

* L'avvocato Horace Rumpole, personaggio letterario creato da John Mortimer e reso famoso in Inghilterra da un serial televisivo in cui il protagonista era interpretato da Leo McKern.

che aveva già ucciso quello di un altro vicino. Per cui quella richiesta di latte sembrava quanto mai fuori luogo.

Poi, qualche giorno dopo, stavo passeggiando con il cane in un parco lì intorno, quando un'auto della polizia si fermò accanto a me. L'avevo vista da lontano e avevo fatto un cenno di saluto agli agenti, che conoscevo bene. Uno dei due poliziotti scese dall'auto e disse: «Come sta, George?»

«Bene», risposi, «nessun problema.»

Poi mi domandò se il cane fosse a posto dopo la zuffa fatale.

«Non proprio», risposi.

Lui fece per accarezzarlo e per poco il cane non gli azzannò la mano. Non era certo la migliore delle presentazioni.

Il poliziotto si fece serio e disse: «Siamo appena stati dalla sua vicina, la signora Tal dei Tali. Lei sa di che cosa abbiamo parlato, vero?»

«Sì, del fatto che qualcuno si è introdotto in casa loro.»

«No. La signora dice che lei si è fatto vedere nudo davanti a lei e alla figlia.»

«Cosa?» esclamai. «Dove e quando sarebbe successo?»

«L'hanno vista in una delle camere da letto della sua casa, al primo piano, completamente nudo.»

«Be', se ero a casa mia ho tutto il diritto di starmene nudo. E perché loro stavano spiando in casa mia? Sarebbe meglio che parlaste con i loro avvocati, perché credo che abbiano qualcosa che non va.»

«Lo so, lo so», disse, esasperato. Risalì in macchina e se ne andarono.

Qualche settimana dopo ricetti un'altra visita dal detective, che mi disse che non avevano alcuna prova per accusarmi di essere lo scassinatore né l'esibizionista di San José. Lasciarono cadere il caso.

Ma questo episodio mi dava da riflettere. Era preoccupante. Il fatto che fossi arrivato a dubitare delle mie azioni mi terrorizzava. Non potevo dire con certezza dove ero stato, con chi e che cosa avevo fatto. Che razza di vita era? Ma se non altro, almeno per il momento, ero pulito.

Gli Earthquakes stavano di nuovo fallendo miseramente nello sforzo di tornare all'altezza della loro reputazione e ancora una volta, dopo aver chiuso con l'alcol, ero tornato ad allenarmi seriamente come avevo fatto in passato ed ero pronto per la stagione successiva. Sapevo che, per quanto bene giocassi, non avrebbe cambiato molto la situazione della squadra, ma volevo fare almeno una cosa giusta nella mia vita. Volevo dimostrare che potevo ancora giocare, a me stesso e a chiunque altro.

Durante la stagione estiva del 1981 segnai 13 goal e uno di questi fu il migliore che avessi mai realizzato. Fu contro la mia vecchia squadra, gli Strikers di Fort Lauderdale: entrai in possesso del pallone a una ventina di metri dalla porta e schivai uno dei difensori. C'e n'erano altri tre pronti a fermarmi, ma io scartai a sinistra, poi a destra, poi ancora a sinistra, spiazzandoli tutti, e quando uscì il portiere, infilai il pallone in rete. Il goal non significò granché per le sorti degli Earthquakes né per la classifica, ma significò molto per me, in termini di orgoglio personale.

Alla fine della stagione, andammo in tournée in Europa e giocai contro la mia vecchia squadra, l'Hibernian, in un'amichevole che perdemmo 3 a 1. Fu una performance piuttosto deludente da parte nostra e molto prima della fine stavo solo fingendo di fare qualcosa ma, con mia grande sorpresa, Billy Bingham mi mise in squadra nella sua Irlanda del Nord per giocare contro la Scozia in un'importante qualificatoria per i Mondiali che si sarebbero svolti l'anno seguente in Spagna.

A 35 anni, dopo cinque che non giocavo più per il mio Paese, sembrava che sarei riuscito finalmente a partecipare ai Mondiali, dato che la squadra di Bingham aveva buone probabilità di farcela. Incappai anche in Bill McMurdo, che vedevo spesso quando giocavo per gli Hibs. Era diventato il procuratore di giocatori come Mo Johnston e Frank McAvennie e accettò di rappresentarmi in Inghilterra.

La settimana seguente, dopo un pareggio per 1 a 1 con il Linfield, a San José, Bingham mi tolse dalla squadra dicendo che non ero abbastanza in forma per giocare con la nazionale. Ma non era la fine del mio sogno di Coppa del Mondo. Dopo che l'Irlanda del Nord si era qualificata pareggiando 0 a 0 con la Scozia e poi, in novembre, battendo l'Israele a Windsor Park, l'allenatore del Middlesborough, Bobby Murdoch, mi fece una proposta.

«George», mi disse in una delle nostre conversazioni, «se giochi qui per il resto della stagione, migliori la tua forma e dimostri a Billy Bingham che puoi farcela, puoi ancora andare ai Mondiali. E noi abbiamo bisogno di qualcuno come te che ci dia una spinta.»

Era la prima vera proposta che mi venisse fatta per riprendere la carriera in Inghilterra da quando avevo lasciato lo United, ed era anche molto allettante. Gli ingaggi allo Stockport e all'Hibernian erano state solo avventure per fare soldi, sia per me sia per le squadre. Il Middlesborough invece era preoccupato dalla sua retrocessione dalla prima divisione e mi volevano sinceramente come un aiuto per risollevare le sorti della squadra, non solo come una specie di attrazione per attirare il pubblico. Già questo rendeva interessante la proposta e, se avessi accettati di giocare gli ultimi quattro mesi della stagione, non ho dubbi che sarei arrivato ai Mondiali in Spagna.

Ma non accettai. Non era il momento giusto, con tutti quei problemi a casa e il bambino appena nato. Non era pensabile che Angela volesse trasferirsi nel Middlesborough e io non ci tenevo a giocare in un'altra squadra di seconda serie, né a rientrare nel circo mediatico che il mio rientro in Inghilterra avrebbe suscitato. Così dissi no, grazie, anche se mi dispiacque per Bobby, che ci rimase molto male.

In un angolo della mia mente, come in quella di Billy Bingham, senza dubbio, c'era anche il pandemonio che avrebbero scatenato i media se fossi entrato a far parte della squadra. Molti dei giocatori con cui mi capitò di parlare, come Sammy MaxIlroy e Big Pat, pensavano che sarebbe stato grandioso se avessi partecipato. Ma anche se avevano fatto del loro meglio per qualificarsi, nessuno gli aveva dato qualche speranza di vincere la finale.

Per qualcuno dei giocatori era già un buon risultato essere arrivato ai Mondiali, ma non per me. Non ho mai ambito partecipare a un campionato tanto per fare numero, e realisticamente era così in quel caso. Sapevo che anche se avessi lavorato sodo, avessi raggiunto una buona forma e avessi dato tutto me stesso in ogni partita, non avrebbe fatto la minima differenza sul risultato.

Ricordo quando l'Irlanda del Nord era arrivata ai quarti di finale nei Mondiali del 1958, quando anche il Galles ce l'aveva fatta fino agli ottavi. Ma a quel tempo l'Irlanda aveva un numero eccezionale di fuoriclasse, gente come Danny Blanchflower, Peter McParland, l'infallibile portiere Harry Gregg e, naturalmente, lo stesso Bill Bingham.

Ero sempre stato convinto che le due società calcistiche irlandesi avrebbero dovuto unirsi e formare una sola nazionale.

Entrambe avevano avuto dei fuoriclasse, per cui, mettendo insieme giocatori come me e Big Pat, per esempio, Frank Stapleton e Paul

McGrath della Repubblica d'Irlanda, avremmo potuto avere qualche chance. Ma la politica e gli interessi economici non hanno mai permesso che accadesse.

La squadra irlandese di rugby è una sola e nel corso degli anni ha ottenuto clamorosi successi. Ma nel caso del football, credo che i funzionari e i parassiti delle due associazioni siano troppo spaventati all'idea di perdere i propri privilegi e il proprio status. Quando tentarono di formare un'unica squadra, nel 1974 contro il Brasile, fu un tale successo che non osarono ripetere l'esperimento, nel caso la gente cominciasse a chiedere che la tenessero in permanenza. Sono convinto che sarebbe stata una grande idea.

Con il regolamento attuale, avrei potuto qualificarmi per giocare anche con la Scozia grazie a nonno Best e, per ironia della sorte, anche loro arrivarono in finale nel 1978. Ma per le regole di allora non avevo alcuna possibilità, così non avevo decisioni da prendere né da rimpiangere. Avrei potuto tornare in Inghilterra e giocare per un'intera stagione, ma non posso dire di essermi pentito di non averlo fatto: le circostanze non erano semplicemente quelle giuste. E avevo troppe difficoltà a mantenermi in forma per un lungo periodo.

L'unica decisione che *presi* fu quella di riprendere a bere, una volta tornato a San José. E forse, in fondo in fondo, avevo sempre temuto di non riuscire a mantenermi sobrio per tutti i Mondiali e di finire per fare una figuraccia.

Ero stato lontano dall'alcol per circa nove mesi, ma non avevo smesso nemmeno per un istante di sentirne la mancanza. Un giorno decisi semplicemente di farmi un paio di drink. Non c'era una ragione particolare, non c'è mai un fatto specifico che mi dà il via. Gli psicologi dilettanti amano pensare che si possa risalire a un incidente che scateni una ricaduta, ma un alcolista come me non ha bisogno di una ragione. Come ho imparato, è qualcosa di interno, qualcosa di genetico, e tutto quello che puoi cercare di fare è tenerlo sotto controllo. Ero convinto di essere ormai in grado di contenere il desiderio, di poter bere normalmente, come chiunque altro, di poter uscire, bere un paio di drink e rientrare senza essere uno straccio. Pensavo anche che sarei riuscito a nasconderlo, almeno per quanto riguardava Angela, perché mi comportavo da padre modello e portavo fuori Calum nel suo passeggino. Ma, una volta rientrato, trovavo qualche pretesto per uscire di nuovo e farmi qualche drink di nascosto.

Dopo un periodo così lungo di astinenza, all'inizio non mi ci voleva molto per sbronzarmi. Dodici mesi prima avrei potuto trangugiare dieci litri di birra o un'intera bottiglia di vodka, ma la prima volta che tornai a bere, ero già andato dopo un paio di birre. Eppure, quando l'alcol comincia a circolare, Dio, che meraviglia. In breve tempo ne desideravo sempre di più e uscivo per tre bevute al giorno. Ci ero ricascato in pieno.

Quando ero uscito, nel 1981, i medici del Vesper avevano tracciato un quadro preciso di quello che sarebbe successo: i dodici mesi seguenti mi avrebbero visto morto, astemio o di nuovo a bussare alla loro porta. Non ero certo astemio, ma se non altro ero vivo e pronto ad affrontare un altro periodo di riabilitazione. Questa volta non erano disposti ad ammettermi a meno che non completassi l'intero ciclo di trenta giorni. Riuscii a farcela e uscii perfino con una medaglia degli Alcolisti Anonimi. Il problema era che non mi trovavo ancora a mio agio con la terapia di gruppo. Facevo quello che dovevo fare, mi alzavo e dicevo: «Mi chiamo George e sono un alcolista», ma non riuscivo a raccontare i miei segreti agli altri e, in ogni caso, come avrei potuto essere veramente anonimo?

Perfino al Vesper, tutti sapevano chi ero e venivano a chiedermi l'autografo. I medici mi dissero che avrei dovuto frequentare regolarmente gli incontri degli Alcolisti Anonimi per il resto della mia vita, ma la cosa non faceva al caso mio. Non che non mi vergognassi di alcune delle cose che avevo fatto. È solo che sono sempre stato piuttosto timido e non mi piace parlare di me. Perfino scrivere questo libro mi è risultato difficile, a volte. La terapia di gruppo si è dimostrata utile per molta gente e gli Alcolisti Anonimi fanno un ottimo lavoro. Mi piace particolarmente la loro Preghiera della Serenità: «Dio, dammi la serenità di accettare le cose che non posso cambiare, il coraggio di cambiare quelle che posso e la saggezza per riconoscere entrambe». Ma, purtroppo, non faceva per me.

Se fossi riuscito a proseguire la terapia, mi avrebbe senza dubbio aiutato. Ma, una volta abbandonato a me stesso, la medaglia non valeva più di un premio di consolazione, e presto ricominciai a bere. Questa volta Angela non ne poteva più, così decidemmo che sarei tornato in

Inghilterra, dai suoi genitori, il che equivaleva a un ricovero al Vesper, ma con cibo migliore e meno terapia. Fu praticamente un ultimatum da parte sua: l'idea era che se mi fossi comportato bene dai suoi genitori, lei mi avrebbe raggiunto con Calum e saremmo tornati a essere una grande famiglia felice. Ma anche questa era un'illusione: non lo eravamo mai stati veramente.

A San José avevo avuto una relazione con una ragazza che avevo incontrato in una delle mie nottate fuori casa e, appena passata la dogana ad Heathrow, telefonai a un'amica di Angie che veniva sempre ai suoi party in piscina e che ora era rientrata anche lei in Inghilterra. Accettò di venire a pranzo con me, ma io avevo già in mente qualcos'altro e finimmo per avere una storia. Al diavolo le buone intenzioni di voltare pagina. Speravo che un cambiamento d'ambiente mi avrebbe fatto bene, come era successo la prima volta che ero andato in America, prima di ricadere in balia dei demoni. Ma per quanto fosse difficile a San José, non ero preparato all'impatto culturale del Southend.

Avevo dato del denaro alla madre di Angela e al suo patrigno perché acquistassero una casa da quelle parti, con l'intesa che avremmo diviso il ricavato se avessero deciso di venderla. Ma quando la vidi, non sembrava per niente un affare. Era appartenuta a un vecchio che non ci aveva fatto niente per anni. Quando l'acquistarono, era uno schifo e la tappezzeria pendeva a brandelli dalle pareti.

Il patrigno di Angela, Joe, aveva cominciato a ripulire l'interno, così io attaccai all'esterno. Era il lavoro peggiore che avessi mai fatto da quando avevo pulito le scarpe all'Old Trafford. Quando non ero fuori con una spazzola metallica, scrostavo il muro del giardino o dipingevo il cancello. Poi cominciai a dipingere le pareti della casa, ma dopo aver fatto la facciata e uno dei lati – le parti che si vedevano dalla strada – decisi che era ora di deporre i pennelli.

Avevo l'impressione che la madre di Angela brontolasse un po' troppo. Joe era davvero una pasta d'uomo e quando avevamo finito la giornata di lavoro, andavamo al circolo locale per una partita a biliardo e un paio di drink. Io avrei dovuto restare completamente a secco, ma Joe non ci faceva alcun caso. Si faceva il suo quarto di birra amara e non ne bevve mai più di un quarto. E fumava un sigaro. Era come mio padre, che faceva tutto con moderazione. Io, naturalmente, ero all'opposto, e se ero in vena di darci dentro, lui mi lasciava fare. Joe era stato un allibratore e amava ancora scommettere; anche qui, però non rischiava mai cifre che avrebbero potuto incidere sul bilancio familiare.

Ero in Inghilterra da meno di un mese, quando mi proposero di giocare in una partita a Belfast. Questo mi diede l'opportunità di rivedere mio padre e il resto della famiglia. Al ritorno, incontrai all'aeroporto di Belfast un vecchio amico, l'attore George Sewell. George era famoso per le sue interpretazioni da duro in film di gangster e in serial televisivi come *The Sweeney*. Ma io devo ammettere che ero molto più interessato alla sua compagna.

Era uno schianto di bionda (un'altra!), che George mi presentò come Mary Stavin, ex Miss Mondo. Proprio il mio tipo, nonostante la brutta fine della breve relazione con Marjorie Wallace. Stava tentando la carriera di attrice, così mi feci dire da George la prossima volta che avrebbe recitato a Birmingham e la settimana seguente mi presentai in teatro.

Non avevo scoperto tutt'a un tratto una nuova passione per il teatro. Ma avevo scoperto un nuovo amore nella mia vita.

Le vecchie abitudini sono dure a morire

All'inizio Mary non mi disse che viveva con Don Shanks, calciatore noto per essere un tipo tosto in campo. D'altra parte non credo che per me avrebbe fatto una gran differenza. Non la fece in passato e comunque ormai c'ero dentro, anche se cercavo di sembrare distaccato.

Cercammo di non farci notare, per quanto un famoso calciatore e una Miss Mondo potevano riuscirci. Ma i paparazzi stavano cominciando a darsi da fare ed era inevitabile che prima o poi la storia saltasse fuori. Ci beccarono a cena insieme nel giugno del 1982 e naturalmente qualcuno riferì subito la bella notizia ad Angela. Questa volta non ci sarebbe stata nessuna riconciliazione, e questa volta non la volevamo né io né lei.

Angela non mi telefonò per farmi una scenata e non mi chiese immediatamente il divorzio. Non gliene importava più niente ed era presissima con Calum. E infatti, quando alla fine ne parlammo, la buttò sul ridere.

«È tipico di te, George», disse. «Lo sapevo che alla fine ci sarebbe stata un'altra donna, era inevitabile che ci fosse. E trattandosi di te non poteva essere una donna qualsiasi, naturalmente. Doveva essere Miss Mondo.»

Riconoscemmo entrambi che il nostro matrimonio era finito e concordammo di vendere la casa di San José e tutti quei mobili costosi e dividere il ricavato.

Come tante altre mie relazioni, anche quella con Mary partì alla grande. Andavamo d'accordissimo e ridevamo un sacco. Infatti tutto quello che facemmo al nostro primo appuntamento fu parlare e ridere. Andai a trovarla in camerino prima dell'inizio di uno spettacolo in cui recitava a Birmingham.

«Se più tardi hai voglia di un caffè,» dissi, «io sarò nel mio albergo.»

«Non ti fermi a guardare lo spettacolo?»

«No, davvero, non è il mio genere. Ma mi piacerebbe tanto vederti dopo. Così me lo puoi raccontare per filo e per segno.»

Doveva prendere il treno delle undici, ma dopo che salì in camera mia e ci mettemmo a chiacchierare decise che avrebbe preso quello di mezzanotte. Alla fine stavamo così bene, a parlare semplicemente delle nostre vite, che si fermò tutta la notte. Ordinammo panini e vino al servizio in camera e ce ne restammo seduti sul letto a chiacchierare, anche se a un certo punto feci un goffo tentativo di baciarla e caddi dal letto non appena tentai la mia mossa.

Qualche giorno dopo mi chiamò per dirmi che stava lasciando Shanks e la aiutai a traslocare a casa di una coppia di suoi amici a Windsor, Geoffrey e Madeleine Curtis. Circa una settimana dopo la raggiunsi. Naturalmente non potevamo restare lì e così pochi mesi dopo ci trasferimmo in un appartamento al Barbican, a Londra. Fu una delle mie idee peggiori: finii per odiare quel posto.

Poco dopo essere tornato in Inghilterra avrei ricevuto una di quelle buste marroni del fisco che tutti amano tanto. Avendo lavorato all'estero, pensai che potesse essere un rimborso. Invece era una tassa di 17.996 sterline: il fisco sosteneva che gliele dovevo per i miei guadagni con il Fulham.

Non avevo tutti quei soldi e spiegai loro che mi ero separato da mia moglie e avevo un sacco di capitale bloccato nelle nostre proprietà in America. Mi offrii di pagare 10.000 sterline e di saldare il resto nei sei mesi successivi. Non accettarono. Cercai di tirarla un po' per le lunghe, perché speravo di tirare su una bella somma dalla vendita dell'appartamento di Putney, che avevo comprato durante il mio periodo al Fulham.

Avevo incaricato della vendita, appartamento e tutto quello che c'era dentro, degli agenti immobiliari. Da un appartamento come quello, in un posto alla moda, mi aspettavo di fare un buon guadagno, ma gli agenti mi dissero che le spese si erano mangiate tutto.

«Spese?» dissi. «Quante spese si dovranno mai affrontare per vendere una casa?»

Loro mi rifilarono un «Sa, telefonate, documenti, sgombero».

Immagino che avrei dovuto seguire meglio la cosa, ma non ero nelle condizioni giuste per farlo. Non avrei potuto guadagnare molto perché non avevamo ancora finito di pagare il mutuo, ma mi aspettavo di farci almeno 10.000 sterline.

Se avessi investito meglio i soldi che avevo guadagnato nei primi tempi dello Slacks e dell'Oscar's, sarei stato un uomo ricco. Invece me li ero giocati quasi tutti o spesi in vacanze e quando nel 1982 entrambi i locali fallirono le mie quote di partecipazione non valevano quasi più niente. Avevano avuto una buona rendita, anche se chiunque lavori nell'ambiente vi dirà che cinque anni sono il periodo di vita massimo di un locale. Ci sono sempre le eccezioni, come il Tramp o lo Stringfellows, che vanno avanti da sempre. Ma la legge non scritta dice che in cinque anni la moda cambia, la gente si sposta e se hai fiuto molli tutto prima che succeda. Tra l'altro, una delle grandi attrattive dei miei locali era che il più delle volte c'ero anch'io. Invece, dopo i primi sei anni, feci solo visite lampo.

Non ebbi tempo di dilungarmi sui miei problemi fiscali perché ero troppo impegnato a cercare di guadagnarmi da vivere. Mi avevano chiesto di partecipare a qualche trasmissione calcistica di TV South a Southampton e grazie a questo venni ingaggiato da ITV come commentatore dei Mondiali in Spagna nell'estate del 1982. Così alla fine ai Mondiali ci andai, anche se indossando le cuffie da cronista invece della maglia verde dell'Irlanda del Nord.

Non rimpiangevo affatto di non essere in squadra. Quando sei mesi prima avevo rifiutato di giocare nel Middlesborough sapevo che mi stavo mettendo fuori gioco da solo. I ragazzi furono bravissimi a vincere il loro girone d'apertura e a battere la Spagna per 1 a 0 nell'ultima partita del girone anche se erano dieci in campo.

Ma come avevo pronosticato era inevitabile che prima o poi prendessero una batosta, che arrivò puntuale nella seconda fase del campionato quando vennero massacrati per 4 a 1 da una grandissima Francia in cui giocavano Michel Platini, Jean Tigana e Alain Giresse. Non mi sono mai illuso che il punteggio avrebbe potuto essere un altro se ci fossi stato anch'io in campo.

I Mondiali mi diedero un momento di respiro con la Inland Revenue ma le trattative ricominciarono non appena fui tornato a casa. Ho usato la parola «trattative», anche se loro rifiutavano qualsiasi compromesso e insistevano sul fatto che mi avrebbero fatto dichiarare bancarotta se non avessi pagato fino all'ultimo penny. Io continuavo a chiedere più tempo finché nel novembre del 1982 non mantennero la loro promessa: mi fecero dichiarare bancarotta con 22.000 sterline di debiti.

Sembrava incredibile dopo tutti i soldi che avevo guadagnato durante la mia carriera e che ancora stavo guadagnando. Tuttavia, anche se essere in bancarotta non era piacevole, avevo sofferto umiliazioni peggiori e la cosa non interferì granché con la mia vita di tutti giorni.

Il lavoro in tivù mi diede un incentivo a cercare di smettere di bere – o quantomeno a controllarmi – e continuava ad arrivarmi per posta materiale informativo su cure e terapie. Se non erano gli Alcolisti Anonimi, era qualche altro gruppo di autoaiuto, perlopiù pazzoidi che sostenevano di potermi tirare fuori dall'alcol una volta per tutte. La maggior parte dei volantini che promettevano cure infallibili veniva cestinata direttamente, ma ce ne fu uno di un gruppo chiamato Conservation of Manpower che attirò la mia attenzione. Non chiedetemi perché si chiamassero così o perché il loro volantino mi attrasse tanto: stavano da qualche parte lungo il Tamigi e un bel giorno decisi di dar loro una possibilità.

Telefonai al tipo che lo dirigeva e presi un appuntamento. Ci andai e feci due chiacchiere con lui, che mi chiese come mi sentivo in una scala da uno a dieci. Non che servisse granché, dato che all'epoca mi sentivo fisso a meno sei. Dopo la nostra conversazione mi diede da bere una specie di sciroppo (mai scoperto cosa fosse), mi mise seduto su una sedia con in testa una cuffia da stereo e mi disse: «Ti lascio solo un attimo».

Quando uscì spense la luce e l'unica cosa che ricordo è che mi svegliai circa mezz'ora dopo. Non avevo sentito niente attraverso gli auricolari, ma forse passava qualche messaggio subliminale perché avvertivo come una vibrazione, una sensazione molto piacevole che durò per qualche giorno. E, sorpresa, non avevo voglia di bere. In seguito cominciai ad andare lì più o meno una volta alla settimana. Con il procedere del trattamento mi sentivo sempre più vicino al dieci e lode e iniziai a crederci davvero, perché ogni volta che il tipo spegneva la luce e mi lasciava da solo mi addormentavo immediatamente. Era una delle poche cose che avevo provato in grado di domare la mia voglia di bere. Dopo qualche mese, però, ricevetti l'inevitabile telefonata di un giornalista: «Abbiamo saputo che frequenta il Conservation of Manpower...»

Smisi di andarci. Sapevo che se ci fossi tornato avrei trovato una folla di giornalisti e fotografi e non volevo dar loro quella soddisfazione. Fu un peccato, perché funzionava e non mi costringeva a raccontare i fatti miei agli altri come con gli Alcolisti Anonimi.

Non avevo la più pallida idea di cosa avrei fatto della mia vita. Non sapevo quanto sarebbe durato l'ingaggio in televisione, né le comparsate da celebrità che Bill McMurdo mi organizzava. Metteva in piedi un buon numero di accordi redditizi: tutto quello che dovevo fare era saltare fuori e firmare autografi all'apertura di un negozio o a qualche campagna promozionale calcistica. Ogni tanto giocavo anche qualche partita amichevole. Così, quando inaspettatamente mi telefonò Big Ron Atkinson, dovetti prendere una grossa decisione.

Big Ron, personaggio eccentrico del mondo del calcio, era stato allenatore dello United fino al 1981 e aveva dato un certo stile a questa professione.

«Senti», mi disse dopo qualche chiacchiera di cortesia su come stavo e cosa facevo, «invece di fare il fighetto in televisione e dire alla gente quanto eri bravo a giocare, perché non torni in campo e glielo dimostri?»

Io restai di sasso.

«Dici sul serio?» risposi. «Mi stai chiedendo di tornare a giocare nel Manchester United?»

«Se sei ancora bravo un decimo di quello che eri, sei l'uomo per me», disse. «Perché non fai un tentativo e vedi come va? Non mi aspetto di vederti correre a destra e a manca alla tua età: calcia il pallone come sai fare tu, vattene a zonzo per il campo. Siamo già pieni di giocatori che corrono.»

L'offerta era allettante, soprattutto perché veniva da Big Ron, le cui squadre avevano sempre giocato a calcio nel modo giusto, quello che piaceva a me, con formazioni basate più sull'abilità in attacco che in difesa. Sapevo anche che lui era uno con cui potevo parlare, con un gran senso dell'umorismo e che non trattava i giocatori come scolaretti, cosa che invece altri allenatori facevano. Se nel 1972 avesse preso lui le redini dello United invece di Tommy Docherty probabilmente non avrei mollato. E magari avrei anche dato il meglio di me, dato che quando smisi nel 1974 avevo solo 27 anni.

Ma era andata come era andata. Mi avvicinavo al mio trentasettesimo compleanno e da quando avevo lasciato lo United non avevo più giocato ad alti livelli in campionato. Ci pensai un bel po', ma avevo paura che se fossi tornato in campo avrei fatto la figura dello scemo o come minimo avrei rovinato il ricordo che i tifosi avevano di me. Sono sicuro che sarebbero stati ben disposti nei miei confronti, ma non volevo che qualcuno potesse compatirmi. Dovevo guardare in faccia la realtà: alla mia età non avrei mai giocato come facevo nel fiore degli anni e se il fatto di produrmi in qualche pezzo di bravura a partita avrebbe potuto soddisfare Big Ron, a me non sarebbe bastato. Disse che non era importante che giocassi tutti i novanta minuti. Però era importante per me.

Così dissi di no.

Invece nel marzo del 1983 andai al Bournemouth, che stava lottando in terza categoria: in pratica, il fondo del barile. Potrà sembrare ridicolo, ma mi sentivo più contento della sistemazione al Bournemouth, al cui presidente Brian Tyler bastava che facessi arrivare un po' di pubblico in più. Atkinson invece mi voleva in campo come sportivo vero e proprio, anche se non per tutta la durata delle partite, il che significava lavoro duro per tornare in forma e soprattutto un mucchio di aspettative nei miei confronti.

Con il Bournemouth c'era lo stesso contratto che avevo avuto al Dunstable, allo Stockport e all'Hibernian. Non c'era bisogno che mi allenassi granché: bastava che fossi in campo, mi esibissi in qualche numero, facessi guadagnare dei soldi alla squadra e tutti erano contenti. Ci capivamo. La maggior parte di queste squadre aveva già riguadagnato i propri soldi con la mia prima partita, così non aveva poi una grande importanza se non veniva nessuno a vedere la seconda.

Il Bournemouth certo non poté lamentarsi perché per il mio debutto contro il Newport il 26 marzo arrivarono 9000 tifosi, cioè il doppio del loro abituale pubblico pagante. Giocai con la squadra altre quattro partite, l'ultima delle quali contro il Wigan, ultima partita in casa della stagione.

Verso la fine del 1983 mia moglie Angie tornò dall'America per andare a vivere con i genitori. Con Calum a cui badare le sarebbe stato impossibile riavere il suo vecchio lavoro con Cher, così decise di stare con i suoi nella casa che l'avevo aiutata a comprare.

Dopo un anno di separazione andava abbastanza bene tra di noi, anche se quando ci vedevamo non eravamo più gli stessi. Non c'era più nessuna magia tra di noi, nessuna possibilità di tornare insieme, come invece era successo tante volte in passato. Ma almeno non eravamo più in lotta uno contro l'altra, ed era piuttosto felice che io potessi vedere Calum ogni volta che volevo. Era solo un trottolino, naturalmente, e lei non si fidava che lo portassi in giro per tutto il giorno. Così me lo portava a casa e a volte lo lasciava con me e Mary mentre lei vedeva gli amici.

Tuttavia sentivo che Mary non provava il benché minimo interesse per Calum. Non lo prendeva mai in braccio e nemmeno lo teneva per mano. Io pensavo che avrebbe dovuto interessarsi un minimo al figlio del suo convivente. Ma in quel periodo la nostra storia stava cominciando a sfasciarsi. Mary era disposta a tutto pur di farcela come attrice e diventare famosa. Su questa cosa era così determinata e risoluta che forse la possibilità di affezionarsi a Calum la preoccupava. Forse temeva che potesse ripercuotersi sulle sue ambizioni.

Mi aveva convinto a fare uno di quei video di ginnastica per tenersi in forma, che negli anni Ottanta stavano cominciando a diventare un vero e proprio business. Continuava anche a parlare di andare a Los Angeles in cerca di successo. Io avevo già dato e non me ne importava più niente.

Un giorno nel maggio del 1983 se ne uscì dicendo: «George, ho preso la mia decisione. Se voglio sfondare come attrice, devo andare a Los Angeles».

«Fai quello che devi», le risposi, «ma lascia che ti dica che ti aspettano tempi duri. Potrai anche essere un'ex Miss Mondo ma a spasso per Los Angeles ci sono centinaia di belle donne. E ancor più brave attrici».

Partì comunque, e io me ne volai via per un torneo in Estremo Oriente con Bill McMurdo, dove giocai per un paio di squadre a Hong Kong e poi per i Brisbane Lions in Australia. Il proprietario della squadra era un certo Ed Marconi e nelle tre partite che giocai con loro avemmo una buona affluenza di pubblico. Così mi chiese di giocare un ultimo incontro, una partita speciale che stava cercando di organizzare contro i loro più acerrimi rivali, non ricordo come si chiamassero. Era fuori dal mio contratto, ma lui mi disse: «Sai che ti dico, George?

Sicuro come l'oro che ci sarà un sacco di pubblico. E io dividerò l'incasso con te».

La partita con i Lions alla fine fu la mia ultima apparizione in una squadra di club.

Una cosa bizzarra di Bill era che portava la barba e i capelli lunghi, un po' come i miei, e capitava che ogni tanto qualche ragazzo lo scambiasse per me e gli chiedesse l'autografo. Una persona normale avrebbe detto che si trattava di un errore. Invece Bill prendeva i loro foglietti e li firmava. Con il mio nome, naturalmente.

Nel frattempo avevo fatto in modo di mettere da parte quel tanto che bastava per pagare l'acconto di un appartamento in Oakley Street, a Chelsea. Era il giugno del 1984. Non mi era mai piaciuto stare a Barbican, tutto cemento e zero personalità. Quel giugno conobbi anche quella che sarebbe diventata la mia nuova compagna, Angie Lynn: non era Miss Mondo ma avrebbe potuto sembrarlo. Era una modella sulla cresta dell'onda. Ci conoscemmo in un locale nel West End, il Blondes, decisamente appropriato dato che lei fu un'altra delle mie bionde mozzafiato. Come era già successo in altre mie storie andammo d'accordo dal primo istante e anche se lei stava con Chris Quinten, l'attore della soap opera *Coronation Street*, lo lasciò e acconsentì a venire con me in Norvegia.

Fu l'inizio della relazione più tumultuosa della mia vita.

Quando si dice due caratteracci e due volontà in lotta perenne.

Non so come cominciò, ma o stavamo sempre a beccarci oppure ci lasciavamo un giorno sì e uno no. Lei aveva una casa in Cromwell Road, non lontano da dove stavo io, e durante le prime fasi del corteggiamento la decisione «da te o da me?» a volte assomigliava più a una guerra che ad altro.

Quell'estate una notte rimasi da lei e quando si alzò mi urlò che portava il cane a fare un giro.

Naturalmente io non pensai a nulla di particolare ma quando mi svegliai, verso mezzogiorno, non era ancora tornata.

«Cazzo», pensai, «ora me ne vado a bere qualcosa.» Ma quando provai a uscire mi resi conto che la porta di casa era chiusa e io non avevo le chiavi. E tutte le finestre avevano le sbarre. Stavo iniziando a infuriarmi ma poi pensai che sarebbe rientrata da un momento all'altro. La sera non era ancora tornata e presi in considerazione l'ipotesi di telefonare alla polizia. Ma viste le mie precedenti esperienze, cambiai idea.

Nell'appartamento non c'era niente da bere perché Angie, come me, era il tipo che per bere usciva. Non eravamo di quelli che lo fanno buoni buoni a casa loro. Mi aggiravo per l'appartamento con la lingua ormai penzoloni e non avevo la più pallida idea di come fare a uscire. Non avevo la mia agendina telefonica, non sapevo dove fosse Waggy in quel momento e comunque, se anche lo avessi chiamato, come avrebbe fatto a entrare? Così continuai ad aspettare che Angie varcasse finalmente la porta di casa, cosa che fece solo la sera dopo.

Ci credereste? Entrò come se niente fosse, tirandosi dietro il cane al guinzaglio.

«Si può sapere dove cazzo sei stata?» dissi. «Stavo per morire di sete!»

«Oh, mi hanno invitato a una festa.»

«Cosa vuol dire mi hanno invitato a una festa? Eri uscita a portare il cane.»

«Lo so», rispose, «ma ho incontrato un tipo che conosco, mi ha invitato a questa festa. Volevo tornare indietro a dirtelo ma poi ho perso la nozione del tempo.»

«E come hai fatto col tuo accidenti di cane?»

«Be', l'ho portato con me.»

Il modo in cui riusciva a starsene lì a spiegarmi il tutto con aria indifferente, come se fosse tornata a casa con cinque minuti di ritardo, aveva dell'incredibile.

In altre occasioni passammo direttamente alle mani, e spesso accadde in luoghi pubblici tipo pub o locali notturni. Uno dei due diceva qualcosa che mandava l'altro fuori dai gangheri e si finiva a schiaffoni. Quadri strappati dai muri, finestre in frantumi e la polizia che veniva chiamata per farci calmare. Come non finimmo mai sui giornali, non me lo spiego proprio, ma era una di quelle classiche situazioni «né con te né senza di te».

Lei andava spesso in un localino squallido a pochi passi da Regent Street e quando metteva in atto una delle sue sparizioni sapevo di poterla trovare là.

«Perché vieni in un cesso del genere?» le chiedevo.

«Per starti lontano», rispondeva lei.

E così ricominciava la solita storia. Io le dicevo di venire via, lei mi mandava affanculo e alla fine ce le davamo di santa ragione.

Avevamo completamente perso la testa uno per l'altra e quando tra di noi le cose andavano bene era fantastico. Ma quando litigavamo erano fuochi d'artificio.

L'alcol era ancora un casino. Così, in un tentativo disperato di venirne fuori andai a Copenaghen per farmi cucire nello stomaco delle pillole di Antabuse. Le avevo prese in America e per un po' mi avevano aiutato. Solo che se mi veniva voglia di bere dovevo smettere di prenderle. Così decisi di farmele cucire dentro in modo da non cadere in tentazione e dovevo andare in Danimarca perché all'epoca in Inghilterra l'operazione non era legale. Me la feci fare due volte, ma non appena l'effetto della cura finiva io tornavo dritto dritto al pub.

Stavo bevendo pesantemente e dopo l'ennesimo grosso litigio con Angie nel novembre del 1984 me ne andai al Blushes, in Kings Road. Avrei potuto tranquillamente andarci a piedi, ma per qualche ragione decisi di prendere la macchina, promettendomi che non sarei stato io a riportarla a casa. Dopo aver fatto il pieno al Blushes attraversai la strada ed entrai in una discoteca, dove mi feci qualche altro bicchiere. Uscii che era circa l'una e decisi di andare al Tramp. Feci un giro per Kings Road con l'intenzione di prendere un taxi, ma pioveva a dirotto e, come i londinesi sanno bene, quando piove non trovi un taxi neanche a pregare.

Rimasi sotto l'acqua per una decina di minuti e poi pensai, al diavolo, il Tramp è a cinque minuti di macchina. Nelle mie condizioni non ero in grado di guidare neanche per due metri e la polizia mi fermò praticamente davanti a Buckingham Palace. Non c'era certo bisogno che si prendessero la briga di farmi il test del palloncino perché era evidente che non avevo nessuna speranza di passarlo, ma seguirono comunque la procedura e mi portarono alla stazione di polizia di Canon Row, dove venni incriminato e rimesso in libertà provvisoria con l'ingiunzione di presentarmi davanti al giudice in Bow Street il giorno dopo.

Non mi rilasciarono fino alle sei del mattino seguente, sabato 3 novembre, e questa volta presi un taxi fino a casa e mi infilai dritto a letto. Quando nel primo pomeriggio aprii finalmente gli occhi decisi che dato che la sera prima mi era stato negato il bicchiere della staffa al Tramp, sarei tornato al Blushes per il bicchiere del buongiorno.

Quando entrai fu come in una di quelle scene da film con Clint Eastwood in cui tutti si bloccano, smettono di bere e di parlare e guardano nella tua direzione.

Naturalmente conoscevo un sacco di gente lì dentro e uno mi disse: «Che cosa ci fai qui, George?»

«Tu cosa dici?» risposi. «Bevo qualcosa, come chiunque altro.»

«Ma c'è un mandato d'arresto nei tuoi confronti. La polizia ti sta cercando.»

«Di cosa parli? Mi stai prendendo in giro?»

«No», disse lui. «L'hanno detto al telegiornale. Dovevi essere in tribunale alle nove di stamattina.»

Non potevo crederci. Ero stato rilasciato alle sei del mattino. Come potevano aspettarsi che fossi in tribunale alle nove? Tenete conto che non ero perfettamente lucido quando ero uscito dal commissariato e avevo dato per scontato che la mia apparizione davanti al giudice fosse per lunedì. Non sapevo che il tribunale tenesse udienze anche nel fine settimana.

Mentre pensavo cosa fare, decisi che potevo anche farmi un drink.

Poi ne presi un altro. E un altro. E un altro ancora. Feci una pausa giusto per telefonare a Bill McMurdo per raccontargli cos'era successo e chiedergli di organizzarmi la parte legale della faccenda, ma l'aveva già sentito al telegiornale. Sembrava che fossi l'unico a Londra a non sapere che ero ricercato. Bill mi disse che avrebbe cercato di mettere a posto le cose e di fare in modo che io potessi tornare davanti al giudice lunedì. Così continuai a bere e quando fui stufo del Blushes feci il giro di altri pub, dove non trovai alcun poliziotto pronto ad arrestarmi.

Quando alla fine tornai in Oakley Street erano le sette di domenica mattina e trovai la zona pullulante di giornalisti. Mi dissero che la polizia era venuta a cercarmi e che erano lì in attesa che tornasse. O che tornassi io.

Entrai in casa. Probabilmente non fu una mossa furba dato che fu senza dubbio la stampa ad avvisare la polizia e nel giro di pochi minuti la casa era circondata. Ci saranno stati in tutto una ventina di agenti, tanto che mi chiesi se quel giorno era rimasto qualcuno a proteggere il resto del quartiere. L'ispettore incaricato suonò il campanello e mi disse attraverso il citofono di venire fuori ma io riattaccai e cercai di costruirmi un piano d'azione. Ero convinto che non avrebbero sfondato la porta, per cui decisi di restarmene semplicemente in casa fino a lunedì mattina.

Dopo un'ora o giù di lì il trambusto che c'era fuori sembrava finito e dei poliziotti non si vedeva neanche l'ombra. Immaginai che fossero nascosti ma calcolai che se ero veloce potevo arrivare dall'altra parte della strada, dove abitava una mia ex, Diana Janney. Le telefonai e le chiesi se potevo passare la giornata da lei.

«Perché?» disse. «Cosa sta succedendo? Cosa ci faceva tutta quella polizia fuori da casa tua?»

«Lascia aperta la porta e sarò lì in cinque minuti per spiegarti tutto. Non è niente di grave, fidati.»

Non era affatto convinta che fosse una buona idea ma alla fine disse di sì. Io allora aprii lentamente la porta di casa, feci un bel respiro e scattai fuori – cioè, scattai quel tanto che potevo – per attraversare quei cinquanta metri.

Ma appena lo feci sentii uno degli sbirri gridare «Prendetelo, ragazzi!» e una mezza dozzina di poliziotti mi furono alle calcagna. Sembrava la scena di un poliziesco: mi inseguirono fino alla porta di Diana, ma io feci in tempo a sbattergliela in faccia.

Se Diana si era agitata nel vedere la polizia fuori dal mio appartamento, ovviamente le piaceva ancor di meno il fatto che gli sbirri adesso stessero bussando alla porta di casa sua. A quel punto erano saltati fuori anche quelli dello Special Patrol Group, giovanotti che avevano tutta l'aria di poter fare un bel casino con i tuoi mobili. Diana probabilmente si stava chiedendo se avevo ucciso qualcuno e fu piuttosto sollevata quando le raccontai la verità. Ma eravamo senza via d'uscita.

«George», mi disse, «penso che faresti meglio a consegnarti alla polizia. Stai solo peggiorando la tua posizione.»

Non c'era davvero via d'uscita. Così, per la prima volta feci la cosa giusta: uscii per arrendermi. Prima di farlo, sperando che la cosa si potesse chiudere nel modo più dignitoso possibile, urlai: «Sto venendo fuori!»

Ringraziai Diana, aprii la porta e otto poliziotti mi si buttarono addosso ributtandomi quasi dentro.

«Ragazzi, mi sto arrendendo», dissi cercando di calmare gli animi.

Ma dopo essere stati presi per il naso tutto il giorno evidentemente avevano una gran voglia di menare le mani. Mi schiacciarono brutalmente contro un muro e mi ammanettarono, poi presero a spintonarmi verso il cellulare mentre uno sbirro continuava a insultarmi.

«Segaiolo di un irlandese», diceva, «brutta merda irlandese.» Insomma, il tutto sembrava un tantino sopra le righe per un arresto per guida in stato d'ebbrezza. Pensai anche che quel dispiego di forze fosse eccessivo per un uomo che si stava consegnando di sua spontanea volontà.

Mi sbatterono nel cellulare e io mi stavo incazzando sempre di più quando uno sbirro piazzò la sua facciona urlante a pochi centimetri dalla mia.

«Testa di cazzo», disse, «ti credi un gran divo ma sei solo un irlandese di merda.»

Dopo aver avuto la buona idea di consegnarmi, risolsi la situazione con l'idea più stupida che potessi avere: dare una testata a un poliziotto.

E così, dopo essere stato ufficialmente incriminato per guida in stato d'ebbrezza, non essermi presentato in tribunale e aver aggredito un pubblico ufficiale, fui portato in Canon Row dove venni trattenuto per la notte.

Il mattino dopo, davanti alla corte di Bow Street, il mio avvocato chiese e ottenne un rinvio di un mese dal magistrato, Ronald Partel, e io venni rilasciato su cauzione per 500 sterline. Alla fine, dopo tutto il casino per la mia mancata comparizione di sabato, il processo fu comunque rimandato di un mese.

Il mio avvocato mi avvisò che sarei potuto finire dentro, perché la corte non vedeva di buon occhio le aggressioni alla polizia.

Alla fine si convinse che probabilmente non mi avrebbero messo dentro, per cui decidemmo di affidarci all'arbitrato del giudice. Io mi sarei dichiarato colpevole e mi sarei appellato alla clemenza della corte. Io e Angie eravamo in un buon periodo e lei era in aula quando il 3 dicembre mi presentai davanti al magistrato William Robins. In tribunale non dissi nulla, a parte confermare il mio nome e dichiararmi colpevole di tutte le accuse, convinto che probabilmente avrei preso una grossa multa o me la sarei cavata con la condizionale. Alla peggio, se mi avessero messo dentro, sarebbe stato per un mese.

Ma il signor Robins non era certo come Sir Matt, Tom Hart dell'Hibernian o mio padre, che avevano tutti dimostrato comprensione per le mie malefatte passate. Per la prima volta nella mia vita qualcuno era convinto che fossero stati tutti troppo poco severi nei miei confronti. Mi ritirò la patente per cinque anni, ma questo era il meno. Mi condannò a tre mesi di prigione. E poi calcò la mano dicendo: «Io considero l'aggressione a un pubblico ufficiale un atto estremamente grave. Coloro che lo commettono lo fanno a loro rischio e pericolo. Non vedo ragione di fare distinzioni tra il suo caso e gli altri solo perché lei è famoso».

Mi portarono dritto alle celle del palazzo di giustizia, e non per fortuna direttamente in prigione, perché il mio avvocato fece in modo di avere un ricorso alla Alta Corte di giustizia qualche ora dopo. Justice Skinner ci concesse la libertà condizionata e io fui rilasciato su una cauzione di 500 sterline.

Ma stavo solo ritardando l'inevitabile.

Prima dell'udienza ero stato fiducioso ma non avevo molte speranze che la sentenza venisse annullata dalla Alta Corte. L'udienza si sarebbe tenuta alla Southwark Crown Court solo due settimane dopo, il 17 dicembre. Quella prima dell'udienza fu la notte più lunga della mia vita. Ero terrorizzato all'idea di tornare sul banco degli imputati.

La sera prima io e Angie andammo al ristorante cinese. Non so come feci a tenermi il cibo nello stomaco, perché mi si rivoltavano le budella. Cercavo di scherzarci sopra dicendo cose tipo: «Mi aspetterai, darling?»

E lei cercava di tirarmi su il morale dicendomi: «Non essere sciocco, domani sera sarai qui con me».

Ora posso dire che anche lei temeva il peggio. Quella notte dormimmo in Oakley Street, dove Angie disse che sarebbe rimasta se mi fosse andata male. E sapendo quello che il mattino poteva portare ci dicemmo un lungo, fisico arrivederci.

Non riuscii a dormire molto comunque e il mio avvocato Philip Havers non esagerò affatto quando disse alla corte che io ero «terrorizzato alla prospettiva di andare in prigione».

Avevo bevuto un po' troppo la sera prima e in piedi al banco degli imputati non mi reggevo benissimo sulle gambe. Il giudice Gerald Butler non sembrava affatto un uomo comprensivo.

Il mio avvocato presentò le solite argomentazioni: non riteneva che la prigione fosse la pena appropriata per un caso come il mio. Ma quando il giudice uscì per pronunciare il suo verdetto io temetti il peggio.

Quando confermò la mia condanna dicendo di non trovarla «né eccessiva né ingiustamente severa» io mi aggrappai alla balaustra. «Portatelo via», disse.

Un agente di custodia mi prese per il gomito e fui condotto in cella.

Dietro le sbarre

Non hai molto tempo per abituarti all'idea di andare in prigione, perché appena il giudice ha pronunciato la sentenza vieni immediatamente spinto giù per i gradini che vanno dal banco degli imputati dritti alla cella dove stanno tutti gli altri condannati, in attesa come te di finire al gabbio.

Angie mi raggiunse in lacrime e per salutarci ci vennero concessi solo un paio di minuti, ma del resto non c'è molto da dire in questi casi. Ci dicemmo che ci amavamo, ma sembrava tutto alquanto irreale, almeno fino a qualche ora dopo, quando il furgone del penitenziario che mi portava a Pentonville passò davanti a casa mia. Fui tentato di chiedere se potevamo fermarci cinque minuti, che volevo fare un salto dalla mia fidanzata.

Fu un momento orribile, ma non fu tanto divertente neppure passare davanti a tutti i negozi pieni di decorazioni e guardare la gente affrettarsi per fare gli ultimi acquisti di Natale, sapendo che il mio Natale l'avrei passato dietro le sbarre.

Se non siete mai stati in carcere non potete avere la minima idea di cosa voglia dire stare dentro e, credetemi, niente vi può preparare a Pentonville. Persone ben più dure e scafate di me sostengono che sia uno dei carceri peggiori del Paese. La puzza di quel posto mi colpì appena sceso dal furgone, un tanfo di escrementi, cibo marcio e sudore. Bastò l'odore a farmi dubitare di poter reggere tre mesi in quel posto, anche se il direttore cercò di tranquillizzarmi: «Grazie al cielo, non dovresti stare qui più di tanto. Cerca di farti i fatti tuoi, di non dare confidenza a nessuno e ti trasferiremo in un "carcere aperto" in men che non si dica».

Conoscevo abbastanza di Pentonville da sapere che ospitava alcuni criminali belli tosti, e quindi mi sentii sollevato quando seppi che in cella sarei stato da solo. Sarebbe già stato umiliante dover usare un vaso da notte come cesso anche senza doverlo fare davanti a un perfetto sconosciuto.

Quando alla mattina tutti andavano a svuotare il loro bugliolo la puzza era tale da far vomitare. Di sicuro non ti metteva nell'ordine di idee di fare colazione, che già di suo era immangiabile. Ciononostante contavi le ore che ti separavano dai pasti perché erano le uniche occasioni che avevi per uscire di cella, anche se solo per il tempo di mettere il cibo sul vassoio e tornare indietro. Colazione alle 7, pranzo alle 12 e cena alle 4 e mezza, decisamente in anticipo rispetto ai miei ritmi.

Per il resto del tempo stavo sdraiato sulla mia branda, domandandomi cosa stessero pensando mio padre e il resto della famiglia, frustrato dal fatto di non potergli neppure parlare, fargli sapere che stavo bene. Fino al settimo giorno di detenzione non si possono avere visite, e nel mio caso il settimo giorno cadeva a Natale, quando le visite non erano comunque permesse. Ci costrinsero a consumare il nostro pranzo natalizio dentro la cella, un'esperienza che ti rende decisamente sobrio, vi assicuro. Come sempre le celle vennero chiuse alle 19.30, e per la prima e unica volta in carcere mi ritrovai a piangere.

Grazie al cielo il giorno dopo Santo Stefano venni trasferito nel «carcere aperto» di Ford, nel Sussex, che dopo Pentonville mi sembrò quasi un villaggio vacanze. Mi ero annoiato così tanto chiuso nella mia cella che mi sembrò fantastico anche il viaggio di trasferimento, e una volta giunto alla Ford ero quasi felice.

Mi venne fatto il solito discorsetto iniziale: «Fatti i fatti tuoi, stai lontano dai guai». Essendo una sorta di casa di correzione potevi farti arrivare qualsiasi cosa, se avevi i soldi e avvertivi le guardie.

«Cercheranno di tirarti in mezzo con la droga e l'alcol», mi disse il direttore, «ma se stai pulito sarai fuori di qui completamente riabilitato.»

Sulla droga non aveva neppure bisogno di mettermi in guardia, perché non mi aveva mai interessato, e per l'alcol avevo deciso io per primo di lasciare perdere. Era stata proprio la bumba che mi aveva portato in quel posto, e da ubriaco avrei potuto combinare qualche guaio che mi avrebbe fatto restare dentro ancora più a lungo: volevo uscire anche prima dei tre mesi previsti. Nei primi giorni avevo sofferto per l'astinenza, ma sfido chiunque a non avere brividi a Pentonville. Alla Ford mi ero sentito decisamente meglio.

Decisi di stare pulito, di tirare fuori qualcosa di positivo da quella esperienza e di tenermi in forma andando in palestra tutti i giorni. A Pentonville era tanto se riuscivo a passeggiare cinque minuti nel cortile, ma alla Ford c'era tutto il tempo per fare esercizio. Non c'erano celle né vasi da notte da svuotare. Certo, non c'era la minima privacy perché dividevo il dormitorio con altri undici detenuti, ma era un prezzo che ero felice di pagare. Ed essendo un carcere aperto, i miei compagni non erano criminali particolarmente pericolosi.

Feci amicizia con i due tizi che lavoravano nella palestra, e giocammo insieme anche a squash. Non dico che fossimo amiconi, ma arrivammo a conoscerci abbastanza bene.

Andavo d'accordo anche con il capo delle guardie, una persona adorabile che mi chiese di firmargli un po' di autografi per il figlio handicappato, cosa che fui ben contento di fare.

I tipi che gestivano la palestra avevano il loro fornellino personale, così ci potevamo fare delle uova strapazzate se ci andava, e in più si poteva ordinare qualcosa anche al take away: il ragazzo delle consegne buttava la roba oltre la recinzione.

Era davvero pazzesco considerando che quella avrebbe dovuto essere una prigione. Ma non eravamo rinchiusi, e mi dissero che avrei potuto scappare in qualsiasi momento. Certo, se mi avessero beccato a farlo sarei tornato difilato a Pentonville. Non ne avevo alcuna intenzione e mi ero stufato di giocare a guardie e ladri.

Alla Ford avevano anche una squadra di calcio che ogni tanto andava a giocare in trasferta, e mi chiesero se volevo giocare, o magari fare l'allenatore. Sarebbe stato divertente, ma non mi sentivo di farmi coinvolgere perché sapevo che i giornalisti in un modo o nell'altro lo sarebbero venuti a sapere, e non volevo dar loro la soddisfazione di farmi fotografare con la casacca a strisce. Ma nelle redazioni girò la voce che avrei giocato, e alla partita successiva si presentarono tutti in massa. Non mi fecero nessuna foto, ma causarono un tale scompiglio che uno dei giocatori decise che era una occasione troppo ghiotta per perderla e ne approfittò per scappare.

L'unico spavento che presi alla Ford fu quando un gruppo di Belfast scrisse per dirmi che mi avrebbero fatto evadere. Come se non avessi potuto farlo da solo, semplicemente uscendo dal cancello una notte! Il direttore mi chiamò nel suo ufficio e mi mostrò la lettera.

«Pensi che sia una cosa seria, George?» mi chiese, «perché se lo è sarebbe meglio che io ti facessi trasferire in una prigione chiusa.»

«Non so chi siano questi tizi», risposi, «ma le assicuro che non ho intenzione di scappare.»

«Ok», disse lui, «per ora lasceremo le cose come sono e vediamo che succede. Del resto sarai fuori di qui tra pochissimo.»

Sospettai che la lettera non fosse altro che uno scherzo, e non ero impaurito tanto dal fatto che potessero veramente farmi evadere quanto dall'idea di fare ritorno a Pentonville.

Le cose erano così tranquille alla Ford che non venivano osservate neppure le normali restrizioni sulla posta. Ero letteralmente sommerso da montagne di lettere degli amici e dei fan. Per la prima volta dopo tanto tempo scrissi anche a mio padre, gli dissi che stavo bene e che non doveva preoccuparsi per me. Mi scusai per aver messo nuovamente lui e la nostra famiglia sotto i riflettori, e gli scrissi che sapevo di aver fatto un'idiozia. Ma in ogni caso nella vita non puoi essere altro che te stesso e io non sono tipo da farmi distruggere dai rimpianti. L'unica cosa che potevo fare era sfruttare quel periodo per disintossicarmi dall'alcol e tornare in forma.

La sua risposta mi tirò su il morale. Secondo lui gran parte dei miei problemi era colpa dei giornalisti, che mi avevano sempre messo in cattiva luce e avevano condizionato l'opinione di un sacco di gente. Non credo che mia moglie Angela fosse sorpresa e, per fortuna, Calum era troppo piccolo per capire.

Scrissi moltissimo anche ad Angie Lynn, e sono contento di non aver mischiato le lettere per lei con quelle che scrissi a mio padre perché credo che non sarebbe sopravvissuto alla lettura. Mentre ero fuori Angie e io ci scannavamo come cani e gatti, ma ora che ero dentro ci desideravamo da morire, e credo che la dica lunga sul nostro rapporto. Ci scrivevamo oscenità di tutti i tipi, spiegandoci per filo e per segno tutte le cose che progettavamo di farci a letto una volta che fossi uscito. Sesso postale. E lo stesso facevamo quando veniva a trovarmi, il che era abbastanza frustrante visto che non ero nella condizione di mettere in pratica nessuna di quelle fantasie.

Se mi fossi comportato bene e non avessi fatto danni la mia scarcerazione sarebbe avvenuta l'8 febbraio 1985, così Bill si accordò con un giornale per la storia in esclusiva della mia vita dietro le sbarre, e quelli prenotarono un viaggio alle Mauritius per me e Angie il 9 febbraio.

All'uscita dalla prigione Angie mi venne a prendere, e mentre andavamo verso casa entrambi avevamo solo una cosa in mente. Appena oltrepassammo la porta di casa cominciammo a strapparci i vestiti di dosso, ma per quanto fossi arrapato mentalmente, il mio corpo sembrava non accorgersene.

«Non ci posso credere», disse Angie, e cominciò a stuzzicarmi, il che peggiorò ulteriormente le cose. Alla fine la buttammo sul ridere: «Non ti preoccupare», mi tranquillizzò Angie, «andrà tutto bene. Abbiamo un sacco di tempo per farlo.»

Che ci crediate o meno, può succedere anche a George Best!

Fu la prima volta per me ed era strano che fosse successo proprio con Angie, perché la nostra relazione era sempre stata molto fisica – e grazie a dio *tornò* a esserlo una volta arrivati alle Mauritius e presa la nostra stanza all'Hotel Le Touessrok. Era un albergo fantastico sulla costa est dell'isola e il giornale ci aveva prenotato la suite nuziale, con tanto di fiori e champagne. La stanza era bellissima, con due vasche da bagno gemelle una di fronte all'altra, anche se vista la situazione per noi una era già abbastanza. Nella mia vita da calciatore avevo sempre dato per scontato un trattamento di quel tipo, ma dopo la prigione cominciai ad apprezzarlo davvero.

Non ero tentato dallo champagne, perché mi stavo godendo la mia ritrovata forma fisica e volevo continuare i miei allenamenti in quelle due settimane di vacanza. La prima mattina il tempo fu fantastico, i fotografi fecero tutti gli scatti che volevano e io rilasciai la mia intervista, dopodiché ci lasciarono soli a goderci la nostra vacanza.

Ma il giorno dopo iniziò a diluviare mentre stavo facendo la mia corsa mattutina, e continuò a piovere per tutti i sei giorni successivi. In un posto come quello se piove non c'è molto da fare, così cominciammo a deprimerci prima e a litigare poi. Fine della «luna di miele».

Prima ancora che terminasse la settimana, mentre tornavo in camera dopo la mia corsa, passai di fronte al bar e pensai: «Cazzo, ho voglia di un drink». Feci dietrofront e mi scolai tre vodke doppie, che mi sembrarono la cosa più fantastica del mondo. Naturalmente, dopo tanto tempo senza bere, la bumba mi stese più del solito, anche se mi sembrava di stare benissimo quando entrai in camera.

«Hai bevuto, vero?» chiese Angie.

«Certo», risposi, «siamo in vacanza sì o no?»

«Mi avevi promesso che avresti smesso», disse lei, «ma non riesci a resistere neppure per una settimana.»

«Be'», commentai, «non è che ci sia molto altro da fare qui», il che non era proprio un gran complimento.

«Questo è troppo, George», disse, «tra noi è finita.»

Il resto della vacanza, se volete chiamarla così, fu un disastro. Angie era furiosa per il fatto che ero tornato a bere così in fretta, io pensavo che lei non fosse ragionevole dopo tutto quello che avevo passato. Continuai a bere. Non che avessi molta scelta. Avevo raggiunto il punto in cui una volta iniziato non riuscivo più a fermarmi. Credevo di poter ancora controllarmi, ma ormai o ero completamente sobrio o ero completamente sbronzo. Non c'erano più vie di mezzo.

Tornati a Londra, Angie mantenne il suo proposito e se ne andò da Oakley Street. Non appena lo fece cominciò a mancarmi e decisi di fare una terza terapia di Antabuse per aiutarmi a smettere di bere. Come sempre, i medici mi dissero di prendermela calma per un po' di tempo e di cercare di evitare di bagnarmi lo stomaco. Ma non li ascoltai assolutamente, iniziando ad allenarmi troppo presto dopo l'operazione e bevendo pure. I punti saltarono e le tavolette iniziarono a venire fuori senza che potessi farci niente. Finii per andare da un chirurgo plastico per rimediare al danno.

Un paio di mesi dopo Angie e io tornammo insieme, e io sperai che tutto andasse bene. Invece ricominciammo subito a litigare alla grande. Senza l'aiuto dell'Antabuse non riuscivo a stare lontano dall'alcol e nell'estate del 1985, dopo l'ennesima zuffa, mi presi un taxi per Heathrow e balzai sul primo aereo per Marbella senza neppure avvertire Angie.

Mi presentai allo Skol Hotel dove mi comunicarono che erano al completo, ma visto che ero un cliente abituale riuscirono a far saltare fuori una stanza per una paio di settimane. A quel punto potevo dedicarmi alla mia solita routine: *shandies* alla mattina per prepararmi ad affrontare la giornata, birre attorno alla piscina, aperitivi con i vecchi nel bar all'angolo e, alla sera, Puerto Banus. La cosa buffa era che non mi interessava neppure attaccar bottone con qualche donna. Di solito mi accontentavo di tornare la sera e piazzarmi sul terrazzo in compagnia di una bottiglia di vino.

Ma la cosa più pazzesca fu che dopo un paio di giorni Angie cominciò di nuovo a mancarmi, e iniziai a chiamarla tre o quattro volte al giorno – di solito quando ero già un po' bevuto.

«Mi dispiace davvero di essere scappato», le dicevo, «ma tornerò a casa presto.»

«Be', perché non vedi di trovarti un volo domani?» rispondeva, al che io le promettevo che l'avrei fatto e poi ricominciavamo con la storia delle porcate che ci saremmo fatti a letto. E andammo avanti così per quasi due settimane – era davvero da pazzi.

Alla fine la chiamai per dirle che sarei arrivato tre giorni dopo. Mi disse che mi aspettava con ansia. Ma, arrivato a Oakley Street, l'unica cosa che trovai ad aspettarmi fu un biglietto in cui mi comunicava che era partita per Ibiza. Aveva fatto in modo di partire il giorno esatto del mio ritorno. Andammo avanti così per un bel po': quando tornavo io lei scompariva, e quando lei tornava ero io ad andarmene. Eravamo come due bambini troppo stupidi e troppo cresciuti.

Ma quando capitava che fossimo entrambi nello stesso Paese tra di noi era passione allo stato puro, e cominciammo addirittura a parlare di sposarci. Il discorso si fece ancora più serio quando, nel settembre del 1986, Angie mi comunicò che era incinta. Pensai che questa volta il matrimonio e il bambino avrebbero cambiato le cose in meglio, anche se il momento era decisamente ironico, visto che avevo appena ottenuto il divorzio. Angela e io non avevamo visto la necessità di fare le cose in fretta, e nessuno dei due voleva uno scontro pubblico nelle aule di giustizia. Così avevamo deciso di aspettare fino ai tre anni regolamentari prima di presentare le istanze di separazione, che vennero ufficializzate nella primavera del 1986.

Ero sul punto di rilanciarmi in un altro matrimonio improbabile, ma Angie a dicembre perse il bambino. Entrambi ci restammo molto male, ma credo che sotto sotto ci sentimmo anche sollevati. Lo prendemmo come un segno: evidentemente non era destino.

Di conseguenza anche la questione del matrimonio si raffreddò abbastanza in fretta. Col senno di poi, fu meglio così perché si sarebbe trasformato in una copia anche peggiore di quello con Angela, visto che il rapporto fra me e Angie era sempre stato instabile e visto che la mia dipendenza dall'alcol era totale come quando ero negli Stati Uniti.

Qualche volta, quando Angie mi lasciava, nel mio delirio mi presentavo al suo appartamento e picchiavo alla porta finché non chiamava la polizia per farmi scappare. L'ultima volta fu nel febbraio del 1987 quando, fradicio di birra e nel delirio alcolico, mi ero arrabbiato così tanto perché si rifiutava di aprirmi che avevo sfondato una finestra a pugni. Quindi ero tornato a casa, lasciando una traccia di sangue che la polizia avrebbe potuto seguire se ne avesse avuto voglia. Angie chiamò la polizia, ma loro decisero di non incriminarmi.

E l'episodio segnò la fine tra noi due.

Se non ci fossimo lasciati, avremmo finito per ammazzarci.

Qualche mese dopo al Blondes vidi una splendida ragazza dai capelli neri. A quel tempo non potevo saperlo, ma il suo nome era Mary Shatila ed era per metà egiziana. Era insieme alla sorellastra Fiona. Un'altra cosa che al tempo non potevo sapere era che mi aveva notato e aveva chiesto chi fossi.

«Quello è George Best», aveva risposto Fiona. «È un donnaiolo e un ubriacone. Non pensare neppure di dargli corda.»

Avevo avuto delle recensioni migliori, ma un paio di giorni dopo ebbi l'occasione di presentarmi ufficialmente quando la incontrai al Blushes. Ci parlammo solo per qualche istante, ma riuscii a ottenere il suo numero di telefono e cominciammo a uscire insieme.

Diventammo inseparabili, e qualche settimana più tardi si trasferì in Oakley Street. Rispetto al mio matrimonio e alla relazione con Angie Lynn, Mary mi sembrava la quiete dopo la tempesta. Era una ragazza tranquilla e accomodante, ma aveva una grande forza interiore. Si intendeva anche un po' di contabilità e si era offerta di darmi una mano con le mie grane finanziarie, o almeno di capire come avessi fatto a finire sul lastrico con tutti i soldi che avevo guadagnato. Chiese a Bill i libri contabili da quando aveva cominciato a occuparsi dei miei affari e lei cominciò a frugare tra le carte, controllando anche i minimi dettagli.

Mary capì anche che non potevo andare avanti per molto raggranellando soldi solo con le partite amichevoli. Con il mio ginocchio non ero in grado di giocare regolarmente, e le mie apparizioni in televisione erano sporadiche. Allora mi consigliò di provare a inserirmi nel giro delle conferenze. La prima volta che me ne parlò pensai che fosse impazzita.

«Non esiste che io parli davanti a un branco di estranei», le dissi.

«Perché no?» rispose lei. «Hai un sacco di storie da raccontare e la gente ti ama.»

La cosa non mi attirava, ma quando anche il mio amico Kenny Lynch la trovò un'ottima idea e si offrì di unirsi a me se mi poteva essere d'aiuto, pensai che valesse la pena di provarci.

«Perché non contattiamo anche Bobby Moore?» suggerì. E visto che Bobby era simpatico anche a me, decisi che un tentativo si poteva fare.

Iniziammo un primo giro, anche se all'inizio, timido com'ero, la trovai davvero una cosa difficile, motivo per cui fu una vera fortuna avere a disposizione un professionista dello showbiz come Kenny. A ognuno il suo mestiere, suppongo. Non so se Kenny sarebbe stato a suo agio a giocare sul campo del Real Madrid davanti a 120.000 persone, cosa che a me non ha mai dato il minimo problema. Ma mentre lui era completamente rilassato quando si alzava a parlare davanti a qualche centinaio di persone... be'... io ero assolutamente terrorizzato.

In poco tempo Mary, che ora mi faceva anche da agente, cominciò a ricevere prenotazioni per interventi a pranzi e cene, e gli affari cominciavano a girare. Non posso dire che mi stessi divertendo ma iniziai a sentirmi più sicuro, e capii che la gente era facile da accontentare. Non si aspettavano grossi discorsi, gli bastava qualche racconto sullo United e, ovviamente, qualcosa sulle mie storie con le due Miss Mondo, nonché la possibilità di farmi qualche domanda.

Preparai una specie di canovaccio: parlavo per qualche minuto, buttavo lì un paio di battute e poi lasciavo il campo alle domande. In poco tempo iniziai a essere richiestissimo. Mi ritrovavo ad avere sei o sette appuntamenti alla settimana, spesso anche due alla volta nello stesso giorno. Potevo essere a pranzo a Edimburgo, a cena a Cardiff e la sera dopo a Huddersfield. Era folle ma molto redditizio.

In più Jim Boyce, Billy Kennedy, Malcolm Brodie, John Smedley, Derek Wade, George Keenan e papà mi aiutarono a organizzare una partita al Windsor Park l'8 agosto del 1988, nella speranza di tirare su abbastanza soldi per risolvere i miei problemi con le tasse. Cominciai ad allenarmi due mesi prima, perché non volevo scendere in campo con addosso venti chili di ciccia di troppo. Era per puro orgoglio. Sapevo che la gente di Belfast si sarebbe presentata in massa per me e la maggior parte di loro non aveva certo soldi da buttare. Volevo offrire un bello spettacolo, far rivivere i vecchi tempi.

E lo volevo fare anche per me. Non volevo trovarmi a sgambettare con gente come Paul Breitner, Liam Brady o Ossie Ardiles e finire ad ansimare come un vecchietto dopo cinque minuti. Riuscii a scendere al mio vecchio peso forma, e conservo una foto di quella sera di cui sono veramente fiero, perché appaio esattamente come nei miei giorni migliori.

Diluviò per tre giorni prima della partita ma Windsor Park era comunque stipato da 25.000 persone, incluso mio padre. La mia squadra vinse per 7 a 6, e io segnai con un tiro appena sopra il portiere con la stessa gioia dei miei più bei goal di campionato. Lo stesso dicasi per l'incasso della serata, quasi 110.000 sterline.

Dopodiché ritornai ai miei pranzi – e alle mie cene – anche se mollammo il colpo all'inizio del 1989, quando Mary procurò a me e a Denis Law un contratto per un tour in Australia, a cui doveva partecipare anche Joe Doherty, un comico scozzese che stava da quelle parti.

Facevamo il tutto esaurito ovunque andassimo fin quando arrivammo a Newcastle, una cittadina non molto lontana da Sydney. Una volta era un centro minerario, ma ormai era poco più di una città fantasma. Entrammo in questo alberghetto in mezzo al nulla, che era anche il posto dove dovevamo tenere la conferenza, e pareva proprio che fossimo gli unici ospiti. Be', a parte il reporter di un giornale australiano, che era venuto per scrivere un pezzo su di me.

«Sarà un disastro», dissi a Denis dopo aver preso la stanza. «Siamo nel bel mezzo del nulla e non vedo come possa arrivare qualcuno.»

Ripetei la stessa cosa all'organizzatore della serata, ma quello si limitò a far spallucce.

«No, andrà tutto bene», disse, «qualche biglietto l'ho venduto, e di solito da queste parti la gente si fa vedere la sera tardi.»

A quel punto Denis e io ce ne andammo a fare un sonnellino.

Una volta svegli e pronti per la serata, andammo al bar dell'albergo per farci un bicchierino in compagnia di poche altre persone.

«Mi sa che lo spettacolo non durerà molto, stasera», dissi a Denis.

«Come butta?» chiedemmo all'organizzatore quando ci raggiunse.

«Oh, non c'è male», rispose lui.

Così uscimmo, aspettandoci non più di una dozzina di persone. La sala era gremita, e gli spettatori erano tutti pazzi scozzesi ed emigrati irlandesi, alcuni dei quali, ci dissero, avevano guidato sei o sette ore per arrivare fino a lì. Fu una serata fantastica, e alla fine ci fermammo al bar, dove concessi la mia intervista anche se ebbi subito l'impressione che il pezzo non sarebbe stato molto lusinghiero.

Mi ero tenuto lontano dall'alcol per i due mesi in cui mi ero allenato per la partita, ma ne avevo sentito sempre la mancanza e ora volevo recuperare il tempo perduto. Il giornalista fece l'errore di cercare di starmi dietro nella corsa al bicchiere, un'idea non troppo brillante. Scoprimmo le conseguenze del suo tentativo il mattino seguente. La padrona dell'albergo arrivò furente mentre stavamo partendo, domandandoci chi diavolo avesse occupato la stanza numero 6, quella del giornalista.

Pare che il tipo avesse passato la notte a vomitare sul letto, sul tappeto, dappertutto. E anche il suo articolo era abbastanza nauseante, una roba del tipo quanto fosse triste che una superstar del mio calibro fosse ora costretta a guadagnarsi la pagnotta facendo spettacolini in giro per cittadine di provincia. In realtà stavo facendo una fortuna, tirando su quattro o cinquemila sterline per un'ora di lavoro. Naturalmente, questo non glielo avevo detto.

Al mio ritorno dall'Australia cominciai ad affezionarmi sempre di più alla figlia di Mary, Layla, che aveva tre o quattro anni quando io e sua madre avevamo iniziato a uscire insieme. Divenni subito «Zio George», e l'affetto che provavo per lei crebbe di giorno in giorno, forse perché la mia relazione con Mary stava andando bene. Comunque sono sempre andato d'accordo con i bambini. Probabilmente il nostro avvicinamento era anche dovuto al fatto che mio figlio stava a più di novemila chilometri di distanza, in California, ed era ancora troppo piccolo per viaggiare da solo. Il padre di Layla era l'ex marito di Mary, un uomo d'affari libanese che di solito incontrava sua figlia a Parigi. Dopo il nostro ritorno dall'Australia, nel 1989, chiamò chiedendo di poter vedere la bambina, così Mary la portò a Parigi. Non molto tempo dopo mi telefonò all'improvviso per dirmi che suo marito era scomparso con la figlia.

«C'è sicuramente una spiegazione», le risposi, ma due giorni dopo Mary tornò a casa da sola.

Era terrorizzata, come sarebbe ogni madre nella stessa situazione, ed era convinta che suo marito avesse riportato Layla con sé a Beirut.

Dopo uno o due mesi senza notizie decisi che dovevo fare qualcosa. Ne avevo parlato a un amico che mi suggerì di contattare un ex membro della SAS di sua conoscenza e che aveva, per così dire, ancora le mani in pasta. Gli telefonai, e ci accordammo per un incontro a Kensington, nel locale di Terry Venables, che ai tempi era l'allenatore degli Spurs.

Ero seduto al tavolo quando entrò questo energumeno, un metro e novanta abbondante con due spalle così e un piglio decisamente militaresco. Mi ricordava un po' nonno Withers, aveva la stessa aria autoritaria ed era vestito di tutto punto.

Si sedette e ordinò un drink.

«Se ho capito bene lei ha un problema, signor Best.»

«Sì, la figlia della mia compagna è stata rapita», risposi. «La mia ragazza era sposata a un libanese e siamo convinti che lui l'abbia portata là.»

Annuì. «E quale sarebbe il nome del signore che ha preso la piccola?»

Glielo dissi e lui replicò: «E mi pare di capire che vorreste riavere indietro la figlia della sua ragazza».

«Sì, l'idea è quella», risposi. «Quante probabilità crede che ci siano?»

Rifletté per qualche istante, e poi parlò. «Non abbiamo problemi per il recupero, signor Best. Quella è la parte facile. Il difficile arriverà dopo che lei sarà tornata a casa. Sapete perfettamente che il padre potrebbe cercare a sua volta di riprendersela e non penso di dover essere io a spiegarle cosa questo può comportare o cosa dovrebbe fare lei per evitarlo. Così le suggerirei di pensarci, di cercare di stabilire un contatto e risolvere la questione in modo diplomatico, prima di prendere una decisione drastica.»

Non aveva nemmeno bisogno di dirlo. Nonostante io e Mary fossimo sempre più preoccupati, decidemmo di tenere duro e di cercare di riavere la bambina attraverso canali più ufficiali. Credo fosse stata la pura disperazione a portarmi a parlare con il tizio della SAS. Volevo rendermi utile in qualche modo. In seguito, dopo che ci eravamo lasciati, fui felice di sapere che Mary era riuscita a entrare in contatto con suo marito attraverso i parenti di lui e aveva ricominciato a vedere la figlia.

Con Calum così lontano e Mary separata dalla figlia, i bambini avevano improvvisamente iniziato ad avere una certa importanza per me. Suppongo che averli intorno mi portasse a recuperare il bambino che c'era in me. So per certo che ci sono persone che sostengono che io non sia mai cresciuto! Probabilmente essere costretto a stare sotto i riflettori fin da ragazzino mi ha reso maturo sotto molti aspetti, ma meno su altri.

Mentre eravamo ancora in Australia, Denis e io avevamo collaborato con delle scuole per bambini portatori di handicap fisici e mentali, un'attività che avevo sempre amato, e in una in particolare mi era stato regalato un album su cui ognuno di loro aveva fatto un mio ritratto. Era stato veramente bello.

In un'altra scuola i ragazzini avevano voluto assolutamente giocare a calcio con me, e così eravamo usciti in cortile a tirare quattro calci al pallone. A un certo punto, guardando dentro la classe da una finestra aperta, mi accorsi che una di loro – non avrà avuto più di otto o nove anni – era ancora seduta al suo posto a leggere per i fatti suoi.

Mi fermai, chiamai una delle maestre e le indicai la bambina.

«Qual è il suo problema?» le chiesi. «Perché non viene a giocare con noi?»

«Oh, con lei ci siamo arresi», mi rispose. «Non riusciamo a farle stabilire un contatto con gli altri. Non vuole stare con nessuno. Le abbiamo provate tutte ma non è servito a niente. Vive in un mondo tutto suo.»

«Posso andare a parlarle?»

L'insegnante si mise a ridere. «Sarà solo una perdita di tempo. Non le darà neanche retta.»

«Be', posso andare solo a dirle ciao?» domandai.

«Faccia pure», concluse lei. «Ma poi non dica che non l'avevo avvertita.»

Tornai silenziosamente in classe e chiusi la porta dietro di me. Appena mi vide, la bimba si nascose dietro al suo libro, come fanno di solito tutti i bambini. Così girai dietro al suo banco per vedere cosa stava leggendo. Era un sussidiario illustrato, e lei era alla pagina dell'alfabeto. Avrete sicuramente presente il tipo – A di arancia, con un grande disegno di fianco alla parola, B di banana, C di cane e così via.

Stetti un po' a guardare, poi indicai l'arancia e dissi: «Banana!»

Nessuna reazione.

Mi spostai in modo da essere di fronte a lei, mi sporsi sopra il libro indicando l'arancia e gridai nuovamente: «Banana!»

Ancora niente.

Mi misi a ripetere la scenetta ogni pochi secondi, e più o meno alla sesta volta mi guardò ed esclamò: «Arancia!»

«No. Banana!» risposi io.

«Arancia!»

Capii che ce la stavo facendo, così questa volta indicai la banana e dissi: «Arancia!»

«Banana!» mi corresse.

Allora indicai il cane e gridai: «Dinosauro!» Lei aveva capito che era un gioco, e cominciava a divertirsi.

Dopo qualche minuto ci stavamo sbellicando e lei piangeva dal ridere. Ma nonostante le lacrime, ora che il suo viso si era illuminato sembrava proprio un angelo.

Alti e bassi

Alla fine del 1989 guadagnavo un sacco di soldi, ma purtroppo non erano molti quelli che raggiungevano il mio conto corrente, perché li spendevo con la stessa velocità con cui li intascavo. Se guadagnavo 5000 sterline, ne spendevo 5000 e mi preoccupavo per le fatture solo quando mi arrivavano.

Non che i casinò, dove sperperavo la maggior parte dei miei soldi, abbiano l'abitudine di mandarti delle fatture a casa. Dato che mi ritrovavo di nuovo con dei soldi in tasca, riscoprii l'amore per il gioco e – come era stato per l'alcol – una volta ricominciato non riuscii più a smettere.

Mary cercava di trattenere i compensi delle mie conferenze, in modo che non me li potessi giocare, ma erano i *miei* soldi, me li ero guadagnati, e se volevo giocarli l'avrei fatto. Anche nelle nottate in cui ai tavoli dei casinò le cose mi andavano bene, presi l'abitudine di tenermi le *fiches* e riportarle indietro il giorno dopo per giocarle.

Il gioco d'azzardo mi dava un brivido, proprio come quando io e Colin Burne ci davamo dentro con le vincite a Manchester. E non me ne fregava niente dei particolari come i conti da pagare e gli estratti conto della banca. In vita mia non sono mai stato in grado di dire quanti soldi avevo sul mio conto corrente, ed è così ancora oggi. Avevo passato dei brutti momenti, sentivo di avere bisogno di divertirmi, e dato che ora mi entravano un bel po' di soldi non vedevo alcuna ragione per non continuare a farlo. Non pensavo che potessero finire.

Il momento più triste di quell'anno fu quando andando a trovare Angie e Calum, lei mi disse: «George, c'è una cosa che ti devo dire. Torno a lavorare negli Stati Uniti». Naturalmente Calum sarebbe andato con lei, il che voleva dire che l'avrei visto molto meno.

Man mano che cresceva mi piaceva sempre di più stare con lui per fare delle chiacchierate sul lungomare di Southend o dare quattro calci a un pallone. Ma Angie era molto più adatta di me a crescerlo e le sue prospettive di lavoro in America erano migliori che in Inghilterra. Così, per quanto fossi riluttante, dovetti ammettere che probabilmente era la cosa migliore da fare.

Dopo la partenza di Calum passai un paio di giorni ad affogare la mia tristezza. E bevevo forte anche quando nel 1990 venni invitato al *Wogan Show* per un'apparizione che avrei fatto meglio a rifiutare. Mi dissero di presentarmi agli studi a una certa ora. Io non ci badai, ma quando arrivai venne fuori che mancavano tre ore alla messa in onda del programma, il che mi diede un sacco di tempo da passare nella Green Room, il nome che danno quelli della televisione alla suite in cui vengono lasciati ad aspettare gli ospiti.

Naturalmente approfittai dell'ospitalità della tivù soprattutto per quanto riguardava gli alcolici, a cui attinsi generosamente.

Qualcuno sostiene che quelli di *Wogan* forse speravano proprio che io mi sbronzassi, perché gli ascolti del programma erano scesi e avevano bisogno di qualcosa di sensazionale per riconquistare i propri spettatori. Non credo sia vero, ma so che non fu una buona idea chiudere un alcolista della mia fama in una stanza piena di bumba per tre ore di seguito.

Non avevo alcuna intenzione di sbronzarmi, e quando alla fine si trattò di andare in onda mi sembrava di stare bene. Ma tutti gli altri avevano capito perfettamente che ero mezzo andato e l'intervista durò solo pochi minuti.

Wogan mi chiese di tutte le donne con cui ero uscito e io dissi: «Terry, a me piace scopare, va bene?» E quando provò a cambiare argomento chiedendomi cosa mi piacesse fare nel mio tempo libero, io risposi: «Fottere».

La cosa peggiore fu che mi sembrava di essere andato bene, che anche se magari ero un po' alticcio ne ero uscito tutto sommato a testa alta. Ma quando il giorno dopo vidi la registrazione, era evidente che ero completamente fuori. Non sarebbe stato tanto male per un imbecille che non riesce a mettere di seguito più di due parole in croce. Ma se sai che, in condizioni normali, sei una persona abbastanza intelligente, è orribile vederti fare la figura dell'ubriacone capace solo di farfugliare.

Quando sui giornali scoppiò lo scandalo a proposito della mia prestazione, quelli di *Wogan* giurarono di non invitarmi mai più nel loro programma, ma ottennero tanta pubblicità che poi cambiarono idea. Mary era arrabbiata per la figura che avevo fatto, ma diede la colpa tanto a me quanto alla rete televisiva e disse che era stata una vera follia indurmi in tentazione a quel modo.

Nonostante la brutta esperienza con *Wogan*, la radio LBC di Londra mi propose un lavoro come commentatore: avrei dovuto fornire delle opinioni tecniche in coppia con il loro esperto di calcio, Tony Lockwood. In questo modo almeno il sabato mi tenevo fuori dai guai.

Questo nuovo lavoro mi mise in contatto con un sacco di miei vecchi amici calciatori e in un memorabile pomeriggio al Roker Park del Sunderland, che giocava contro il West Ham, mi ritrovai seduto accanto al mio ex compagno di squadra del Fulham, Bobby Moore. Un paio di tifosi ci videro, ci indicarono ai loro amici e alla fine tutta la tribuna si voltò per salutarci. Fu una cosa molto bella.

«Che ne dici di una tazza di tè, Bestie?» mi chiese Bobby alla fine del primo tempo.

«Certo, Bob», gli risposi.

Così se ne andò a prendere le nostre tazze di tè, ma trattandosi di Bobby non si limitò a quelle: quando tornò aveva anche dei salatini e delle patatine. Io pensai tra me e me: «Quest'uomo ha vinto i Mondiali con l'Inghilterra ed è andato a prendere degli stuzzichini per me».

Bob era fatto così, un tipo generoso, sempre pronto a pensare agli altri, disinteressato. Trattava tutti quanti allo stesso modo. Poco prima che Bobby morisse di cancro nel 1993, Alan Ball ricevette una sua telefonata, e così anche tutti i ragazzi che avevano giocato nella nazionale inglese del 1966. Bobby si limitò a fare una chiacchierata e non disse che gli restavano solo pochi giorni da vivere. Era proprio una cosa da lui, voler salutare per l'ultima volta i suoi colleghi senza farli preoccupare.

Io speravo che i soldi che stavo guadagnando mi avrebbero permesso di sistemare la mia situazione fiscale e, con quello che avanzava, di ricostruire un po' la mia vita. Per proteggere i miei soldi avevo aperto un fondo fiduciario per Calum, ma Stoy Hayward, il curatore fallimentare che il tribunale mi aveva assegnato, stava cercando di metterci sopra le mani, dicendo che ora dovevo allo Stato quasi 100.000 sterline fra le tasse arretrate e gli interessi. Dato che ero andato in bancarotta nel 1982 per sole 22.000 sterline, quella cifra per me era pazzesca e devo dire che Mary fu bravissima a cercare le soluzioni giuste.

Nel settembre del 1991 mi consigliarono un avvocato, Bryan Fugler. Io e Mary andammo nel suo studio e ci portammo dietro tutta la nostra documentazione.

«Vorremmo che ci dicesse qual è il problema e come possiamo risolverlo», gli dissi.

Bryan fu assolutamente brillante, capì la situazione al volo e ce la spiegò in un modo comprensibile anche per un non addetto ai lavori.

Accettò il caso e gli ci vollero solo sei mesi per risolvere una situazione che andava avanti da nove anni. Per pura fortuna fu più o meno in quello stesso periodo che conobbi un tizio di nome Phil Hughes, che gestiva un negozio di capi in maglia e uno di souvenir nel West End. Phil è un tifoso gallese del Manchester United e ci incontrammo una sera al Blondes. Facemmo amicizia in quattro e quattr'otto e in seguito lui iniziò a farmi da agente.

Le conferenze insieme a Denis andavano ancora alla grande e una volta che ebbi imparato a dominare i miei nervi cominciai a divertirmi sul serio. Se iniziavo a parlare alle otto, sapevo che alle nove e mezza sarebbe finito tutto, mentre per le cene si arrivava per l'aperitivo verso le sei e la cosa poteva anche durare fino alle prime ore del mattino. Naturalmente non era necessario fermarsi per tutto il tempo, ma una volta verificato che c'era una buona riserva di alcolici rimanere non mi dispiaceva affatto.

Nel 1993 feci il giro di conferenze che ebbe più successo di tutti, con Rodney Marsh, il commentatore radiofonico della BBC Peter Brackley e un tizio di Southampton di nome Mike Osmond. Lo schema era il solito: qualche storiella, qualche battuta e infine una serie di domande e risposte. La serata più bella fu quella al Palladium di Londra.

Quando mi dissero per la prima volta che saremmo andati al Palladium, pensai fosse una bufala. Invece era vero, e fu pure una serata fantastica. Mi sentivo onorato di poter salire su quel palco, dove prima di me si erano esibiti tanti grandi nomi. Fu un momento di gloria, anche se non molto tempo dopo Peter sviluppò una specie di fobia da palcoscenico e decise che non voleva fare altre date.

Nel 1993 io e Rodney firmammo un contratto per il programma calcistico del sabato di Sky TV. Il programma funziona così: ci siamo noi e un paio di altri calciatori tipo Frank McLintock, Clive Allen o Alan Mullery che parliamo delle principali partite che verranno giocate. Poi, dopo l'inizio delle partite, ognuno di noi ne guarda una su un monitor, le cui immagini non possono essere mostrate agli spettatori per questioni di diritti televisivi. Così gli spettatori guardano noi che guardiamo le partite in televisione e raccontiamo in tempo reale quello che sta succedendo. Quando mi raccontarono il format della trasmissione per la prima volta pensai che fosse una follia, ma il programma ha avuto un successo strepitoso.

La bancarotta era ormai un ricordo, i soldi entravano in abbondanza e la mia vita era tornata a una certa normalità. Mi ero lasciato alle spalle il dolore del mio ultimo periodo al Manchester. Ma tutti i ricordi tornarono a galla quando nel gennaio del 1994 seppi che Sir Matt era morto. Aveva 86 anni e non stava bene da anni, ma fu comunque uno shock sapere che se n'era andato. Era una di quelle persone che ti sembra non possano mai morire. E il suo funerale, il 27 gennaio, per me fu un giorno triste non solo perché stavo dicendo addio a Sir Matt, ma anche per tutti i vecchi ricordi che mi suscitava.

Non vedevo da anni alcuni dei miei compagni di squadra del 1968, così fu strano tornare a incontrare Bobby Charlton, Nobby e Shay, soprattutto in quella circostanza. Avevamo fatto parte di una formazione decisamente speciale dello United, ma quando ci convocarono all'Old Trafford la mattina del funerale non si parlò troppo del passato. Ci dicemmo le solite cose che si dicono in quelle occasioni, eravamo tutti molto addolorati.

La squadra fece arrivare un pullman per portare i giocatori del 1968 alla messa da requiem alla chiesa cattolica di Our Lady and St John di Chorlton cum Hardy, e fu incredibile vedere la gente per le strade. Il clima era proprio da funerale, nonché tipico di Manchester, pioveva a catinelle. Ciononostante davanti all'Old Trafford e lungo il percorso c'erano migliaia di persone con striscioni, bandiere, fotografie in bianco e nero dei Busby Babes, che alzavano fino ai finestrini del nostro pullman. Bisognava avere più di trent'anni per ricordare le imprese di Sir Matt come allenatore, ma lì c'erano centinaia di ragazzini con i loro genitori, che ovviamente lo conoscevano e volevano rendere omaggio a un grand'uomo.

C'erano più di novanta giocatori passati e presenti dello United e Sir Alex Ferguson fece arrivare in aereo tutta la prima squadra da Portsmouth dove – un tributo adatto a Sir Matt – la sera precedente aveva vinto la Coppa Coca-Cola. Un paio di migliaia di persone non riuscì nemmeno a entrare in chiesa e dovette ascoltare la funzione da altoparlanti installati apposta per l'occasione. Ricordo che il vescovo di Salford descrisse Sir Matt come una celebrità a livello mondiale «ammantata di modestia e fascino». Mi parve una bellissima definizione.

Dopo la funzione il corteo tornò all'Old Trafford e si fermò al Munich Clock, davanti alla tribuna orientale su Sir Matt Busby Way: quell'orologio riporta sempre la data del 6 febbraio 1958, il giorno dell'incidente aereo. Dopo qualche caffè con sandwich servito sul campo, la maggior parte dei ragazzi salutò e se ne andò. Io, Bobby Charlton, Noel Cantwell e Maurice Setters eravamo stati invitati alla sepoltura al Southern Cemetery di Manchester, così tornammo sul pullman per il giro più commovente di tutti, perlomeno per quanto mi riguardava.

Attraversammo Chorlton, dove aveva abitato Sir Matt e dove io avevo passato quasi tutta la mia carriera allo United. Passammo così vicini alla casa della signora Fullaway che avrei potuto allungare una mano e toccare la porta d'ingresso. Superammo la fermata d'autobus dove mi nascondevo da Sir Matt. Pensai a tutte le volte che l'avevo visto avanzare in automobile lungo quella strada e mi commossi ancora di più.

Iniziai a pensare a tutti i momenti divertenti che avevo vissuto lì, alla mia prima giornata dalla signora Fullaway, quando io ed Eric McMordie avevamo trovato Manchester tanto aliena da indurci a fuggire. Quando avevo passato quel bigliettino alla ragazza di Steve Fullaway per chiederle di uscire con me o quando eravamo tornati a casa coperti di sangue dopo avere fatto a botte per un boccone di pesce. Mi tornò tutto quanto alla mente. E poi le volte in cui ero scappato alle auto della polizia mentre tornavo a casa dalle mie nottate brave. Mi passò davanti agli occhi tutta la mia vita, anche se mi sembrava che fosse trascorso un secolo da quando vivevo lì e sognavo di diventare un calciatore famoso.

Dovetti asciugarmi gli occhi prima di scendere dal pullman, ma quando Sir Matt venne sepolto accanto alla moglie Jean, ripresi a piangere. Pensavo a lui dentro quella bara, vestito con la giacca e la cravatta della squadra, impeccabile da morto come lo era stato in vita. Non dimenticherò mai il figlio di Matt, Sandy, che mentre seppellivano suo padre si chinò verso di me e mi sussurrò all'orecchio: «Lo sai che ti voleva bene».

Fu la giornata più difficile che dovetti affrontare dopo la morte di mia madre.

Mary aveva fatto una lavoro fantastico a farmi entrare nel giro delle conferenze e ad aiutarmi a risolvere i miei disastri finanziari, ma da un punto di vista sentimentale iniziava a essermi indifferente. Forse era perché lei era tanto accomodante, tanto comprensiva quando mi sbronzavo o quando mi trovava in tasca il numero di telefono di qualche altra ragazza.

Come accade in tutte le relazioni, aveva iniziato a cambiare. E non in meglio. Nonostante vivessi con Mary, l'avevo tradita con molte altre donne. Ma nel luglio del 1994 incontrai al Tramp una giovane bionda di nome Alex Pursey. La invitai a uscire e scoprii che faceva la hostess per la Virgin Airlines, anche se non era la classica hostess che si immagina di solito. Era una ragazza intelligente, molto vivace e – in confronto ad alcune delle donne con cui ero stato – molto normale.

La portai fuori a cena un paio di volte e inevitabilmente ci fotografarono mentre uscivamo da un ristorante. Quando Mary vide le foto sui giornali, andò fuori di testa. In passato mi aveva sempre perdonato o aveva cercato di ignorare le mie scappatelle, nella speranza che fossero solo delle avventure da una notte e via. Non so come, ma in qualche modo sentiva che la storia con Alex avrebbe potuto diventare qualcosa di diverso, infatti accettò di rilasciare un'intervista a un giornale in cui dipingeva un ritratto abbastanza fosco di me, raccontando tutto delle mie sbronze e delle donne che mi ero portato a letto. Quando la lessi andai su tutte le furie.

«Come hai potuto dire quelle cose su di me, se dici di amarmi?» le chiesi.

«Io ti amo», mi rispose, «e in quell'articolo non c'è nulla di falso.»

Evidentemente lo capì anche Alex: smise di rispondere alle mie telefonate, e in ogni caso in quel periodo lavorava sulla rotta americana della Virgin, per cui era spesso lontana da casa. Tra l'altro mi aveva detto che usciva da una lunga relazione con John Scales, un tennista di Wimbledon, e io pensai che forse non era pronta a farsi coinvolgere da un'altra persona.

Lasciai passare un po' tempo e cinque mesi più tardi, nel gennaio del 1995, la incontrai al Dover Street Wine Bar, uno dei miei locali preferiti. Stava cenando con delle amiche. Sembravano divertirsi un sacco, così mi avvicinai e dissi: «Ciao, Alex, cosa state festeggiando?»

«Il mio compleanno», disse lei, il che mi diede la possibilità di ribattere: «Allora ci vuole dello champagne». Ordinai qualche bottiglia per lei e le sue amiche, ci bevemmo un bicchiere insieme dopodiché la lasciai a godersi la sua festa. Ma prima di andarmene le dissi: «Ti chiamo domani», e quando lo feci lei finalmente mi rispose e ricominciammo a uscire insieme.

Questa volta – forse perché lei aveva avuto il tempo di riprendersi dalla storia con John e io ero giunto alla conclusione che tra me e Mary era tutto finito – la nostra stava iniziando ad assomigliare sempre più a una vera relazione che a un'avventura.

E nonostante la differenza di età – lei quella sera stava festeggiando il suo ventitreesimo compleanno, mentre a me mancavano quattro mesi a compierne quarantanove – sembravamo stare molto bene insieme e passavamo ore e ore a chiacchierare al telefono. Finimmo ancora sui giornali, ma Alex era terrorizzata all'idea di quello che avrebbero pensato i suoi genitori del fatto che uscisse con George Best, e allora disse loro che era tutto falso. Disse che usciva con un'altra persona famosa, ma che non poteva rivelare di chi si trattava.

Mary naturalmente lo sapeva e un mattino mi sbatté il giornale in faccia.

«Come puoi farmi una cosa del genere dopo tutto quello che ho fatto per te?» mi disse. «Negli ultimi otto anni tu sei stato il centro della mia vita, ho fatto tutto quello che potevo per risolvere i tuoi problemi. E adesso tu mi umili a questo modo.»

«Lo so che hai fatto molto per me», le risposi. «È così che funziona una relazione. Un po' si dà e un po' si riceve.»

Ma quando una donna fa qualcosa per me, tutti dicono che è diventata la mia spina dorsale. Angela veniva descritta così, e ora succedeva lo stesso con Mary, come se io fossi un cagnolino abbandonato, come se non fossi capace di fare nulla da solo, come se non fossi in grado di pensare a me stesso.

La maggior parte delle donne con cui ho avuto delle relazioni durature ha finito con il farmi a pezzi sui giornali. Angie Lynn è una delle eccezioni, e sono abbastanza sicuro che non lo farebbe nemmeno Alex. Ma su di me hanno scritto talmente tante stronzate che la cosa non mi tocca più. Uso la stampa come la stampa usa me. Però mi arrabbio quando una mia ex ragazza viene ritratta come un angelo, mentre io sono sempre il cattivo della situazione.

È un tipo di atteggiamento che mi fa incazzare, perché se fosse stato il contrario, se Angela o Mary avessero avuto bisogno di aiuto, mi piace pensare che io mi sarei preso cura di loro. Quello comunque fu il mio ultimo litigio con Mary, che se ne andò di casa una settimana dopo il mio incontro casuale con Alex in Dover Street.

Lasciai che fosse Mary a scegliere cosa portarsi via. Ma un mesetto dopo, mentre cercavo delle cose, scoprii che aveva preso i miei ricordi della visita alla scuola per ragazzini handicappati in Australia, l'album da disegno con i miei ritratti fatti da loro e una fotografia che mi ritraeva insieme alla bambina del sussidiario con l'alfabeto. Avevo pensato di farmi incorniciare quella foto, così le telefonai.

«Perché l'hai fatto?» le chiesi. «Quella fotografia significa molto per me, mentre per te non può avere nessun valore. Perché l'hai presa?»

Lei disse che probabilmente l'aveva infilata tra le sue cose nella fretta di andarsene e che me l'avrebbe rispedita insieme all'album da disegno. Ma non mi è mai arrivata né l'una né l'altro, il che mi ha lasciato con l'amaro in bocca. Mary era stata una buona compagna, la nostra era stata una relazione solida per quasi otto anni. Ma non mi sentivo in colpa perché ci eravamo lasciati. La nostra storia era durata più del mio matrimonio e avevo fatto tutto ciò che potevo per far tornare sua figlia.

Così alla fine mi arrabbiai con lei, anche se naturalmente fui felicissimo di sapere che era riuscita a entrare di nuovo in contatto con sua figlia. Io e Mary avevamo parlato di matrimonio un paio di volte, ma mai in modo molto serio, ed era stato un bene.

La mia relazione con Alex andava a gonfie vele e arrivai addirittura a conoscere i suoi genitori, Cheryl e Adrian, il direttore di un'azienda di cinghie industriali. Alex era una ragazza di buona famiglia, aveva studiato in una scuola privata ed era incredibilmente nervosa quando alla fine andai con lei a conoscere sua madre e suo padre, che pensava non avrebbero approvato il nostro rapporto. Magari era anche così, ma quando ci incontrammo andò tutto liscio come l'olio. Loro avevano entrambi più o meno la mia stessa età, e quindi non dovrebbe sorprendere il fatto che fossimo sulla stessa lunghezza d'onda.

Li trovai molto alla mano, e non altezzosi come avevo temuto. Una volta superata quell'ordalia, la storia tra me e Alex sbocciò in pieno. Non posso dire che non vi siano stati degli ostacoli, perché anche allora ogni tanto uscivo a fare una delle mie sessioni alcoliche, ma lei non vi dava troppo peso e nell'estate del 1995 le chiesi di sposarmi.

Naturalmente la cosa finì su tutti i giornali: un ex calciatore attempato che sposa una hostess della Virgin con la metà dei suoi anni. La povera Alex ebbe un assaggio di ciò che io avevo passato negli anni precedenti. I giornalisti mi adoravano quando segnavo e uscivo con le Miss Mondo, ma quando tornava loro comodo non si facevano scrupoli a dipingermi come uno che aveva sprecato il proprio talento. Anche quando iniziai a fare parecchi soldi con qualcosa di diverso dal calcio, venni dipinto come un ubriacone fallito. Credo sia la solita vecchia storia: mettere qualcuno sul piedistallo solo per poterlo buttare giù. La stampa inglese lo sa fare meglio di chiunque altro.

Alex veniva descritta come una biondona a caccia di soldi, il che non era soltanto ingiusto ma anche ridicolo, dato che era cresciuta in una villa di lusso a Cheam, nel Surrey. Io mi ero un po' ripreso dal punto di vista finanziario, ma non è che fossi un gran partito. Tra noi era puro e semplice amore, e non solo dal punto di vista fisico. Stavamo bene insieme, ridevamo delle stesse cose, era bellissimo. La differenza di età per i giornali era l'aspetto più interessante della nostra relazione, ma probabilmente io me ne preoccupavo più di Alex. Lei vede le persone per quello che sono, anziché contare i loro capelli bianchi, anche se i miei stavano aumentando molto rapidamente.

Quando io e Alex iniziammo a uscire insieme e lei ebbe il primo assaggio della stampa, le dissi: «Sarà sempre così».

«Dopo sei anni con John Scales ci sono abituata», rispose lei.

«Alex», le dissi, «non voglio essere scortese, ma non credo sia esattamente la stessa cosa.»

All'epoca non la trovò un'uscita divertente, ma ora sì.

Ci sposammo il 24 luglio del 1995 all'ufficio anagrafe di Chelsea e dopo il matrimonio portai Alex a Belfast a conoscere la mia famiglia. Fu un'esperienza molto emozionante sia per me sia per loro, perché l'ultima volta che avevo portato una moglie a casa era stato nella peggiore delle circostanze. Ma Alex è così affabile e naturale che sfiderei chiunque a non andare d'accordo con lei. Papà, i miei fratelli e le mie sorelle probabilmente non sapevano cosa aspettarsi dopo Angela, ma fecero subito amicizia con Alex.

Ashleigh, la figlia di mia sorella Grace, all'epoca aveva cinque anni e mezzo ed era idrocefala dalla nascita. Doveva frequentare una scuola speciale, ma considerando che i dottori avevano detto che non avrebbe mai parlato né camminato, se la cavava a meraviglia. Un taxi la portava a scuola tutte le mattine e una volta la settimana all'uscita dalla scuola veniva lasciata a casa di mio padre.

Un giorno eravamo lì quando arrivò il taxi. Io guardai fuori dalla finestra e salutai Ashleigh. Le avevano detto che avrei portato la mia nuova moglie e quando vide che la stavo salutando le si illuminò il volto e si avvicinò di corsa. Zoppicava un po' e aveva un braccio molto rigido, ma mi raggiunse comunque di corsa e mi abbracciò fortissimo.

«Ti voglio bene, zio George», disse, «ti voglio bene.» Poi mi guardò e disse: «Dov'è Alex?»

«È dietro di te», le risposi. «Le sei passata davanti.» Lei si voltò, vide Alex, le rivolse un grande sorriso, le corse incontro, la abbracciò e le disse: «Voglio bene anche a te, Alex, ti voglio bene».

E Alex non riuscì a trattenere le lacrime.

Ashleigh era una ragazzina fantastica, era sempre felice, sempre sorridente, non si lamentava mai. È quasi sempre così con i ragazzini nati con problemi del genere. Mi spezzava il cuore vederla in quelle condizioni, e fu una delle cose che mi faceva chiedere se esisteva un Dio o una qualche entità suprema. Sembrava tutto così ingiusto.

Perché Ashleigh dev'essere così, quando al mondo ci sono tanti imbecilli in perfetta salute? Perché tocca a una ragazzina che non ha mai fatto altro che rendere felici le persone che le stanno accanto? Non c'è una logica, in un fatto del genere. Credo mi facesse ripensare alle fortune che io avevo avuto nella vita e a come questi doni vengono distribuiti a caso. Ho sentito spesso il fardello del mio modo di vivere, ho spesso sperato che le cose andassero in modo diverso. Ma il coraggio di Ashleigh mi faceva riconsiderare tutto questo, il suo calore e il suo ottimismo mi facevano sentire più umile.

Un anno dopo Grace mi telefonò per dirmi che Ashleigh era morta in seguito a una delle sue crisi. Il funerale si tenne il 22 maggio del 1996, il giorno del mio cinquantesimo compleanno. Io avevo già preso un impegno per apparire alla BBC.

La BBC 2 quel giorno dedicava tutto il palinsesto serale a me, sei programmi in tutto, e io avrei dovuto apparire in diretta in uno di questi. Era quasi impossibile annullare il mio impegno ma Grace e il resto della famiglia furono sollevati quando dissi loro che non avrei potuto partecipare al funerale, perché sapevano che razza di caos sarebbe venuto fuori. Volevano che fosse il giorno della piccola Ashleigh, e dopo la vita che aveva avuto meritava di essere salutata per l'ultima volta con dignità. Se avessi potuto andare, non avrei permesso ai mezzi di comunicazione di fermarmi, ma sarebbe stato difficile per tutta la famiglia, che non ci era abituata.

Fu una giornata tristissima, e la sera me ne tornai a casa per farmi il bicchierino della staffa e un bel pianto.

Man mano che ci abituammo alla vita matrimoniale, Alex iniziò a badare ai miei conti e a raccogliere i soldi dei discorsi che tenevo, mentre Phil si occupava di ottenere gli ingaggi come aveva fatto Mary in passato. Conoscendo le mie debolezze, Alex iniziò a tenere più stretti i cordoni della borsa e a mettere i miei soldi in banca prima che potessi bruciarmeli in un casinò. Ci facemmo qualche litigata per l'alcol e il gioco e nel settembre del 1996, dopo uno scontro particolarmente furioso, me ne andai di casa sbattendo la porta e mi diedi a un baccanale alcolico di tre giorni. Avevo un paio di ingaggi in agenda, ma una volta iniziato a bere non ci pensai più. Se hai dei problemi con l'alcol, non c'è nient'altro che conti nella tua vita. Abbandoni qualsiasi pensiero logico.

La gente chiede sempre: «Come hai potuto startene fuori a bere quando dovevi andare a guadagnarti la pagnotta?» ma questo vuol dire usare la logica. Gli alcolisti non usano né la logica né la ragione, seguono solo l'impulso del momento, e una volta iniziato a bere devono arrivare fino alla fine, a prescindere da qualsiasi altra esigenza cui una persona normale reagirebbe d'istinto.

Quando alla fine tornai a casa, non c'era traccia di Alex né delle sue cose. Telefonai a casa dei suoi genitori, dove pensavo fosse andata a stare. Ma quando sua madre mi disse che Alex non era lì, lasciai un messaggio per lei. Qualche giorno dopo mi venne a cercare al Phene Arms. Le dissi quanto mi mancava e la pregai di tornare a casa.

«Be', se lo faccio», mi disse, «tu la smetterai di comportarti così?» Io naturalmente dissi di sì. Un alcolista cercherà sempre di usare questi espedienti, di dire alle persone care quello che vogliono sentirsi dire. E in quel momento probabilmente credevo anch'io alle mie bugie.

L'otto volante del nostro matrimonio riprese la sua corsa e dopo che Alex fu tornata a casa, in un giorno di aprile del 1997 avemmo un'altra litigata con i fiocchi, al che io mi misi a cercare un po' di soldi per casa, racimolai 300 sterline e me ne andai al Palm Beach Casinò. Ero in una fase autodistruttiva, era come se volessi perdere tutti quei soldi per punire Alex. Iniziai a giocare su due tavoli da roulette contemporaneamente, lanciavo *fiches* in tutte le direzioni.

Naturalmente non mi ci volle molto a perdere quasi tutto, ma a quel punto mi misi a vincere, la mia fortuna cambiò come era successo al Soames di Manchester tanti anni prima. Avevo iniziato a giocare con *fiches* da sole 25 sterline, ma quando presi a vincere il croupier mi diede dei pezzi sempre più grossi. Finii con il ritrovarmi solo *fiches* da 1000 sterline, ma dato che ne avevo già vinte 11.000, decisi di mollare il colpo. Almeno per quanto riguardava il gioco.

Mi infilai tutte le *fiches* in tasca e me ne andai al Dover Street Wine Bar per farmi i bicchierini della staffa. Arrivai a casa alle tre o alle quattro del mattino.

Pensavo che avrei avuto il campo libero, ma Alex era rimasta ad aspettarmi.

«Dove diavolo sei stato?» disse appena entrai dalla porta. «Come se non lo sapessi! Sei stato a giocare, vero?»

«Sì, ma non credo siano fatti tuoi», le risposi. «Sono stato al casinò con i *miei* soldi, quelli che guadagno con tutte le mie cene e i miei discorsi.»

«Quanto hai perso?»

Le rivolsi un ghigno sarcastico e dissi: «Si dà il caso che le cose mi siano andate abbastanza bene», e iniziai a svuotarmi le tasche, tirando fuori *fiches* di tutti i colori.

Badate bene: *fiches*, non contanti o un assegno.

Lei restò a bocca aperta a mano a mano che io le impilavo sul tavolo del salotto. Poi iniziò a contarle.

«Maledizione, George. Ci sono più di 11.000 sterline qui. Perché non le hai incassate?»

Poi, conoscendo la mia abitudine di reinvestire le mie vincite di gioco – era così che lo consideravo: un reinvestimento – e dato che cercava da un pezzo di mettere insieme abbastanza soldi per risistemare il nostro appartamento, mi disse: «Non andare a giocarteli, George. Questi soldi ci servono davvero».

Evidentemente era ben decisa a non farmeli bruciare al gioco, perché il giorno seguente, quando io stavo per tornarmene al casinò, era lì pronta che mi aspettava e insistette per potermi accompagnare al Palm Beach. E dopo che ebbi perso un pezzo da mille mi convinse a cambiare quello che mi restava e a tornare a casa.

Tra la fine del 1997 e l'inizio del 1998 mi sentivo sempre più depresso.

Nel maggio del 1998 si doveva tenere un'udienza in tribunale per il possesso dell'appartamento di Oakley Street, e il pensiero di perderlo mi buttava a terra. Non solo perché quella era la mia casa. Quell'appartamento rappresentava tutto ciò che valevo. Se l'avessi perduto, cosa avrei potuto dire di aver ottenuto nella vita? Cosa avevo? Naturalmente bevevo ancora di più per non pensarci, il che mi faceva litigare con Alex. E dopo ogni lite mi rifugiavo sempre più nella bottiglia.

Era il classico circolo vizioso. Una volta mentre stavamo tornando dalla casa dei genitori di Alex a Cheam, iniziammo a litigare in auto, lei si bloccò su una strada di campagna, aprì la portiera e mi spinse fuori.

«E io come dovrei tornare a Chelsea da qui?» le dissi. «Siamo in mezzo al nulla e ho in tasca solo un pezzo da dieci.»

«Bene», fu tutto ciò che disse. Dopodiché se ne andò sgommando.

Era più o meno mezzanotte, faceva freddo e io iniziai a camminare senza nemmeno sapere se stavo andando nella direzione giusta. Vidi davanti a me le luci di un edificio. Quando lo raggiunsi scoprii che era un pub.

Provai ad aprire la porta, ma era chiusa. Quando guardai dalla finestra, vidi che dentro c'era un po' di gente che beveva e qualcuno mi gridò: «È una festa privata, amico».

Così feci per andarmene quando sentii la porta del pub che si apriva.

«Non ti avevamo riconosciuto, George», disse un tizio. «Vieni a farti un bicchiere con noi.»

Entrai e qualcuno mi portò un bicchiere di vino. E poi un altro.

«C'è qualche possibilità di trovare un taxi?» chiesi.

«Nessun problema», dissero loro, e dopo un altro bicchiere di vino un taxi si presentò alla porta.

Salii e dissi al tassista dove volevo andare. Lasciai che facesse qualche chilometro di strada, dopodiché gli chiesi: «Quanto viene la corsa per Chelsea?»

Non volevo dirgli che forse non avevo abbastanza soldi, almeno finché non fossimo stati più vicini a Londra.

«Normalmente è intorno alle venti sterline», mi rispose. «Va bene?»

«Be', non proprio. Io ho solo un pezzo da dieci.»

Lui stette zitto per un istante, poi mi disse: «Ho detto che *normalmente* sono venti sterline, ma per lei è gratis».

Così grazie alla generosità di questi sconosciuti la mia notte finì bene. Non solo riuscii ad arrivare a casa da solo, ma mi godetti anche qualche bicchiere di vino... e il tutto senza spendere le mie dieci sterline.

Non tutti i miei litigi con Alex finivano bene. Una volta, dopo un paio di giorni di bevute in diversi locali, mi trascinai nel mio rifugio, il Phene Arms, un piccolo pub dietro Cheyne Walk. È un posto carino, con la carta da parati rugosa e un bancone circolare, pieno di gente del quartiere, persone di ogni tipo, dall'attore al pompiere.

Mentre strisciavo verso il mio solito posto all'angolo, vidi un altro cliente abituale, un fabbro.

«Sei proprio la persona che stavo cercando», gli dissi. «Ho un lavoro per te.»

«Di che si tratta, George?»

Gli diedi le chiavi di casa mia e gli dissi: «Voglio che tu vada a casa mia e cambi la serratura, perché io e Alex ci siamo lasciati».

Lui sembrava un po' in imbarazzo, perché conosceva Alex e sapeva che noi continuavamo a lasciarci e rimetterci insieme. Ma andò a casa mia e stava iniziando a cambiare la serratura quando arrivò Alex.

«Cosa diavolo pensi di fare?» gli chiese lei.

«George mi ha detto che voleva cambiare la serratura.» Come potrete immaginare, lei lo cacciò via.

Come al solito finimmo per fare la pace. Ma anche quando dicevamo di amarci e lei mi giurava di essere felice, io non ne ero mai convinto. Probabilmente avevo paura che un giorno mi potesse lasciare per un uomo più giovane di me.

E poi quando le cose andavano bene e passavamo un sacco di tempo insieme, io a volte mi sentivo soffocare. Alle donne con cui ho vissuto ho sempre detto: «Ci sono delle volte in cui voglio poter andarmene in giro da solo». Credo che in un rapporto momenti del genere capitino a tutti. Avevo detto la stessa cosa anche ad Alex sin dall'inizio, e lei mi aveva risposto che capiva. Ma se poi io dicevo che me ne sarei andato ad Amsterdam da solo per il weekend, lei dava fuori di testa.

Mi piaceva andare ad Amsterdam, non perché volessi pagare per andare a letto con una donna o fumare dell'erba. Era solo che mi piaceva stare seduto nella piazza vecchia a farmi un paio di birre e a guardare il passaggio. Sono sempre stato così, io. Forse «solitario» è una parola troppo grossa, ma in ogni caso mi è sempre piaciuto starmene per conto mio, e sono capace di farlo anche in una stanza piena di gente. Me ne sto lì tranquillo e sono perfettamente felice.

In effetti una delle mie ex ragazze una volta mi disse: «Insieme ci siamo fatti dei gran bei silenzi».

Io e Alex possiamo metterci seduti a parlare di quasi tutto, ma non riuscivo a dirle qual era la cosa che mi preoccupava veramente, il fatto che mi potesse lasciare. Probabilmente pensavo che mi avrebbe fatto apparire debole. La prospettiva di un altro matrimonio fallito era troppo per me. La vita a volte non sembrava proprio degna d'essere vissuta.

Il capodanno del 1998 non parve portare alcuna tregua ai miei problemi. La mia situazione mi sembrava più disperata che mai, perché pensavo che tra me e Alex non sarebbe durata ancora a lungo e temevo di perdere il mio appartamento. In campo ero bravissimo a gestire la tensione, ma evidentemente nella vita di tutti i giorni non lo ero mai stato. Non mi sono mai piaciute le sfide, al di fuori del calcio. In passato ero sempre sfuggito da questo tipo di situazioni, avevo sempre cercato di rimandarle il più possibile, ma quella volta decisi che avrei trovato una soluzione definitiva. Non potevo parlare ad Alex delle mie paure sulla nostra relazione. Ma, un bicchiere dopo l'altro, trovai finalmente la risposta alle mie domande.

Sarei scappato e avrei superato me stesso.

Una volta presa la decisione, mi parve la più giusta per tutti, quella più ovvia. Più ci pensavo e più volevo metterla in pratica. Me ne stavo a sdraiato a letto per ore a pensarci, a pianificare ogni minimo dettaglio, il che mostra chiaramente in che stato mi trovassi. Ero lì, vicino a una donna giovane e bellissima, mia moglie, e pensavo a come mi sarei ucciso.

Ne avevo avuto abbastanza di persone che mi dicevano cosa fare, di stare lontano dall'alcol, di badare a me stesso, di fare questo e quello, così decisi che mi sarei preso un ultimo mese per fare tutte le cose che mi piacevano e poi l'avrei fatta finita. Mi è sempre piaciuto il sole, così decisi che me ne sarei andato in un posto caldo, con una bella spiaggia. Decisi per le Bahamas.

Pensavo di prelevare una bella sommetta dalla banca, di prenotare un albergo di lusso, magari sulla spiaggia, e di passare quattro settimane a mangiare tutti i miei piatti preferiti e a fare tutte le cose che non avrei dovuto. Le donne non rientravano nel mio piano. Volevo solo starmene seduto sul bordo della piscina o in spiaggia, mangiare tutto ciò che mi pareva e ingollarmi tutto l'alcol su cui sarei riuscito a mettere le mani: birra, vino, vodka, champagne, brandy.

Lo vedevo un po' come il mio viaggio in Spagna del 1972, quando avevo annunciato per la prima volta il mio ritiro: alzarmi quando mi pareva, farmi un bicchiere quando mi andava, mangiare ciò di cui avevo voglia. E non avere nessuno che mi rompesse, nessuno a dirmi che non avrei dovuto fare questo e quello.

Alla fine delle quattro settimane mi sarei detto: «Bene, è stato proprio un bel mese», poi sarei andato nella mia stanza con una bottiglia di champagne e qualche pillola e l'avrei fatta finita. Avevo anche già pensato a quali pillole sarebbero state più adatte e a quante ne avrei dovute prendere, ed ero giunto alla conclusione che una boccetta di Neurofen o di qualche altro antidolorifico avrebbe funzionato alla perfezione. Ma poi pensai che forse non sarei riuscito a procurarmi le medicine perché qualcuno avrebbe potuto capire che intenzioni avevo.

Così passai al Piano B: andare nella mia stanza alla fine dell'ultimo giorno del mio mese perfetto, sedermi nella vasca da bagno e tagliarmi le vene, come gli antichi Romani. Era una scelta decisamente più sanguinolenta e più difficile da mettere in pratica, ma pensavo che dopo un paio di bottiglie di champagne accompagnate da una bottiglia di brandy Louis XIII, non avrei sentito un granché.

Erano settimane che ci pensavo e mi sembrava di avere pianificato tutto alla perfezione. Ma continuavo a immaginare come sarebbe apparso il mio corpo a chi mi avesse trovato, che effetto gli avrebbe fatto. E cominciai a pensare: «Come faccio a mettere qualcuno in una situazione del genere?»

Ma prima che riuscissi a trovare una risposta soddisfacente a questa domanda, fui travolto dagli eventi.

Tornare a galla

All'inizio del 1998 toccai il fondo: non ero mai sceso così in basso. Il solo pensiero di perdere la mia casa mi faceva sentire un vero fallito: era come se non avessi avuto più nulla da mostrare di tutto ciò che avevo fatto in vita mia. Ero patetico. Pensai persino di farla finita una volta per tutte. È difficile descrivere come mi sentivo. La mia testa era un casino. Mi sbronzavo per sfuggire a tutte le seccature della mia vita.

Quando alla fine il caso venne portato in tribunale, nel maggio del 1998, si rivelò decisamente meno terribile di quanto avessi temuto. Il mio destino era cambiato così radicalmente nel giro di poche ore, che il sollievo fu davvero incredibile. In tutta sincerità, era come se mi fossi liberato di un enorme peso. Misi da parte le mie preoccupazioni e cominciai a guardare di nuovo al futuro con ottimismo.

Alex e io ci trasferimmo quasi subito in un altro appartamento in Cheyne Walk, a circa cento metri da Oakley Street. Per me, l'unica differenza era che, una volta uscito dalla porta di casa, per raggiungere il Phene, dovevo ricordarmi di girare a destra, e non a sinistra.

Ma non era solo per la casa che ero caduto nella depressione. Era la situazione in generale e, in particolare, la mia relazione con Alex, che era stata messa a dura prova, soprattutto perché non ero certo che una bella ragazza come lei sarebbe rimasta al mio fianco ancora per molto. E poi sentivo il tempo e la mia gamba destra – che non è messa bene nemmeno nelle giornate migliori – mi faceva soffrire molto.

Dopo l'udienza in tribunale, però, era come se un'enorme nuvola nera si fosse allontanata e il mio umore sembrò cambiare di conseguenza. È proprio vero quel detto: il mattino ha l'oro in bocca. Ora se mi capitava di passare una notte pensando alla possibilità di farla finita, il giorno seguente mi svegliavo dicendomi: «Ma perché mai dovrei farlo?»

E così smisi anche di pensare al suicidio. Avevo più fiducia nel mio futuro, soprattutto dopo aver trovato una nuova casa. Stavo rinascendo. Alex e io ci sentivamo più sicuri e il lavoro non mancava, compreso uno spettacolo intitolato *Una serata con George Best* che in Irlanda fece il tutto esaurito. Ricevevamo proposte di ogni genere.

Subito dopo l'udienza, durante una delle mie frequenti visite alla clinica Henlow Grange, mi telefonò Phil, che mi chiese: «Che ne dici di aprire una nuova sala scommesse per Victor Chandler?»

Chandler è il proprietario di uno dei principali imperi di allibratori: sapevo che era un'occasione d'oro.

«Ottimo, Phil!» risposi. «Dove?»

«A Hong Kong», mi disse.

Fu così che io e Alex viaggiammo in jet, in prima classe, e ci ritrovammo al Peninsular Hotel, uno dei più sontuosi di tutto il mondo.

La nostra suite era fantastica: vasca idromassaggio Jacuzzi e due minibar, che per me rappresentavano un vero lusso. Eppure, quel posto mi ricordava la mia eccentrica casa in Bramhall, a Manchester, soprattutto per gli interruttori che aprivano e chiudevano le tapparelle elettronicamente.

Scoprii che non avrei avviato una sala corse tradizionale: a Hong Kong sono illegali. Mi trovavo lì per lanciare un *servizio* di scommesse, che imponeva ai clienti di telefonare a un numero di Chandler, che si trovava a Gibilterra, per piazzare una scommessa. Ovviamente, la gente avrebbe pagato cinque dollari per la chiamata, prima ancora di perdere tutto il denaro al gioco.

Mi sembrò folle. Pranzammo al ristorante Shangri-La, dove ci servirono gamberetti vivi, che venivano praticamente fatti cadere in coma immergendoli nello champagne.

Dopodiché, mi comunicarono che il pubblico era pronto per il mio discorso. Mi alzai e vidi 250 paia di occhi a mandorla fissi su di me: fui preso dal panico.

«Non riesco a parlare di fronte a tutta questa gente», dissi. «Il mio accento di Belfast mi causa già abbastanza problemi in Inghilterra!»

Fortunatamente, era presente anche un interprete, così parlai solo per pochi minuti della mia carriera di calciatore, augurando ogni bene all'impresa, e tornai a sedermi.

Non si trattava della classica conferenza di tutti i giorni, ma mi ritrovavo sempre più spesso coinvolto in simili attività: volare dall'altra parte del mondo per un ingaggio di pochi minuti. Venni persino invitato a Sydney, in Australia, per una serata intitolata *Celebrità al bancone di un bar*: in pratica, dovevo parlare agli scommettitori per circa un'ora, standomene dietro al bancone di un bar. Tutti lavori piacevoli, se riesci a procurarteli.

A 52 anni, con una nuova moglie e un'entrata fissa, potevo vivere una vita tranquilla. Ma persino allora, facevo di tutto per mettermi nei guai, e per l'esattezza nel tipo di guai in cui normalmente si ritrovano dei ragazzini. Mi dispiace ammettere che in una di queste occasioni, nel settembre del 1998, era presente anche Calum, allora diciassettenne.

Calum, come ogni anno, trascorreva l'estate insieme a me. Una domenica, all'ora di pranzo, decidemmo di fare una capatina al Phene. Lui si faceva giusto una birra ogni tanto, e quella volta stava bevendo una Coca, quando sentimmo un furgone che inchiodava: ne uscì una dozzina di energumeni, che irruppero nel locale e mi si gettarono subito addosso, riempiendomi di pugni. Io gridai a Calum di scappare e cominciai a reagire ai colpi, mentre altre persone si buttarono nella mischia. Poi quei tizi se ne andarono con la stessa velocità con cui erano arrivati. Fortunatamente Calum rimase illeso, mentre io, tirandomi su la maglietta, mi resi conto di essere pieno di lividi.

«Ma cosa è successo?» mi chiese Calum quando ci riprendemmo.

«Credo che non gli piaccia perdere a biliardo», risposi.

E cominciai a spiegare che, qualche sera prima, avevo giocato a biliardo insieme a un amico, a soldi, sfidando alcune persone: la situazione si fece però pericolosa, dal momento che continuavamo a vincere. Anche dopo quell'aggressione, non pensai mai di coinvolgere la polizia.

Era stata una giornata normale, nel caos generale della mia vita.

Calum si fermava per tre o quattro settimane da noi, ogni estate: non vedevo l'ora! Era cresciuto molto: si era fatto un bel ragazzo e un ottimo calciatore, tanto abile da poter diventare un professionista, per quanto avevo potuto vedere. Ma in California, i ragazzini giocano a calcio solo nei mesi estivi e l'allenamento, come avevo potuto constatare ai miei tempi, era terribile.

Una volta mi confessò che voleva cambiare squadra e giocare per il Manchester United, ma, per arrivare a quei livelli, avrebbe dovuto cominciare a giocare in Inghilterra dall'età di otto o nove anni, proprio quando sua madre lo riportò in America.

Mi capitò di chiedere a Sir Alex Ferguson di dargli un'occhiata, ma Calum non aveva mai giocato in Inghilterra e non se ne fece nulla.

Suonerà un po' ipocrita, visti i miei precedenti, ma quando stiamo insieme, cerco di assicurarmi che mio figlio non beva troppo. Se usciamo a pranzo, non è un problema se prende un bicchiere di vino, ma, se esce con i suoi amici, gli ricordo sempre di limitarsi a un paio di birre. Sono felice di vedere che, proprio come me alla sua età, è molto più interessato alle ragazze che al bere. E a un bel californiano abbronzato, dal fisico atletico, di certo non manca la compagnia femminile, soprattutto in Inghilterra.

In ogni modo, è strano ritrovarmi nel ruolo del padre preoccupato: è la prima volta che mi capita in tutta la mia vita. Una sera Calum era andato in discoteca. Io ero a letto, sveglio, chiedendomi dove fosse andato e controllando di continuo l'ora. Erano le tre del mattino quando lo sentii infilare la chiave nella serratura. Mi rigirai nel letto, cercando di addormentarmi, ma poi lo sentii parlare al telefono con una ragazza. Diceva un sacco di carinerie e andò avanti per circa mezz'ora.

Alla fine, decisi di alzarmi dal letto e uscire dalla mia stanza.

«Calum!» gridai. «Stiamo cercando di dormire. Riattacca subito!»

Si scusò con la ragazza, riattaccò il telefono e, mentre s'infilava a letto, mi urlò: «Papà, sai una cosa? Stai proprio diventando un vecchio rompiscatole!»

Era la prima volta che mi chiamavano così.

Abbiamo discusso spesso di come è cresciuto e gli ho chiesto se in qualche modo si sente trascurato, visto che vive con un solo genitore. Ma Calum ha capito perfettamente che io e sua madre non andavamo d'accordo e che io avevo parecchi problemi all'epoca. E poi in California ha molti amici figli di matrimoni falliti. Considerate tutte le possibili preoccupazioni, tra cui un padre sempre in prima pagina, il mio rapporto con Calum ha funzionato meglio di quanto potessi immaginare.

Nel 1999 portai Calum a una partita all'Old Trafford. A quel tempo, il Manchester United stava vivendo la stagione più importante della sua storia. E nel quinto turno della FA Cup, per una curiosa coincidenza, doveva affrontare il Fulham. Parlo di una «curiosa coincidenza» perché stavo osservando il Fulham da un po' di tempo, da quando era subentrato Mohammed Al-Fayed. È anche il proprietario della rivista «Punch», per cui tenevo una rubrica dall'agosto del 1997.

Era la prima volta che andavo al Craven Cottage da spettatore: fu fantastico! Ci gustammo un pranzo squisito, accompagnato da un discreto numero di drink. Era una serata fresca e così decidemmo di andare nella suite dei dirigenti per guardare la partita. Mohammed, che indossava solo un abito, doveva aver freddo. Infatti, poco dopo che si era accomodato, un assistente gli portò sei cappotti. Era come se Mohammed si trovasse nel suo Harrods: provava tutti quei cappotti con l'assistente che gli diceva: «Credo che quello marrone sia più adatto!»

Per la partita eliminatoria della FA Cup all'Old Trafford, Mohammed mi invitò a volare con lui sul suo aereo privato. C'era solo un piccolo problema: l'incontro si sarebbe disputato il giorno di San Valentino e, dal momento che lui viaggiava con molte guardie del corpo, Alex non sarebbe potuta venire con noi.

Quando glielo dissi, non fu particolarmente contenta, ma le proposi di viaggiare separatamente: ci saremmo poi incontrati all'aeroporto di Manchester, per andare insieme alla partita. Avremmo alloggiato nel mio hotel preferito, il Midland. Visto che Alex è una ragazza molto romantica, cucinò una cena speciale la sera prima della partenza, sistemando sul tavolo persino delle candele a forma di cuore.

Il mattino seguente, prima di partire, mi diede un biglietto per San Valentino. Quando si rese conto che io non le avevo preparato nulla, mi guardò seccata e mi chiese: «Non hai niente per me?»

«Naturalmente», le risposi, «ma dovrai aspettare il nostro incontro a Manchester!» Avevo già ordinato dodici rose rosse, champagne, cioccolatini e profumi, che ci sarebbero stati recapitati direttamente nella nostra suite al Midland Hotel: avevo intenzione di portarvi Alex prima della partita.

Sfortunatamente, i voli erano in ritardo e, quando ci incontrammo all'aeroporto di Manchester, era ormai troppo tardi per raggiungere l'hotel. Dovevamo andare dritti alla partita. Nel taxi, con un tono molto irritato mi disse: «Allora?! Dov'è il mio biglietto, caro?»

«A dire il vero», cercai di spiegare senza rovinare la sorpresa, «sono stato così occupato che me ne sono dimenticato completamente!»

«Non ci posso credere!» controbatté. «Anche dopo quella splendida cenetta e tutto il resto?»

Tenne il broncio per tutto il pomeriggio. Dopo la partita, avevamo intenzione di mangiare presto a Chinatown, il che significava che poi avremmo potuto raggiungere l'albergo, per goderci fiori e champagne. Ma a Chinatown era già tutto prenotato e, dopo aver aspettato un tavolo per quaranta minuti, tornammo al Midland. Il ristorante francese dell'hotel aveva ancora un tavolo libero. Stavamo morendo di fame, così ci sedemmo e mangiammo subito, senza prima passare nella nostra camera. Non avevo la minima intenzione di rovinare la sorpresa, anche se Alex, di tanto in tanto, bisbigliava: «Non posso credere che non mi hai preso nulla!»

In ogni modo, finalmente terminammo la cena e ci ritirammo nella nostra suite. In camera da letto non c'erano segni di alcuna consegna, così chiesi ad Alex: «Per favore, cara, potresti fare un salto in salotto e portarmi una Perrier?»

Mi aspettavo che tornasse dopo qualche minuto urlando di gioia, quando avrebbe visto i fiori e tutto il resto. Sarebbe tornata indietro e mi avrebbe gettato le braccia al collo dicendomi: «Caro, ma allora te ne sei ricordato!» La giornata si sarebbe così conclusa con una nota romantica. Ma non successe niente di tutto questo.

Quando Alex tornò nella suite con la Perrier, disse: «Qualcuno ha consegnato champagne e rose nella nostra camera!»

«Sì, sono stato io! Chi pensavi che fosse stato?» le chiesi.

«Be', tutti eccetto te», mi rispose. «Eri troppo occupato persino per comprarmi un biglietto!»

«Ma te l'ho detto solo per prenderti in giro!» risposi. «Non volevo rovinarti la sorpresa!» Non mi credette: ero stato così bravo a convincerla di non aver avuto tempo per comprarle un regalo, che non riuscii più a farle cambiare idea!

Lo United sconfisse il Fulham per 1 a 0, avvicinandosi sempre più alla vittoria della FA Cup. Vinse anche contro il Newcastle, a Wembley. La squadra rivendicò il titolo di Premiership che aveva perso la stagione precedente giocando contro l'Arsenal, battendolo di un goal e aggiudicandosi così sia il campionato sia la coppa. Ma la gioia più grande fu il successo riscosso in Europa, dove lo United arrivò alla finale della Coppa dei Campioni, per la prima volta dopo la nostra storica vittoria nel 1968.

Non volevo perdermi per nulla al mondo quella finale contro il Bayern di Monaco, che si doveva giocare allo stadio Nou Camp di Barcellona. Quale scenario migliore per una partita di tale importanza? Il Nou Camp è uno degli stadi più affascinanti del mondo. Quella sera, il 26 maggio 1999, ci fu un pubblico da record: erano presenti ben 90.000 spettatori. Mi venne la pelle d'oca appena mi sedetti con Phil in tribuna, immaginando come sarebbe andata quella sera. Mi tornarono alla mente molte altre serate della mia carriera, quando le squadre scendevano in campo, sommerse da mille applausi. Ma il Manchester United sembrava stanco alla fine della lunga stagione e al sesto minuto di gioco era già in svantaggio: aveva segnato Basler. Pensai che la squadra si riprendesse dopo quel goal, ma i tedeschi continuarono a dominare la partita fino alla fine.

Eravamo convinti che il Manchester non avesse alcuna chance, così, quando mancava qualche minuto alla fine, feci un cenno a Phil e gli dissi: «Dai! Andiamocene da qui: eviteremo il casino!» Un'auto ci stava aspettando fuori: ci riportò al nostro albergo, a poca distanza dallo stadio. Il conducente stava ascoltando i commenti alla radio e appena salimmo sul taxi, Teddy Sheringham segnò il pareggio per lo United. E, prima di arrivare in hotel, Ole Gunnar Solskjaer portò la squadra alla vittoria.

Non potevamo crederci. Saltammo subito fuori dal taxi e raggiungemmo di corsa l'albergo per guardare i replay dei goal. Era stato davvero un peccato non assistere a una simile vittoria, ma io e Phil festeggiammo gustandoci champagne nella nostra splendida residenza e riguardammo l'intero incontro alla tivù. Avremo rivisto quei goal almeno cento volte!

Alcuni sostenevano che mi avrebbe dato fastidio se lo United avesse vinto la Coppa dei Campioni: in questo modo, la mia squadra non avrebbe più avuto l'esclusiva della vittoria nel 1968 all'Old Trafford. Che assurdità! Siamo tutti tifosi dello United e vogliamo che vinca tutto il possibile! E non importa se la squadra vince la Coppa dei Campioni un milione di volte. Noi siamo stati la prima formazione dello United a vincerla e qualsiasi cosa accada nessuno potrà portarci via questo merito.

Credo che aleggi una certa nostalgia sulla nostra squadra, per lo stile che abbiamo sempre dimostrato, nonostante debba riconoscere che la squadra di Sir Alex Ferguson sia la migliore nella storia del club. Se lo meritano quel premio, soprattutto alla luce di tutti i trofei che hanno portato a casa e per giocatori del calibro di David Beckham e Jaap Stam.

Ma sarà divertente vedere cosa succederà quando Sir Alex Ferguson si ritirerà dalla carriera. Si verificherà una situazione simile a quella del 1969, quando Sir Matt smise di fare l'allenatore e tutti si chiesero cosa avrebbe combinato, a quel punto, la squadra.

Dopo i disordini degli ultimi anni, alla fine del 1999 mi sentivo così contento che ricominciai a bere a più non posso. Stavo anche mettendo su chili, in parte a causa della mia dieta sregolata. Tutto questo sfociò a ottobre in un'imbarazzante serata alla prestigiosa cena dei Northern Football Writers a Manchester.

Avevo avuto i miei problemi con la stampa, ma i giornalisti sportivi erano sempre stati benevoli nei miei confronti: fui felice di accettare un invito come ospite d'onore. Per essere in ottima forma, non presi nemmeno un drink durante l'andata, in treno: dormii infatti per la maggior parte del viaggio. In compenso, ne bevvi un paio alla reception, seguiti dal vino che gustai a tavola.

Avevo ingollato talmente tanto alcol nei giorni precedenti, che ormai mancava solo la classica goccia per far traboccare il vaso. E… il cameriere si premurò di assicurarsi che il mio bicchiere fosse sempre pieno.

Quando mi alzai per tenere il mio discorso, circa tre ore dopo l'inizio della cena, pensai di aver tutto sotto controllo. Ma era ovvio che per tutti i presenti ero ubriaco, soprattutto dopo il mio splendido esordio: «Ma dove cazzo è finito il mio cocktail?» Tutti quelli che mi conoscono possono giurare che non l'avrei mai fatto in pubblico da sobrio. Mi sento mortificato a pensare a cosa possa aver detto.

Parlai soltanto per qualche minuto; poi uno degli organizzatori mi tirò per la manica, dicendomi: «Ottimo lavoro, George! Ora puoi tornare a sederti!» Uscii diretto dalla sala, lasciando Alex in totale imbarazzo. Fu solo quando il giorno dopo mi passò la sbornia che mi resi conto di essermi reso ridicolo. E, naturalmente, ero stato immortalato su tutti i giornali. Phil, che avevo finalmente assunto come mio agente personale, il giorno seguente fu sommerso di telefonate.

Un mese dopo, in occasione dell'ottantesimo compleanno di mio padre, le mie sorelle Carol e Barbara organizzarono una festa a sorpresa, in un ristorante elegante a Hollywood, subito fuori Belfast. Mio papà sperava che organizzassero di nascosto qualcosa per lui, ma sapendo che stavo perdendo colpi, non si aspettava che mi presentassi. Per deviare completamente i suoi sospetti, gli telefonai qualche giorno prima del compleanno, per chiedergli come lo avrebbe festeggiato.

«Oh, credo che le ragazze abbiano organizzato un pranzo o qualcosa del genere», mi disse.

Feci di tutto per arrivare in anticipo (un vero record per me!) e stavo offrendo un drink a Ian al bar, quando arrivò mio padre. Mi nascosi dietro il bancone e aspettai che le mie sorelle prendessero una sedia per lui. Poi gridai: «Mi scusi, signor Best, gradirebbe un aperitivo prima di pranzare?» Lui guardò oltre il bancone e trasalì, non credendo alle sue orecchie: era proprio la mia voce! E, quando vide i miei occhi, il suo viso si illuminò.

Non fu che l'inizio di una giornata fantastica. Ma quando feci per andarmene, Carol mi prese in disparte, esortandomi: «Stai badando a te stesso, George?»

«Certo!» risposi.

Ma secondo lei non era affatto così, anche se come sempre io ero l'ultimo a rendersene conto.

Alla fine del '99 avevo iniziato a sentirmi piuttosto giù: soffrivo di mal di stomaco, che attribuii subito alla mia dieta sbilanciata. Invece di andare dai medici, mi aiutai con una cura a base di brandy. Credevo che qualsiasi malattia fosse il risultato del mio superlavoro, di tutte le cene e delle apparizioni in tivù. Quando non dovevo lavorare, però, trascorrevo sempre più tempo al Phene.

So che suonerà ridicolo, ma non mi passò nemmeno per il cervello che era il bere a procurarmi tutti quei malesseri. Per l'esattezza, non credevo che il bere potesse mettere in pericolo la mia vita. Sebbene fosse chiaro come la luce del sole, non credevo di avere seri problemi con l'alcol o, perlomeno, non credevo di poterne morire. Ancora una volta non riuscivo a vedere ciò che mi stava proprio davanti agli occhi.

Ero comunque determinato a comportarmi nel miglior modo possibile alla cena in mio onore organizzata nel gennaio del 2000 dalla Football Writers Association. Avevano programmato l'evento da quasi un anno e, dopo la mia magra figura a Manchester, erano estremamente nervosi per la riuscita della serata. Ma questa volta tenni sotto controllo la quantità di vino che bevvi. Volevo trascorrere una bella serata e non desideravo mettere in imbarazzo mio padre, che non veniva in Inghilterra da ben cinque anni.

Tutto filò liscio: fu meraviglioso! Il pubblico di giornalisti si alzò per applaudirmi, sia perché ero riuscito a non rovinare la cena, sia per il mio discorso. La loro gentilezza mi commosse.

Mi fece sentire bene, almeno dal punto di vista emotivo: da quello fisico, infatti, stavo peggiorando sempre più. Non me ne rendevo conto, ma la mia salute stava scivolando lentamente in un baratro senza fondo. Alex lo aveva già intuito, ma, se cercava di farmelo notare, io la ignoravo. Le dicevo che non doveva preoccuparsi e che, quando fosse finito quel periodo di superlavoro, ci saremmo rintanati in una clinica per una settimana intera. Sarei presto tornato alla normalità.

Non immaginavo nemmeno che non mi sarei mai più sentito «normale». A chiunque me lo chiedesse rispondevo che «sentivo un po' il tempo». Avrei scoperto ben presto che soffrivo di un'insufficienza epatica.

Un caso clinico

Il primo mattino che trascorsi al Reparto Malattie del Fegato del Cromwell Hospital, nel febbraio del 2000, ricevetti un biglietto di auguri di guarigione firmato da una quindicina di persone. Mi arrivò in una busta senza indirizzo e senza francobollo: ero esterrefatto!

Non riuscii a scoprire come o chi me l'avesse inviato, finché non riconobbi un paio di firme: erano i giocatori dell'Everton. Ma non capii finché non lessi sul giornale che, quel fine settimana, avrebbero disputato una partita contro il Chelsea e che alloggiavano allo Swallow Hotel, dall'altra parte della strada. Era bello pensare che avevano perso del tempo per prepararmi quel biglietto e, come potrete immaginare, fu solo l'inizio di una valanga di fiori e bigliettini, provenienti da tutto il mondo!

Arrivarono così tanti fiori e piante che la mia stanza si riempì presto e Alex dovette portarne un po' a casa. C'erano messaggi di auguri da parte di Meg e Noel Gallagher, Jilly Johnson e i miei vecchi amici Kenny Lynch, Tarby e Michael Parkinson. Inoltre, migliaia di biglietti e fiori di tifosi sconosciuti.

Sono rimasto stupito di fronte al numero di lettere che ho ricevuto, e tuttora ricevo, anche dopo gli anni trascorsi dalla fine della mia carriera calcistica. A volte l'indirizzo è semplicemente: «George Best, Chelsea, Inghilterra». Alcune di queste lettere non sono nemmeno di appassionati del calcio: è solo gente che desidera augurarmi ogni bene. Il più bel mazzo di fiori, comunque, mi arrivò dal calciatore del Tottenham John Scales. Un gesto gentile, forse per la sua precedente relazione con Alex. Non sapevo se intendeva essere gentile o prendermi in giro, ma decisi di concedergli il beneficio del dubbio!

Naturalmente, in quell'occasione mi arrivarono anche molte lettere e biglietti dai giornalisti, che mi offrivano numeri di telefono per raccontare la mia storia. Alex ne trovava a bizzeffe anche nella nostra cassetta delle lettere. Tentammo di dribblare le telefonate nella mia camera utilizzando il nome da nubile di Alex, Pursey: così, solo i nostri veri amici potevano chiamare. Per quanto riguardava la stampa, le nostre esperienze passate ci avevano insegnato a collaborare – è impossibile sconfiggerla! – così decisi di concedere un'intervista a un paio di giornalisti. Permisi loro anche di scattare qualche foto, anche se sapevamo che non sarebbero state un granché: di certo, non le avrei volute vedere appese alle pareti della mia camera da letto!

A poco a poco, mi abituai alla vita in ospedale, che era molto più frenetica di quanto mi potessi immaginare. Il più delle volte, era come essere alla Waterloo Station: era un continuo via-vai dalla mia stanza, per portarmi il menu, bottiglie d'acqua o per cambiarmi la flebo. La cambiavano così regolarmente che, dopo alcuni giorni, avevo le braccia ridotte come quelle di un tossico: gli infermieri facevano una gran fatica a trovare una vena in cui inserire l'ago. I primi giorni non potevo nemmeno alzarmi dal letto, così la bottiglia ora mi serviva solo per farci pipì, il che accadeva di frequente: bevevo tanta acqua quanto prima avevo tracannato alcol. Dovevo continuare a bere per depurare il mio organismo e per ridurre l'itterizia. Mi feci una bella risata quando Bob Monkhouse mi prese in giro dicendomi che ero talmente giallo che all'uscita dall'ospedale mi avrebbero scritturato per una puntata dei *Simpsons*.

Venne a trovarmi persino il mio caro ex compagno di squadra e collega alla Sky TV, Rodney Marsh: mi commossi, soprattutto perché sapevo che in quel periodo era coinvolto in un caso giudiziario per un'infrazione stradale. Quelli della Sky TV furono eccezionali: mi dissero di non pensare nemmeno di farmi vedere finché non mi fossi rimesso pienamente. Nel frattempo, mi avrebbe sostituito (come sempre) Alan Mullery, che vive dalle parti dei miei suoceri a Cheam, dove ci siamo incontrati un paio di volte.

Mio figlio Calum mi telefonò dalla California e così fece anche sua madre, la mia ex moglie Angie.

La visita che mi riempì di gioia più di tutte, naturalmente, fu quella di mio padre, che arrivava da Belfast. Doveva essere difficile per lui vedermi in quelle condizioni, soprattutto dopo tutto quello che aveva passato con mia madre. Quando venni portato al Cromwell, avevo appena compiuto 54 anni, la stessa età in cui morì mia mamma. Ma mio padre è sempre mio padre: non cambia mai e, soprattutto, non giudica mai. La cosa più bella di lui è che siamo così uniti che possiamo stare seduti insieme in una stanza, senza dire una parola per ore, ma apprezzando ciascuno la compagnia dell'altro. Sappiamo entrambi che sussiste un rispetto reciproco. Così, vederlo seduto in fondo al mio letto fu semplicemente fantastico. Naturalmente parlammo, chiacchierammo molto, ma non siamo il genere di persone che devono a tutti costi riempire gli spazi vuoti di una conversazione con parole inutili.

Alex e Phil venivano a trovarmi tutti i giorni: ce ne stavamo seduti come se fossimo a casa, facendo insieme le parole crociate e, a volte, gareggiando per dare la risposta corretta. Nel pomeriggio, guardavamo i soliti quiz che seguivamo anche a casa: *Fifteen to One* e *Countdown*, che io amavo molto. Ricevetti persino un biglietto di auguri dal presentatore di *Fifteen to One*: William G. Stewart.

Dal momento che l'ospedale era privato, ero scocciato dal fatto che avevamo solo cinque canali televisivi a disposizione, così un giorno dissi a Phil: «Siamo sicuri di non riuscire a prendere Sky TV?» Phil ci pensò su per un po' e poi Alex provò, senza riuscirci, a sintonizzare altre stazioni televisive. Nessuno di noi è quello che si dice un mago dell'elettronica e così, alla fine, infastiditi dal fatto che non riuscivamo a guardare tutte le partite di calcio più importanti, dissi a un'infermiera: «Crede che l'ospedale mi permetterebbe di chiamare i miei amici della Sky per mettere una parabolica sulla parete esterna della mia camera?»

«Perché? Cosa c'è che non va?» mi chiese e, con mio grande imbarazzo, afferrò il telecomando e premette un pulsante, che fece inaspettatamente comparire il canale Sky! Era la mia seconda settimana in ospedale…

La maggior parte della gente tende a perdere peso durante un ricovero, dal momento che il cibo è cattivo e che quando si sta male si perde l'appetito. Ma questo a me non successe: non persi ulteriore peso, dopo tutte le settimane in cui avevo mangiato a malapena ero dimagrito di circa sette chili e mezzo. Appena i dolori allo stomaco si calmarono, cominciai a recuperare il tempo perso. Mi aiutò il menu abbastanza buono del Cromwell, migliore di quello di molti altri posti dove mi è capitato di mangiare. In particolar modo, mi furono di supporto le amicizie che avevo nel campo gastronomico; come tutte (o quasi) le persone creative, avevano una vivace immaginazione.

Che sorpresa quando venne a trovarmi Michel, il maître del Ristorante Scalini di Walton Street, a Londra! Arrivò un giorno, con un'enorme borsa in mano. Credevo che mi avesse portato il tradizionale dono da ospedale, dell'uva o dei fiori, finché non vidi che nel sacchetto che aveva con sé si mosse qualcosa: erano due aragoste, che aveva orgogliosamente mostrato prima di requisire la cucina per prepararmele!

Un amico di Casa Carlo, un ristorante in cui avevo una partecipazione finanziaria, si presentò con una succulenta fiorentina. Alex mi portava il cibo che preparava a casa. Non mi erano consentiti cibi sotto sale e speziati, tra cui erano inspiegabilmente compresi anche i fagioli stufati, di cui vado matto. Fortunatamente, non mi erano stati proibiti il cioccolato e i ghiaccioli, per cui ho sempre avuto un debole, soprattutto in ospedale.

Sviluppai infatti una particolare predilezione per il Calippo, nonostante Phil e Alex dovessero setacciare tutti i negozi della zona per comprarne di diversi gusti: quando me li portavano, io mi sentivo felice come un bambino! Iniziai anche a masticare gomme al succo d'uva, forse illudendomi che, in qualche modo, contenessero davvero del vino.

Un giorno, mentre guardavo un film, ne finii un pacchetto intero, ma tenni da parte tutte quelle nere, per mangiarle alla fine del film in un solo boccone: l'ultima volta che l'avevo fatto avevo sei anni. Le nascosi tutte sotto le lenzuola e me le stavo per mettere in bocca quando mi vide un'infermiera: mi vergognai moltissimo! Se fosse stata una psichiatra, avrebbe di sicuro annotato questo fatto come prova della mia natura ossessiva.

Chiunque sia stato per molto tempo in ospedale saprà, però, che questi piccoli trucchi sono indispensabili per tirare avanti. Quando iniziarono i primi miglioramenti, il momento più piacevole della mia giornata divenne quello in cui prendevo la flebo, mi alzavo e percorrevo circa 100 metri, per arrivare alla macchinetta del caffè, in fondo al corridoio.

Nelle giornate buone, prendevo persino l'ascensore, che mi portava fino al giardino sul tetto: da lì, ammiravo Londra, che proseguiva indaffarata la sua vita. Dopo un po' di tempo, tuttavia, non puoi fare a meno di diventare irrequieto e di deprimerti. All'inizio contavo i giorni, che divennero presto settimane, ma sembrava che la quantità di piastrine nel sangue non migliorasse, cosa che avrebbe determinato la mia uscita dall'ospedale. Finché le mie piastrine non fossero risalite, il professor Williams non voleva rischiare di dimettermi.

Le piastrine sono le cellule più piccole del sangue umano e una loro carenza, chiamata trombocitemia, può causare un'emorragia che può condurre alla morte, anche se provocata dal più insignificante dei tagli. Questo spiegava quello strano episodio, il giorno in cui mi grattai quella specie di foruncolo sulla gamba.

Per tirarci su di morale, io e Alex avevamo programmato dei viaggi alle Barbados, a Venezia, a Monte Carlo e in altri luoghi incantevoli. Ma non potemmo prenotarne alcuno. Pavarotti mi donava un paio di ore piacevoli, dal momento che non riuscivo nemmeno a leggere troppo a lungo: mi veniva subito mal di testa. I miei occhi assunsero un colorito giallo, così brillante che avrei potuto leggere persino al buio completo. Mi immersi nella storia di Harold Shipman, un libro divertente per le condizioni in cui mi trovavo. Mi dava un certo conforto il fatto di trovarmi in mani estremamente qualificate.

Quando venni dimesso dall'ospedale alla fine di aprile del 2000, con solo una parte del mio fegato perfettamente funzionante, mi sentii finalmente liberato dal dolore, ma era anche come se avessi cent'anni.

Io e Alex avevamo sperato di svagarci un po' appena fossi uscito dal Cromwell, ma le prime due settimane tornai quasi tutti i giorni dal professor Williams: una vacanza era fuori discussione. Inoltre, ero così esausto che dubitavo di arrivare fino all'aeroporto: non ce la facevo proprio. Mi stancavo moltissimo, anche solo a camminare per cento metri, per sedermi fuori dal pub e bere un caffè.

Prendemmo un cucciolo di setter irlandese, che chiamammo Red: avevo sempre desiderato un altro cane e, ora che ero uscito dall'alcolismo, pensai che avrei avuto molto più tempo libero per portarlo a fare lunghe passeggiate. Ma l'esercizio fisico doveva ancora attendere. Trascorrevo la maggior parte dei miei giorni davanti alla televisione e nel pomeriggio facevo quasi sempre un riposino.

Il professore mi aveva avvisato che la convalescenza sarebbe stata lunga, ma non mi aspettavo che avanzasse a passo di lumaca. D'altro canto, questo mi consentiva di avere molto tempo per pensare a come avrei voluto trascorrere il resto della mia vita. Tutti e tre (io,

Alex e Phil) eravamo d'accordo che per me sarebbe stato un vero suicidio tornare alle solite conferenze serali: troppe tentazioni. Ma tutto questo avrebbe portato a un vuoto sia nella mia vita sia nel mio portafoglio.

Alla Sky TV dissero che mi rivolevano appena me la fossi sentita, il che significava che avrei avuto un'entrata di denaro regolare per tutta la durata della stagione. Ma noi avevamo bisogno di più soldi per vivere. Avevo speso lo stipendio di due mesi solo per comprarmi dei vestiti nuovi, quando uscii dal Cromwell. Ero un paio di chili al di sotto del mio peso normale e i miei vecchi abiti erano diventati troppo larghi.

Dovemmo anche scegliere dove andare ad abitare, perché sia Alex che io concordavamo sul fatto che dovevamo spostarci fuori Londra. Eravamo ancora impegnati nelle ricerche quando un giorno lessi un articolo su Jimmy Greaves, anche lui in cura per disintossicarsi dall'alcol, in cui si raccontava di come gli avesse giovato il trasferimento da Londra nell'Essex. Sono sempre stato uno di quelli che girano intorno ai problemi, ma questa volta fuggire mi sarebbe servito: avrei dato un taglio netto al mio problema.

Certo, puoi berti un bicchiere ovunque ti trovi. Di questi tempi, puoi anche entrare in un supermercato e prenderti un drink. Ma di base si tratta di andartene dai luoghi che hai sempre frequentato, gettarti alle spalle le tue vecchie abitudini e rifarti una nuova vita. L'altro vantaggio di trasferirsi da Londra era che non avrei avuto i giornalisti sempre accampati fuori casa, ad aspettare solo che cadessi di nuovo nell'errore di riprendere a bere.

Proprio qualche giorno prima del mio cinquantaquattresimo compleanno, il professore mi diede il permesso di andare all'estero. Così, io e Alex trascorremmo un fine settimana romantico a Venezia. Poi, all'inizio di giugno del 2000, andammo a Corfù per la nostra consueta vacanza estiva, in una bella villa di alcuni nostri amici. Avevamo preparato i bagagli, chiamato un taxi che ci portasse all'aeroporto e stavamo quasi per chiudere la porta di casa, quando sentimmo squillare il telefono.

Avevamo sempre la segreteria attivata e alzavamo la cornetta solo se sentivamo una voce conosciuta. Era un'assurdità rientrare per rispondere alla chiamata, in ritardo come eravamo. Ma qualcosa mi fece tornare indietro e alzare la cornetta del telefono: era la voce di Liz Brennan, la moglie del mio vecchio compagno di squadra Shay. Aveva avuto un infarto: era morto mentre giocava a golf, a Cortown, nel Wexford. Aveva 63 anni. Se avessero aperto le scommesse su quale giocatore della Coppa dei Campioni del 1968 fosse morto per primo, Shay sarebbe stato sicuramente quello con le quotazioni più basse, mentre io, senza dubbio, mi sarei piazzato al primo posto. Anche il periodo in cui ricevetti quella chiamata fu strano, dal momento che io ero stato otto settimane in ospedale dopo aver bevuto fino alla morte, mentre Shay era morto giocando a golf. Pensavano avesse avuto un attacco di cuore.

Tutto questo non mi aiutò a entrare nel clima vacanziero, soprattutto perché, appena arrivati a Venezia, dovemmo ordinare i fiori per il funerale. Dopo un paio di giorni, mi ritrovai a letto a pensare ai bei tempi trascorsi con Shay e cominciai a piangere a dirotto: non riuscivo più a smettere! Piangevo così forte che svegliai Alex.

A tutti piace credere di essere uomini duri, ma io sono una persona molto sensibile, forse troppo. Piango sempre quando guardo un film triste. Quando Alex accese la luce e vide in che stato mi trovavo, le dissi: «Sono un debole, vero?»

«Non essere stupido, su!» mi rispose. Poi, spense di nuovo la luce e mi abbracciò, lasciandomi versare le ultime lacrime per il mio amico Shay. La sua morte mi aveva fatto pensare molto alla vita in generale e, in particolare, alla mia, a come erano cambiate le cose dai tempi di gloria nello United. La vacanza si rivelò un vero disastro. Il colpo di grazia fu inflitto dal mio terribile dolore alla gamba destra: quando tornammo a casa, scoprii di avere un'infezione in corso.

Prima di partire per il fine settimana, avevamo fatto un'offerta per un cottage vicino alla casa dei genitori di Alex a Cheam, nel Surrey. Avevamo preso in considerazione l'idea di andare all'estero, in un posto più caldo, in Spagna, in Portogallo e persino in Florida, ma, visto che io dovevo rimanere in Inghilterra durante la stagione calcistica, avevamo cercato anche in Inghilterra: il posto era davvero da sogno! Ma in vacanza ci eravamo portati anche un paio di opuscoli e rimanemmo stupiti nel realizzare che alcuni dei luoghi più incantevoli del mondo fossero in Francia; alcune ville avevano persino dei laghetti privati, altre un po' di terreno. E tutto allo stesso prezzo di un cottage nel Surrey. Porgemmo le nostre scuse ai proprietari del cottage e decidemmo di andare assolutamente in Francia. Prima di rimetterci in viaggio, andammo a fare le nostre condoglianze a Liz, che ci fece subito sorridere, raccontandoci alcuni aneddoti sul grande Shay. Shay era il classico irlandese, che amava le cose semplici della vita. Finché aveva una sterlina o due in tasca, si sentiva in pace con sé e il resto del mondo. Amava bersi una pinta, fumarsi un sigaro e fare una scommessa. Non era un gran giocatore d'azzardo, ma seguiva assiduamente le corse di cavalli e Liz, essendo la più saggia tra i due, si assicurava che non sciupasse tutto il denaro che si erano portati in Irlanda, dandogli solo una piccola somma quotidiana di denaro. Shay era il tipo che si portava al pub il giornale, a pranzo, per studiare le corse mentre sorseggiava una pinta o due e, a volte, si accendeva uno dei suoi piccoli sigari. Poi andava dagli allibratori e faceva le sue scommesse.

Si iscrisse anche al golf club locale e Liz era felice che si tenesse in forma. Pensava che quando usciva di casa andasse a giocare a golf. Ma quando Liz andò al club per raccogliere le sue cose dopo la morte del marito e disse al segretario quanto Shay fosse preso dal golf, lui le rispose: «Be'... non l'abbiamo visto spesso in campo, signora Brennan».

A quanto pareva, Shay giocava solo un paio di buche; dopodiché, si ritirava all'interno della club house. Così, era davvero strano che fosse morto proprio con una mazza da golf in mano, piuttosto che con una pinta. Il segretario accompagnò Liz all'armadietto di Shay e, quando lo aprirono, vi trovarono una vecchia scatola da scarpe.

«Sono rimasta senza parole quando l'ho aperta», ci raccontò Liz. «Era piena di soldi! E non solo denaro irlandese e banconote inglesi da cinque sterline, ma soldi di tutto il mondo: marchi tedeschi, franchi, pesetas, corone!»

Era una cifra considerevole, e Liz non scoprì mai da dove proveniva tutto quel denaro.

Il professor Williams era entusiasta dei miei progressi, ma a metà luglio, dopo una lite furibonda con Alex, mi precipitai fuori dal nostro appartamento e andai dritto al Phene.

Strano a dirsi, non desideravo affatto un drink: ordinai solo un caffè.

Ma quando lo bevvi, uno dei clienti fissi mi informò che il proprietario aveva chiamato i giornalisti per avvisarli che ero lì. Così, uscii di corsa e vagai un po' finché non entrai al Dover Street Wine Bar, che era di proprietà di un mio amico di nome George.

Mi accolse calorosamente, mi chiese come stavo e mi disse: «Cosa prendi?»

«Una bottiglia di champagne», risposi d'istinto.

Non ero uscito con l'intenzione di bere, ma forse, nei meandri della mia mente, lo consideravo un modo per ferire Alex. Il professor Williams mi aveva vietato tassativamente di bere: «Non è una questione di ridurre l'alcol, George. Ti può bastare un bicchiere per mandarti all'altro mondo». Lo disse anche ad Alex e sapevo che si sarebbe disperata, se avesse scoperto che avevo bevuto di nuovo, dopo tutto quello che aveva fatto per me.

Non pensavo più al suicidio da anni, ma quando uscii, quel giorno, non diedi alcun peso a quello che mi era successo. Del resto, come avrebbe potuto uccidermi un solo bicchiere?

Per la prima volta, non apprezzai nemmeno lo champagne. Mi faceva schifo e, dopo la mia lunga astinenza, mi bastò un bicchiere per sentirmi brillo. Così decisi di portare a casa il resto della bottiglia ad Alex, per far pace: in quel momento mi sembrò una buona idea. Ma poi, una volta uscito in strada, mi venne il sospetto che non era affatto una buona trovata, soprattutto considerando che metà della stampa aspettava solo di fotografarmi così.

Barcollai fino a casa: il sole stava per tramontare, mi sedetti su una panchina nel parco, che dava sul fiume. Volevo stare solo con i miei pensieri. Poco dopo mi alzai e andai a casa. Quando entrai, Alex mi corse incontro e mi strappò la bottiglia dalle mani.

«Come hai potuto essere così stupido, George?» mi disse, agitandomi la bottiglia davanti agli occhi. «Quante ne hai bevute?»

«Sei», risposi, barcollando fino al letto.

La stampa, naturalmente, ci ricamò sopra, gonfiando l'intera storia: scrissero che una guardia del parco mi aveva trovato addormentato su una panchina: una bugia bella e buona. Un giornale addirittura pubblicò una mia foto come se fosse quella di un ricercato, avvertendo tutti i proprietari dei bar di appenderla nei propri locali: così si sarebbero ricordati di non servirmi mai più da bere.

Come se avesse fatto qualche differenza. Se volevo farmi un bicchiere, nessuno mi avrebbe fermato: né mia moglie, né la mia famiglia e tantomeno la stampa.

Mi avevano perseguitato per anni e avevo imparato che avrebbero pubblicato qualsiasi cosa volessero, in qualsiasi caso, e io non avevo certo intenzione di prendere delle lezioni da loro. Poi mi sentii un perfetto imbecille; sono una persona impulsiva, ma sapevo di non avere la certezza che non ci sarei ricascato. Quando quei demoni invadevano la mia mente, non ero in grado di combatterli.

Alex e io facemmo la pace abbastanza in fretta. Probabilmente siamo come la maggior parte delle coppie sposate. Andiamo avanti alla grande per molto tempo, ma a volte uno dei due si offende per una stupidaggine e manda a monte tutto. A questo aggiungo che siamo entrambi molto testardi e che nessuno di noi due fa mai la prima mossa per far pace: entrambi puntiamo i piedi e anche il più insignificante degli incidenti rischia di tramutarsi nella terza guerra mondiale. Ogni volta che litighiamo, sembriamo due innamorati alle prime armi.

Quando io e Alex litigammo di nuovo ad agosto, presi un volo per Belfast per andare a trovare mio padre e il resto della famiglia. Quando mi chiesero dov'era Alex, risposi: «È finita. Stiamo per divorziare».

Fu così che me ne saltai fuori con un'altra trovata, quella di sparire. Chiesi a mia sorella Barbara di accompagnarmi a vedere una di quelle case mobili di lusso sulla spiaggia di County Down. Pensai di comprarmene una e nascondermi da tutti, come se fosse possibile per me essere lasciato da solo in Irlanda del Nord.

Non ero molto lucido, ma guardando quelle case e la campagna (che non vedevo da quando ero un ragazzino), mi venne nostalgia di casa. Così qualche giorno dopo quando mi riappacificai con Alex le chiesi: «Che ne dici di trasferirci in Irlanda del Nord? Ci sono dei posti stupendi vicino alla casa di Carol».

All'inizio fu un po' sorpresa, ma poi disse: «Se ti fa felice ci posso provare».

«Non siamo obbligati a viverci sempre», le spiegai. «Lì si campa con molto meno e possiamo tenere anche questa casa.»

Alex era cresciuta in campagna e le piaceva l'idea di avere un pezzetto di terra dove poter tenere dei cavalli. Io ero sempre preoccupato per lei perché era solo una ragazzina e non sapevo se fosse davvero disposta a vivere in un posto così isolato.

Visitammo un paio di luoghi, ma nessuno ci colpì in particolar modo. Un bel giorno, mentre girovagavamo in auto dalle parti di Portavogie, scorgemmo una grande vecchia casa che dava sul mare. Si trovava a metà collina: doveva esserci una vista stupenda sull'oceano.

Un cartello diceva «In vendita» così ci avvicinammo per vedere se potevamo dare un'occhiata. A Chelsea probabilmente non l'avremmo mai fatto. Quella volta invece ci infilammo nel vialetto d'accesso e andammo a bussare alla porta della villa. Il tizio che ci abitava fu più che contento di farcela visitare. L'arredamento non era di nostro gusto, ma era una casa enorme, con quattro camere da letto: rimanemmo affascinati.

Tornammo a vederla ma ormai avevamo già deciso di comprarla. Facemmo subito amicizia con il proprietario che ci raccontò di essere un vecchio marinaio. Io pensai che doveva aver posseduto un'intera flotta e che non dovevano certo mancargli i soldi, visto che nel garage aveva una splendida Rolls d'epoca.

Il terreno su cui si ergeva ora la casa, quando l'aveva comprato, era destinato all'allevamento e se lo era portato via per poche sterline. Il fatto che fosse riuscito a ottenere l'autorizzazione per costruire la casa fece intravedere al precedente proprietario la possibilità di guadagnarci di più, così propose al nostro amico di ricomprargli il terreno attorno alla casa, offrendogli una considerevole somma di denaro.

«A dire la verità», ci disse, «quel tipo non mi piaceva molto. Ma a te, George, questa terra la vendo più che volentieri.»

«Non ho tutti questi soldi», risposi, ma lui si limitò a ridere e aggiunse: «Be', puoi permetterti una sterlina all'acro? Se è così, questa terra è tua!»

Fu così che ci comprammo la terra per l'esorbitante cifra di due sterline e una considerevole somma in più per la casa, senza sapere ancora quanto tempo ci avremmo passato. Non sapevamo se avremmo ancora vissuto a Chelsea utilizzando la casa solo per i weekend o viceversa. Da agosto in poi, però, trascorremmo sempre più tempo in Irlanda, mettendo a posto la nostra nuova casa.

Rivoluzionammo tutte le stanze e, man mano che si trasformava da un guscio vuoto a una bellissima casa, l'idea di lasciarla vuota per la maggior parte dell'anno divenne impensabile.

Alla fine decidemmo di affittare l'appartamento a Chelsea e di trasferirci definitivamente nella casa a Portavogie. Era il gennaio del 2001 e da allora è diventata la casa dei nostri sogni. Il garage divenne una sala da biliardo, con tanto di tavolo e angolo bar.

Naturalmente papà e Carol, che abitavano esattamente a due minuti da noi, erano felici: potevamo vederci tutti i giorni, se volevamo, e rifarci del tempo perduto. Il nostro cane Red adora quel posto perché può farsi lunghe passeggiate ed è anche un compromesso perfetto per me e Alex, perché il volo da Belfast a Londra dura meno di un'ora. Dal canto mio posso facilmente raggiungere gli studi della Sky TV e se facciamo un fine settimana lungo nel nostro appartamento a Chelsea a lei rimane del tempo per andare a trovare la sua famiglia e gli amici.

Mi preoccupo sempre del fatto che tutto questo sia abbastanza per Alex: Portavogie è un piccolo paese, ma Alex ama la gente e la gente del posto la adora. Più di un paesano mi ha confidato che all'inizio erano tutti un po' perplessi su Alex, perché le mogli delle star a volte si danno un sacco di arie. Ma per Alex non sono mai stato George Best, la superstar, ma soltanto me stesso.

Dopo quella brutta storia a Londra mi diedi una calmata e mi dissi che dovevo cercare di rimanere pulito. A meno che non siate alcolizzati non potete capire quanto fu difficile: ogni giorno era una sfida, ogni giorno pensavo a bere. Non avevo mai avuto bisogno di una scusa per riabbracciare la bottiglia, ma dopo la cura e tutto l'aiuto che avevo ricevuto questa volta per bere mi serviva un motivo, anche piccolo, ma un motivo.

Fu così che un sabato sera, sul taxi che mi stava portando all'aeroporto di Gatwick dopo il mio programma su Sky TV, pensai che era stata una lunga giornata e che in fondo mi meritavo un goccio. Quando arrivai all'aeroporto andai dritto nella sala d'aspetto di prima classe e mi presi un bel bicchiere di vino rosso.

Ne bevvi soltanto uno. In fondo non avrebbe dovuto farmi un gran male. Mi sembrava di combattere contro il sistema, in qualche modo, soprattutto dopo che il professor Williams mi aveva detto che un solo bicchiere avrebbe potuto uccidermi. E naturalmente, essendomela cavata la prima volta, ricominciai a bere regolarmente, a volte anche più di un bicchiere. Non avevo bisogno di scolarmi una bottiglia o di ubriacarmi. Non era quello che volevo. Credo che fosse solo il mio lato ribelle e riottoso. Mi sentivo furbo, come un ragazzino disubbidiente che fa qualcosa che non dovrebbe senza venire scoperto.

Ma non l'avrei passata liscia con Alex. Mi conosceva abbastanza bene da capire se avevo bevuto anche solo un bicchiere, anche se non barcollavo o biascicavo.

Visto che il mio fegato era stato in parte danneggiato per sempre, riprendere a bere regolarmente aveva conseguenze ovvie. So che mi si accuserà di essere egoista per aver anche solo pensato di riprendere a bere, soprattutto dopo la cura intensiva a cui mi ero sottoposto. Jim Baxter, l'ex calciatore scozzese, morto nel 2000, ricevette lettere di odio dopo aver dichiarato che anche dopo due trapianti di fegato beveva ancora il suo consueto bicchiere di vino. La gente normale, quella cioè senza il problema dell'alcol, ovviamente credeva che fosse folle e ingrato. Ma io potevo capirlo. I problemi personali mi avevano portato a considerare il suicidio e se avessi pensato che non avrei più potuto bere probabilmente l'avrei fatto. Credo sia una prova sufficiente del fatto che la mia mente non funzioni come quella della gente normale. Allora perché non rischiare con un paio di bicchieri, soprattutto dato che l'avevo già fatto e non mi era successo nulla di grave?

L'alcol ha anche indebolito il mio sistema immunitario, il che significa che sono più sensibile alle influenze e alle malattie rispetto alle altre persone. Quando presi il raffreddore e la tosse nel febbraio del 2001 guarire fu un bel casino. Non ero mai in forma al 100 per cento, così non ci diedi molto peso e presi i soliti farmaci. Finché un giorno portai Red a fare una passeggiata sulla spiaggia e mi beccai un temporale: quando arrivai a casa ero completamente fradicio. Mi feci un bagno e mi asciugai, ma non riuscivo a smetterla di tossire: mi mancava il fiato. Mi spaventai moltissimo e chiamai subito Alex, che disse: «Ti porto subito dal medico».

Il dottore mi visitò e mi fissò una visita in ospedale per farmi delle lastre. Appena si ebbero i risultati mi ricoverarono. Avevo preso la polmonite. Come al solito, non potevo limitarmi a prendere una normale bronchite: si era formato anche del liquido nei polmoni che i medici non riuscivano a curare. Per due giorni respirai con la maschera dell'ossigeno.

Avevo una camera privata, ma non si avvicinava nemmeno lontanamente a quella che avevo avuto al Cromwell: la gente di Belfast non conosce il significato della parola «privato». Tutti cercavano di farmi visita ogni cinque minuti: pazienti o parenti di pazienti, con la scusa di un autografo o di una foto o di altro ancora. Il secondo giorno Phil parlò con i responsabili dell'ospedale, che piazzarono una guardia davanti all'entrata della mia stanza. E ancora una volta biglietti, fiori, manuali di autoguarigione e opuscoli religiosi iniziarono ad arrivare da tutto il mondo.

Michael Parkinson e Jimmy Tarbuck mi telefonarono, così come gli amici di Manchester, da Waggy a Colin Burne. Ma quando Alex Higgins, che era malato di cancro, chiamò Phil per dirgli che voleva vedermi, Phil gli rispose che non erano permesse visite.

Mi incontravo spesso con Alex a Manchester, ma non eravamo amici intimi. Non ho mai amato la gente che usa le parole immortali «Tu non sai chi sono io?» e spesso avevo sentito Alex usarle. Per quanto lo conosco diventa aggressivo solo quando beve: l'esatto contrario di me. Non volevo vederlo. Ma un giorno la porta si aprì e sbucò la testa di Alex.

Dopo l'operazione alla gola non aveva una gran bella cera e portava una sciarpa al collo, probabilmente per nascondere le cicatrici. Aveva un aspetto decisamente peggiore del mio. Ci salutammo. Poi sistemò una sedia vicino al letto e mi disse: «Dammi la mano».

«Perché?» risposi.

«Così te la leggo.»

Ora: se c'è una persona da cui non voglio ricevere consigli o che mi dica cosa accadrà nel mio futuro, questa è Alex. Ma Alex è noto per la sua tenacia e infatti insistette finché non gli porsi il palmo. Lui mi disse che sarei uscito dall'ospedale dopo un paio di giorni, che avrei vissuto fino a ottant'anni e che non c'era niente che non andasse in me.

Dopo un paio di settimane uscii dall'ospedale e tornai a casa, a rimuginare e a pensare all'alcol. E stavo ancora dicendo a me stesso: «A che pro andare avanti se non posso più bere?» quando decisi di recarmi nel mio locale preferito.

Sono un cliente abituale: io e Alex pranziamo lì da quando siamo arrivati a Portavogie. Finora mi avevano sempre visto bere un tè o bevande analcoliche. Francis, l'oste, sembrò un po' turbato quando ordinai del vino, ma me lo servì ugualmente. Alex quando lo scoprì andò su tutte le furie e si precipitò al pub per riportarmi a casa. Ma io non ero nello stato d'animo giusto per ricevere ordini e alla fine mi lasciò lì.

Quando rincasai litigammo e il giorno successivo facemmo pace: io le chiesi scusa e promisi che non sarebbe successo mai più. Ma da allora è già accaduto altre volte e Francis e l'altro barman hanno capito come comportarsi in quei casi. Francis è convinto che non può fermare nessuno che intenda bere e che, se non mi servisse da bere lui, toccherebbe comunque a qualcun altro, che sarebbe ben lieto di imbottirmi di alcol a più non posso. Cerca di tenere sotto controllo la quantità e mi accompagna a casa in auto, se ritiene che non posso farcela da solo. E finora ha sempre aiutato Alex a cercarmi, quando sparisco per un paio di giorni.

Non era trascorso molto tempo dopo la mia uscita dall'ospedale che io e Alex andammo a Londra per un fine settimana e litigammo di nuovo. Io tornai da solo in Irlanda. Andai a trovare mio padre dopo aver bevuto un paio di bicchieri, ma lui sembrò non farci caso. Carol, invece, se ne accorse subito.

Il giorno dopo, un sabato mattina, venne a casa mia.

«George», disse, «ho ritrovato mio fratello dopo tanti anni ma solo per perderlo di nuovo?»

Finsi di non capire.

«Non andrò da nessuna parte», dissi.

«Se continui così con l'alcol», continuò, «non sarai qui ancora per molto. Sai benissimo che fine ha fatto la mamma.»

«Be', alla mamma è successo da un giorno all'altro», le risposi.

«Non è vero», disse. «Tu non c'eri. Noi invece sì, e ci abbiamo convissuto, giorno dopo giorno, per anni. Abbiamo visto con i nostri occhi come l'alcol può ridurre una persona, come la può cambiare. E non vogliamo che succeda anche a te.»

Nel marzo del 2001 la situazione mi stava scappando di mano per l'ennesima volta e Alex era sull'orlo della disperazione. Potevo resistere un paio di settimane senza bere, ma poi me ne veniva una gran voglia, e non come alle persone normali. Per me quel desiderio era irresistibile. So di non poterne fare a meno e speravo solo che i medici scoprissero una cura per calmare questo mio irresistibile bisogno di alcol.

Il professore mi diede alcune pillole, che mi aiutarono per un po' di tempo, e mi aumentò persino il dosaggio quando gli confidai che il mio desiderio di alcol non voleva saperne di lasciarmi in pace. Volevo ancora bere, così iniziammo a discutere sulla possibile somministrazione dell'Antabuse, solo per un breve periodo. Ma l'ultima volta che lo avevo preso, era finita con un'operazione di chirurgia plastica. Non ero affatto sicuro. Tra l'altro se si beve dell'alcol durante una cura a base di Antabuse, si rischia di lasciarci le penne.

Alex non cercò di convincermi a prendere quel medicinale: sapeva che avrebbe ottenuto l'effetto contrario. Ma ero certo che in cuor suo sperava che accettassi di seguire quella cura. Il rischio più grave che correvo assumendo l'Antabuse, naturalmente, era che mi ubriacassi senza pensarci, finendo con l'uccidermi.

In ogni caso, avevamo deciso di andare dal professor Williams a Londra all'inizio di aprile, per un controllo generale. Eravamo seduti nel suo studio a discutere della situazione, quando venne chiamato d'urgenza, lasciandoci così da soli per qualche minuto. Furono minuti interminabili: stare seduti insieme in una stanza d'ospedale, anche quando si è marito e moglie, è sempre difficile. Ma io avevo già preso la mia decisione.

«Quando tornerà il professore», dissi ad Alex, «gli chiederò di prescrivermi l'Antabuse.»

Il viso di Alex si illuminò come se fosse Natale.

«Sei sicuro, amore?» mi chiese. «È fantastico. Sono certa che funzionerà!»

Il termine medico utilizzato per questa cura è «impianto di disolfuro». Dovetti incontrare il dottor Graham Lucas, psichiatra consulente al Priory Hospital, a Sturt nel Surrey, che verificò se fossi idoneo alla cura. Scrisse al professor Williams, dicendo:

Oggi ho visitato George, prima da solo e poi con sua moglie Alex, apprensiva e comprensibilmente preoccupata, George è una persona coerente, razionale e capace di considerare con obiettività il suo abuso di alcol. Lo stato d'animo è quello appropriato e la funzione cognitiva soddisfacente, l'introspezione è integra e non ci sono segni evidenti di un possibile rifiuto. Ciononostante, riconosce gli alti e bassi di stato d'umore e Alex li percepisce come situazioni vulnerabili. Nonostante il desiderio sincero di George di rimanere sobrio, il rischio di comportamenti impulsivi sussiste ancora, a detta di entrambi. Comunque, è chiaro che il rischio fisico è potenzialmente fatale, se dovesse ancora abusare dell'alcol. Quindi, viste le circostanze, la procedura è completamente nelle mani di George e fargli pressione potrebbe essere controproducente.

La ritenni un'analisi corretta e onesta della mia situazione e di quella di Alex. Anche se non ero particolarmente entusiasta del programma del Priory, decisi di accettare tutte le condizioni stabilite dal dottor Lucas.

Epilogo

Un uomo fortunato

La cura durò fino alla fine di aprile e, da allora, non ho più pensato di bere, probabilmente grazie anche ad altre pillole che mi hanno aiutato a reprimere il desiderio di alcol. È stata un'operazione semplice e, anche se si soffre di mal di stomaco per un paio di giorni, la si supera senza difficoltà. Ho preso le pillole per tre mesi e ho già deciso di assumerne altre, quando queste saranno finite. Dopo un anno lontano dall'alcol, spero di essere abbastanza forte da solo, senza l'ausilio di altri farmaci. Ma ora ho bisogno di un po' di aiuto, perché, come ho spiegato, non tollero gli Alcolisti Anonimi o qualsiasi altra terapia di questo tipo. La cosa più importante è prendere qualcosa che sopprima il *desiderio* di bere.

È stato un inferno di vita e, a volte, se divido la mia esistenza a metà, credo che i primi 27 anni siano stati una vera benedizione e gli ultimi 27 un vero disastro.

Sono come uno di quei marinai che viaggiano su uno yacht per tutto il mondo. Un giorno si sveglia e il mare è perfettamente calmo e il sole brilla, ma il giorno successivo potrebbe ritrovarsi nel bel mezzo di una tempesta.

Sento spesso raccontare di quella volta in cui un cameriere irlandese mi consegnò dello champagne nella mia stanza d'albergo, dove me ne stavo a letto con Mary Stavin e diverse migliaia di sterline vinte alle scommesse, e mi chiese: «Quand'è che le cose hanno iniziato ad andarti male, George?»

Anch'io ho raccontato questa storia più di una volta ed è sempre stata seguita da grasse risate. Ovviamente, *tutto* andò storto da allora. Andò male con ciò che amavo di più al mondo, il calcio, e da allora il resto della mia vita si sgretolò. Quando il calcio era importante e io giocavo bene, non vedevo l'ora di alzarmi la mattina: era la mia unica ragione di vita.

Quando il gioco non è bastato più a buttarmi giù dal letto, non ho visto altri motivi validi per smettere di bere.

Quando penso al mio passato, mi sembra sempre che sia trascorso in un batter d'occhio e credo che gli sportivi in generale la vedano allo stesso modo. Entrai nel Manchester United nel 1961 e ne uscii nel 1974: si sta parlando solo di 12 anni, che nel quadro generale della vita non rappresentano un periodo lunghissimo.

Ma, mio Dio, io in quei 12 anni è come se avessi vissuto tre vite!

Ora desidero solo avere una vita normale. Non sono mai stato il genere di persona che fa piani decennali, e nemmeno quinquennali. Ho sempre vissuto alla giornata e – visto com'è stata la mia vita – forse quella era la scelta più sensata da farsi. Oggi per la prima volta riesco a guardare al mio futuro. Al momento per esempio sto progettando la nostra prossima vacanza estiva.

E sono progettuale anche sulle relazioni, adesso. Alex e io, quando inizia a far caldo, ci prendiamo qualche giorno, smettiamo di lavorare e pensiamo solo a spassarcela. Mi è sempre piaciuto non sapere cosa ci aspetta voltato l'angolo, sebbene nel mio caso ci siano spesso state sorprese sgradevoli. Ma devo riconoscere che ne ho avute anche di piacevoli, negli anni passati.

Ero preoccupato su come si sarebbe svolta la mia vita una volta uscito dal Cromwell e invece l'anno che ne seguì fu fenomenale.

Ho fatto una pubblicità per il Milk Marketing Board e un video per la VCI, scrivo per la rivista del Manchester United e la Sky TV mi ha chiesto di realizzare dei servizi e di riprendere a partecipare alle trasmissioni calcistiche il sabato pomeriggio. Ho persino il mio sito web e voglio realizzare una guida sui ristoranti dell'Irlanda del Nord. E cosa ancora più importante, pare che Alex avrà un programma tutto suo dedicato al design d'interni, che verrà trasmesso sulla rete televisiva irlandese: la puntata pilota è stata un vero successo.

Avremmo potuto anche smettere di lavorare solo grazie ai guadagni dell'ultimo anno, ma giusto l'altro giorno Alex mi ha detto: «Non è un peccato che tu ti sia ammalato e sia quasi morto prima di vivere una vita decente?»

Naturalmente, il mio problema non mi abbandonerà mai. Non importa per quanto tempo rimarrò senza bere e nemmeno per quanto non desidererò bere: l'alcol starà sempre in agguato. E mi prenderei in giro se dicessi che non berrò mai più in vita mia, perché potrei riprendere anche domani. È proprio come dicono gli Alcolisti Anonimi: «un giorno dopo l'altro», perché non riesco a immaginare di trascorrere il resto della mia vita senza neanche un buon bicchiere.

È ancora più difficile, poi, quando alcuni miei amici insistono nel sostenere che il mio non è mai stato un vero problema e mi dicono cose del tipo: «Ho bevuto la tua stessa quantità di alcol».

Non è vero. Non ho mai incontrato persone in grado di bere quanto me.

La cosa più difficile è convincermi del fatto che il bere può uccidere davvero. Non ho mai creduto che fosse possibile. Quando vedo una persona di ottant'anni che ha bevuto e fumato per tutta la vita, penso sempre: «Non gli ha fatto male».

Ora, invece, ho accettato non solo l'idea che il bere possa uccidermi, ma anche che soffro di una malattia che devo sconfiggere. Dopo tutti i brutti periodi della mia vita, credo che adesso io abbia molti più motivi per continuare a vivere rispetto a qualsiasi altro momento della mia esistenza. Devo ad Alex dei tempi migliori, visto quello che ha sofferto a causa mia. Quando sarò in perfetta forma fisica, vorrei che avessimo una famiglia tutta nostra. Dovrò esserci, per la mia famiglia.

Ho passato momenti veramente disperati, in cui non vedevo alcuna via di uscita. Il pensiero di non bere mai più mi terrorizzava e, a volte, avrei voluto non affrontare la mia situazione. Ma devo combattere le mie paure, per Alex, per la mia famiglia e per tutti coloro che mi vogliono bene e che detestano vedermi star male. Ogni giorno è una sfida. Ma questa guerra intendo fare di tutto per vincerla.

Mio padre ha 82 anni e non so quanti gliene rimangano ancora da vivere: mi piacerebbe vederlo trascorrere il resto della vita tranquillamente, senza doversi preoccupare per me. Voglio godermi la crescita dei miei nipoti e delle mie nipoti e, naturalmente, desidero vedere mio figlio Calum diventare un uomo e magari farmi diventare nonno.

Ogni estate viene a trovarmi per un mese intero; mi sembra un ragazzo equilibrato, anche se mi preoccupo che possa ereditare questa malattia chiamata alcolismo, che ha ucciso mia madre e ha quasi ucciso anche me. Non beve affatto, per quanto ne sappia, ma se ha ereditato i geni di mia madre e i miei, un bicchiere di troppo potrebbe risultargli fatale. Quando aveva circa 17 anni mi chiese se era un'età buona per iniziare a bere e io gli risposi che non ci sarebbe mai stata un'età *buona* per cominciare a farlo.

Non sarà facile, ma grazie alla determinazione e a un po' di fortuna, spero di dimostrare che non è mai troppo tardi per smettere.

Mi ritengo un uomo fortunato, perché nonostante la cattiva reputazione che la stampa ha contribuito a crearmi in tutti questi anni, il pubblico sembra amarmi ancora. Tende a ricordare le cose belle che ho fatto nel mondo del calcio, piuttosto che gli errori che ho commesso, dimostrandosi sempre comprensivo verso questi ultimi. Questo mi fu chiaro, in particolar modo, quando il «Sun» condusse un sondaggio tra i lettori alla fine del secolo, per stabilire il più grande personaggio del panorama sportivo inglese, il che implicava che i lettori potevano scegliere tra personaggi come il fantino Lester Piggott, piloti come Stirling Moss e Nigel Mansell, pugili come Henry Cooper, Frank Bruno e Lennox Lewis, per non menzionare le leggende del football come Sir Stanley Matthews, Tom Finney e il mio caro amico, il povero Bobby Moore. Fu un onore scoprire che avevo vinto quel sondaggio, e fra l'altro con un bel distacco su tutti gli altri.

Vi sono stati altri sondaggi simili, che mi hanno sempre scaldato il cuore, perché esprimevano cosa pensasse realmente la gente di me. E nelle settimane seguenti, chi aveva seguito il sondaggio veniva da me e mi poneva domande del tipo: «Qual è stato il tuo goal preferito?» e «Ti ricordi di quella volta in cui hai fatto quel goal e quell'altro ancora?»

È fantastico, perché tutto questo mi permette di rivivere nella mia mente la gioia di quei momenti. Tutti gli uomini più importanti dello sport hanno provato gioie simili. Nel mio caso, significa ricordare quella fantastica sera a Lisbona, nel 1966, quando divenni El Beatle, e due anni dopo, quando a Wembley contribuii a portare lo United alla vittoria in Coppa dei Campioni.

Ma mi tornano alla mente anche quegli attimi che la maggior parte dei tifosi non ricorderà, ma che per me hanno significato parecchio, come segnare due volte contro il West Brom negli ultimi minuti della partita, vincendo un incontro che stavamo perdendo per 2 a 1. Il West Brom occuperà sempre un posto speciale nel mio cuore, perché fu contro quella squadra che uscii per la prima volta dal tunnel d'ingresso al campo dell'Old Trafford, provando quella fantastica sensazione che non scorderò mai: sentii i capelli che mi si rizzavano in piedi. Quando ripenso a quel giorno e ad altri simili, mi succede lo stesso ancora oggi.

Tutti i miei momenti peggiori non potranno mai cancellare questi ricordi. E nonostante gli infiniti alti e bassi della mia vita, quando mi guardo indietro e ripenso al mio passato non posso non considerarmi un uomo fortunato.

I Tascabili

1. Luciano Ligabue, *Fuori e dentro il borgo*
2. Mario Capanna, *Coscienza globale*
3. Tariq Ali, *Un Sultano a Palermo*
4. Guido Piovene, *Viaggio in Italia* (2ª ediz.)
5. Jeffrey M. Masson, *L'abbraccio dell'imperatore*
6. Kary Mullis, *Ballando nudi nel campo della mente* (2ª ediz.)
7. Aldous Huxley, *Tutti i racconti*
8. Naomi Klein, *No logo* (2ª ediz.)
9. Paul Theroux, *L'infermiera Wolf e il dottor Sacks*
10. James G. Ballard, *Il paradiso del diavolo*
11. Ovidie, *Porno Manifesto*
12. Margaret Atwood, *Tornare a galla*
13. Ed Moloney, *La storia segreta dell'IRA*
14. Colin Shindler, *La mia vita rovinata dal Manchester United*
15. Denis Robert e Weronika Zarachowicz, *Due ore di lucidità*
16. Tiziana Ferrario, *Il vento di Kabul*
17. Giorgio Pecorini, *Don Milani! Chi era costui?*
18. James G. Ballard, *Fine millennio: istruzioni per l'uso*
19. Gianni Brera, *La ballata del pugile suonato*
20. Gianni Brera, *Derby!*
21. Gerald e Loretta Hausman, *Il mio gatto è un mito*
22. Boosta, *Un'ora e mezza*
23. Holly Woodlawn, *Coi tacchi alti nei bassifondi*
24. Luigi Carletti, *Alla larga dai comunisti*
25. Jonathan Ames, *Sveglia, Sir!*
26. Catena Fiorello, *Picciridda*
27. Camila Raznovich, *Lo rifarei!*
28. Stephen Budiansky, *Se un leone potesse parlare*
29. Patricia Verdugo, *Salvador Allende*
30. Enrico Bellavia, Silvana Mazzocchi, *Iddu*
31. Ernst von Salomon, *I Proscritti*
32. Guy Debord, *La società dello spettacolo*

33. Stephen Fry, *Il bugiardo*
34. Gianni Brera, *Coppi e il diavolo*
35. Chet Raymo, *Il dubbio e la fede*
36. Raul Montanari, *L'esistenza di dio*
37. A. Gopnik, A.N. Meltzoff, P.K. Kuhl, *Tuo figlio è un genio*
38. Norberto Bobbio, *Dal fascismo alla democrazia*
39. Władysław Szpilman, *Il pianista*
40. Edward Lewis Wallant, *L'uomo del banco dei pegni*
41. Otto Friedrich, *Auschwitz*
42. Ilda Bartoloni, *Come lo fanno le ragazze*
43. Trevor Hoyle, *I padroni della notte*
44. Tom Robbins, *Feroci invalidi di ritorno dai paesi caldi*
45. Zeev Sternhell, *Nascita dell'ideologia fascista*
46. Annie Proulx, *I segreti di Brokeback Mountain*
47. Meša Selimović, *Il derviscio e la morte*
48. Paul Theroux, *Il Gallo di Ferro*
49. Robert R. Provine, *Ridere*
50. K.M. Soehnlein, *Il mondo dei ragazzi normali*
51. Paola Malanga, *Tutto il cinema di Truffaut*
52. Alessandro Militi, *Fuffa™*
53. Pino Corrias, *Vita agra di un anarchico*
54. Giovanni Arpino, *Il buio e il miele*
55. Matteo B. Bianchi, *Generations of love*
56. Rita Levi-Montalcini, *L'asso nella manica a brandelli*
57. Andrea Mancinelli, *Cuori meccanici*
58. Rita Levi-Montalcini, *Senz'olio contro vento*
59. Angelo Del Boca, *A un passo dalla forca*
60. Nicolò De Rienzo, *Hip Hop*
61. Lemmy Kilmister, *La sottile linea bianca*
62. Ken Saro-Wiwa, *Sozaboy*
63. Marcello Mastroianni, *Mi ricordo, sì, io mi ricordo*
64. Dany Laferrière, *Come far l'amore con un negro senza far fatica*
65. Peter Duesberg, *Aids. Il virus inventato*
66. Domenico Cacopardo, *Agrò e il delitto Rovini*
67. Herman Melville, *Benito Cereno e Billy Budd*
68. Ambrose Bierce, *Il dizionario del diavolo*

69. Tariq Ali, *All'ombra del melograno*
70. Lao-tse, *Il libro della saggezza*
71. Raul Montanari, *Che cosa hai fatto*
72. Noam Chomsky, *Regole e rappresentazioni*
73. Francesco Forgione, *'Ndrangheta*
74. Ralph «Sonny» Barger, *Corri fiero, vivi libero*
75. Cesare Maestri, *...E se la vita continua*
76. Alex Zanardi, Gianluca Gasparini, *...però, Zanardi da Castel Maggiore!*
77. Matteo B. Bianchi, *Esperimenti di felicità provvisoria*
78. Daniel Callahan, *La medicina impossibile*
79. Carla Pasquinelli, *La vertigine dell'ordine*
80. B. Bauer, G. Bagnato, M. Ventura, *Puoi anche dire «No!»*
81. Franco Basaglia (a cura di), *L'istituzione negata*
82. Franco Basaglia, Franca Ongaro Basaglia (a cura di), *La maggioranza deviante*
83. Brunella Gasperini, *Il galateo*
84. Tom Robbins, *Coscine di pollo*
85. Sebastiano Vassalli, *La notte del lupo*
86. Maureen & Bridget Boland, *Il giardino delle vecchie signore*
87. Jader Tolja, Francesca Speciani, *Pensare col corpo*
88. Hayden Herrera, *Frida. Vita di Frida Kahlo*
89. Virginia Woolf, *Flush. Biografia di un cane*
90. Hans H. Kirst, *08/15 La rivolta del caporale Asch*
91. Miguel Ángel Asturias, *Uomini di mais*
92. Giuseppe Patroni Griffi, *La morte della bellezza*
93. Raul Montanari, *Chiudi gli occhi*
94. Kingsley Amis, *Taccuino di un vecchio bevitore*
95. Tariq Ali, *Il libro di Saladino*
96. René Predal, *Cinema: cent'anni di storia*
97. Brunella Gasperini, *Rosso di sera*
98. Ralph «Sonny» Barger, *Hell's Angel*
99. Paul Theroux, *Dark Star Safari*
100. Clarice Lispector, *Il segreto*
101. Jennifer Johnston, *L'albero di Natale*
102. Giovanni Arpino, *L'ombra delle colline*
103. Giovanni Arpino, *La suora giovane*

104. Tom Robbins, *Il nuovo sesso: cowgirl*
105. Hunter S. Thompson, *Cronache del rum*
106. Andrea Levy, *Un'isola di stranieri*
107. Angel Wagenstein, *I cinque libri di Isacco Blemenfeld*
108. Norman Mailer, *La costa dei barbari*
109. Fabio Geda, *Nel mare ci sono i coccodrilli* (2ª ediz.)
110. Silvia Ballestra, *Joyce L. Una vita contro*
111. Luciano Ligabue, *Fuori e dentro il borgo*
112. Ralph «Sonny» Barger, *Morto in 5 battiti*
113. Jonathan Ames, *Veloce come la notte*
114. Aldous Huxley, *Il tempo si deve fermare*
115. Rita Levi-Montalcini (con Giuseppina Tripodi), *La clessidra della vita di Rita Levi-Montalcini*
116. Raul Montanari, *Strane cose, domani*
117. Hunter S. Thompson, *Hell's Angels*
118. George Orwell, *Gli anni dell'«Observer»*
119. Paola Calvetti, *L'amore segreto*
120. Antonio Negri, *La forma stato*
121. Gino & Michele, Matteo Molinari, *Anche le formiche nel loro piccolo s'incazzano*
122. *Riscoprire il silenzio*, a cura di Nicoletta Polla-Mattiot
123. George Best, *The best*
124. Tom Robbins, *Natura morta con Picchio*
125. Giorgio Galli, *Piombo rosso*
126. Cass Pennant, *Congratulazioni Hai appena incontrato la I.C.F. (West Ham United)*
127. Hubert Reeves, *L'universo spiegato ai miei nipoti*

Stampato nel marzo 2013
per conto di Baldini Castoldi Dalai *editore* S.p.A.
da *Grafica Veneta* S.p.A. - Trebaseleghe (PD)